REPOSITION YOURSELF

活出新生命

重新定位你自己

T.D.傑克斯◎著
薛芙◎譯

推薦序

跨越自我設限的人生

每個人對成功的定義不一樣，但每個人都在追求成功。傑克斯牧師以深入淺出的方式，引導我們如何將失敗的絆腳石化爲成功的踏腳石。相信每位閱讀本書的人必能邁向成功，因爲勇於挑戰自己，跨越自我設限的人生態度，就是一種成功。

台北靈糧神學院 院長 謝宏忠

找到自己生命的定位與目標

作者傑克斯牧師從聖經經文中，帶領我們去體會許多關乎生活與生命的大小啓示，重新思考何謂成功的人生，何謂眞正豐盛富裕的生活——不斷堅持進步的決心、平衡不失焦的生活，並發揮上帝所賜給我們的各樣潛能。書中不只有觀念的分享，也以許多例子來實際教導，如何能在瞬息萬變的人生中，找到自己生命中每個階段的定位與目標，以離開纏累我們的負面循環，進入積極正向的循環中，承接上帝所要賞賜的豐盛祝福！

Asia for JESUS國度豐收協會執行長、約書亞樂團團長 周巽光

推薦序

從舊到新突破的能力

一般人覺得新生命是靠自己的努力才能得著，但新生命卻是上帝給人最大的禮物！因此，新生命的神奇價值就在人打開心門接受耶穌後，就能開始活出新的命定和盼望，而其中的關鍵就在於「悔改」（悔改：心思意念不斷的改變）。悔改是不斷改變、突破並反敗為勝的態度，當你面對生命的挑戰時，悔改使你清楚自己的問題，勇敢面對自我。

幫助我們能活出新生命的動力就在耶穌基督，因著耶穌死而復活的生命進到我們裡面，我們就立刻擁有從舊到新突破的能力，使不可能的成為可能、使軟弱的成為剛強、使貧窮的成為富足，所有生命的衝突、難題、矛盾都有改變的盼望。聖經真理所教導的非凡智慧和聖靈奇妙的大能與同在，更將持續幫助我們活出一個得救、得勝、得賞的新生命！

這樣的新生命每天都在全世界基督的教會上映著。傑克森牧師用本書真實地鼓勵人勇敢迎向挑戰，打破所有的限制，活出全新的生命。我誠摯的推薦此書，讓上帝來開啟你全新的命定！

新生命小組教會顧其芸主任牧師

推薦序

運用你的天賦資源

我相信在我一生中，生命裡的一些重要經驗和傑克斯有許多相似處，例如德州達拉斯市和我們有深遠的淵源，我們內心深處也有共同不變的信仰，我們是非常蒙受祝福的人。我想傑克斯一定也會同意我的說法，我們倆得到最大的祝福就是因我們的工作角色，我們有許多機會教導激勵他人去挑戰自己、克服自身限制，以期在人生的道路上人人都能實現個人理想與追求卓越成功。

傑克斯是我們所有人的榜樣。他身兼多重角色，他不僅是牧師、作家、藝術家，他也是企業家與慈善家。他於一九七九年在西維吉尼亞州開始教會事工，當時會眾僅有十人。如今他所帶領的達拉斯陶匠屋教會（Potter's House）是全國最大的教會之一，是近年來成長最迅速的超級大教會，會眾多達三萬人。然而那只是拓展屬靈生命版圖的基地，他們的事工已擴展至全世界。透過廣播節目與宣教工作，他成為全球數以百萬計人的牧者，但他還是如當初在西維吉尼亞州牧會一樣，他繼續在信仰的路上帶領人，使他們認識自己，也給他們和切身問題有關的實用信息，使人充滿信心與希望的力量。

透過本書，傑克斯以激勵人心的話語，提供非常實際的步驟與指導，幫助面臨生活挑戰的人解決問題，打破他們可能遇到的限制與藩籬，以求更美好、更充實、更豐盛的人生。

我個人深信傑克斯所說的話，他認爲我們每個人都有機會得到祝福，只要我們努力把握，用心追求，有充分的決心和毅力，使我們能不斷成長進步以預備自己迎接最有價值的獎賞。

雖然你不知道一年以後你會變得如何——變得更好？還是變得更糟？但你知道一年後的你絕對會和現在不同。無論我們現在的社經地位如何，如果我們爲自己的成功負起責任，我們每一個人都可能有更豐盛、更滿足的生活。傑克斯和我不只教導這種信念，我們也奉行自身所言，我們希望能鼓勵你找到生命目標，別讓旁人加諸在你身上的限制束縛你，而你也千萬別自我設限。

從本書的書名及每一章的內容，我們能看到傑克斯自始至終的諄諄教導，他要你能夠面對挑戰，從過去的錯誤中學習，運用你的天賦資源，繼續不斷調整自己的方向，讓自己能達到目標邁向成功。

傑克斯和我也相信你個人的成功不在於你擁有多少豐富的外在物質，而在於你是否能夠過一個有品質的生活，不只你，你周遭所有的人也能感受到你內心的豐盛滿足。傑克斯爲我們提供了良好的典範，本書能讓你看見他所提倡的生活哲理，我相信他能爲你照亮道路，也將燃起你的內心之火。

菲爾・麥格勞博士（Dr. Phil McGraw）／

美國心理學家、知名電視節目主持人

來自各界讀者的熱烈迴響，
希望你活出新生命。

從受困到得勝 ◎拜約登（美國紐約）

《活出新生命》是一本很有深度的著作。作者教我們要如何透過一些原則了解生命的功課，進而能重新定位找到屬於自己的成功。傑克斯先生讓我們從他靈魂的最深處，看見他的生命故事，他如何克服自孩童時代就有的恐懼而一路奮鬥至今成爲今日最大教會的領袖。

《活出新生命》讓讀者以聖經故事中的撒該爲學習榜樣，撒該爲了要看見耶穌而決定調整自己的位置。透過實用的原則，傑克斯先生要讓讀者明白，我們可以過一個不受限制的生活。他向我們挑戰，要我們清楚的面對自己的現況、調整自己的心態並找出得勝的方法。傑克斯先生也分享他自身的掙扎以及他如何運用智慧面對生命中的挑戰，使他最終重新定位獲得成功。傑克斯先生說：「如果你無法看見問題點，你就無法對付它。」他讓讀者們看見他自己如何盲目的和對手較量而失敗的例子。你若沒有看見目標，你無法擊中要害。要追求成功，你必須要先有目標。

我喜歡傑克斯先生說的一句話：「如果你想要重新定位追求成功，你必須要先找出達成目標最有利的方法。」這眞是一針見血的說法，一個人的成功或失敗就在於是否有人生目標。

我要恭喜傑克斯先生寫了這麼棒的一本書，我相信許多人會因此被激勵，並且重新定位自己的人生。

一本寫給基督徒和非基督徒讀的書 ◎史密斯

我本來只是預購本書給自己，後來又加購兩本寄給我的親人，也將本書推薦給許多人。我很喜歡閱讀，也讀過許多書。但這本書是我讀過的書中最有深度的其中一本。這本書適合所有年齡的讀者，無論是否有宗教信仰都會想讀。傑克斯先生真的是上帝特別的僕人，在本書他帶領讀者面對自己、認識自己。這本書特別之處在於它會給你力量，讓你的生命更上層樓。如果你要重新定位活出新生命，那麼你就要預備自己能夠勇敢的去改變。每一個人都應該讀讀這本充滿力量的屬靈好書。

備受鼓舞又令人振奮！ ◎保羅・庫柏（美國紐澤西）

《活出新生命》無疑給了讀者一劑強心針，尤其是那些面對生活問題感到無力的人。傑克斯先生就像提供一把鑰匙，使那些被困在困境裡面的人能夠打開門走出來。他從聖經的觀點出發，提供讀者以不同的角度面對問題。如果你正感到沮喪或無助，這本書你一定要看！

作者的文章充滿智慧，他在書中傳達一個迫切的信息，他同情那些怠惰懶散的人但也警告他們不要再渾渾噩噩過日。傑克斯先生是美國當今最棒的演說家之一，

來自各界讀者的熱烈迴響，希望你活出新生命。

他在本著作中分享他個人生活的經驗並舉出其他豐富的例子，讀者們絕對不會大失所望。

我個人唯一感到美中不足的就是書中所提的建議是基本原則，有時過於簡單化，尤其談到理財建議時。但對於尋求幫助或意見的朋友們來說，仍舊大有助益。

充滿力量的生命 ◎波恰．科門

《活出新生命》是一本由傑出的作家、演說家、上帝的僕人——傑克斯先生所寫的書。他讓我們知道如何改變生命，在我們的生涯、財務、個人發展等生活各方面都能看見因改變所帶來的正面力量。本書中有兩章是特別寫給所有面對職場挑戰的女性朋友。傑克斯先生的文字具說服力且鼓舞人心，但卻不會流於說教和論斷。他不只引用聖經的例子，他也舉出個人許多經驗，藉以描述人們常犯的錯誤，並提出解決辦法教導我們要如何克服難關。

《活出新生命》寫得眞的很棒！是我看過最實用的一本心理勵志書。對於任何願意花時間讀本書的人，你們絕對會有所收穫。每一章都以一段聖經經句開頭，這些經句和傑克斯先生要談的內容都能相互呼應，我個人很喜歡他這樣的安排，尤其一些聖經人物所遇到的問題和我們也差不了多少。總之，我極力推薦本書！如果你喜歡勵志文章、屬靈讀物，或者只想看看一個充滿活力的作家、演說家寫的文章如何，你不會想錯過這本書的！

更深的了解自己！◎蘇斯嵐（美國西雅圖）

如果你看過「耶穌受難記」這部電影而深受感動，並且人生因此有所改變，你不想再蹉跎下去，那麼這本書絕對是你的菜！作者寫出我們生命中面對卻不敢說出的黑暗面，如被虐待、信用破產。他以過去的自身經驗、所犯的錯誤，想要讓我們看見可以如何走出黑暗。作者透過他的文字鼓勵我們，給我們力量，要我們能夠先改變自己的想法，他認爲你的負面想法會成爲你邁向成功的阻礙。讀《活出新生命》眞的能讓我們改變生命！

現在開始改變還不算晚！◎凱倫．羅德（加州女大略市）

本書非常激勵人心！它幫助你了解一件事：不管如何，如果你想要改變，你必須從內心開始。要改變就不要找藉口！相信你可以做到，就全力以赴去做。我們要相信自己能夠，而不是看見自己的不夠。信心沒有行爲就是死的。傑克斯先生，加油！要繼續保持你的特色！

來自各界讀者的熱烈迴響，希望你活出新生命。

一本優秀的人生全指南書 ◎多姆

我沒有馬上讀完，但是已經讀了半本。這本書有許多創意，每一頁都讓我有所啓示，每一頁幾乎都有我從未聽過的觀點。讀了本書讓我相信如果我想要過一個快樂的人生，我必須要重新定位自己。我眞的相信如果自己在十年前甚至十五年前就讀到這本書的話，我今日一定過得更好。總之，我發現了這本人生全指南，這本書不是拿來當小說讀，每一頁都可以一讀再讀，好好思考。這也就是我沒有馬上讀完的原因。

我要老實說 ◎波西・葛翰姆（美國佛羅里達州・傑克森威爾市）

我寫這個讀者回應是有原因的，因爲我覺得讀這本書就好像在最高級的餐廳裡享用最美味的食物，讓我一定要推薦一下。這本書有很大的驅動力，我決定要將自己的信仰和行動結合起來。在我讀這本書以前，我是一個很注重物質的人，但我希望改變自己。我眞的很高興自己讀到這本書，我感到很受祝福。

一個人犯錯、做錯決定、受到傷害該怎麼辦？◎湯妮雅（加勒比海・巴哈馬）

許多人都希望追求成功，或者已經是成爲眾人榜樣的成功之士，不管如何，傑克斯這本《活出新生命》都能使我們以新的眼光看自己，以「相信自己能做得到」的積極態度重新出發。如果你一口氣把書全部讀完，效果不大。這本書能應用在生活之中。我讀到12章時，看到標題「敲碎玻璃舞鞋——更多成功女人的秘訣」，裡面說到選美皇后的故事，我讀完之後很感謝川普給她的第二次機會。在我們的人生中，我們都需要第二次機會。如果曾經跌倒，卻不知該如何爬起來，買這本書就對了，眞的值得收藏！這本書寫給女人、男人、年輕人，不管你的種族膚色社會地位如何。

充滿積極力量且絕對實用的一本書 ◎大衛・菲士比博士（加州聖塔菲市）

在這個破碎的世代，許多人信耶穌不免帶著過去的許多「包袱」。我們不覺得自己有價值，有時候甚至在教會裡也遭人排擠。我們認爲身邊的人都比我們更高貴聖潔、更有恩賜、更聰明有智慧。

但傑克斯先生要我們打破那種想法，他讓我們知道任何人只要重新開始，不管

來自各界讀者的熱烈迴響，希望你活出新生命。

起跑點比別人落後多少，我們都能藉著上帝的幫助和力量重新定位自己且「活出新生命」！我們可以克服過去許多包袱限制，我們要拋掉失敗的羞恥感，要充滿信心向前行。

書中舉出許多聖經的例子，用引人入勝的故事及非常具恩膏的教導，傑克斯牧師為我們帶來希望，無論你現身處在人生的哪一階段，你都會從這本書得到啟發。

大衛・菲士比博士——南加州婚姻家庭研究中心負責人《Raising Great Kids on Your Own: A Guide and Companion for Every Single Parent》一書作者

以新的角度向前看　◎凡妮莎・強生博士（加州瑞奇蒙市）

我已經將這本書讀過兩次，也聽過傑克斯先生的講道，我完全有了改變。我開始了一個婦女小組，幫助大家一起重新定位。我之這麼做乃是因為很多時候我們一個人時容易灰心怠惰，如果一群人一起，大家就能彼此鼓勵。我在小組就以這本書作為必讀指引。我感謝上帝讓傑克斯寫了這本書，讓我也有感動順服這本書裡提到的原則。書中所提到的觀點非常清楚具體，對每個人都極為適用。很棒的一本書！

你想改變，就讀這本書！ ◎史提夫．巴姆（來自田納西州納許維爾市的終身學習者）

如果你正對你的生活感到不滿足快樂，我建議你買這本書好好讀一讀。傑克斯先生會帶領你改變行爲和習慣，他會要你改變想法，好讓你自己能找到定位、得到你應得的祝福。他在書中也提到關係的重要性，若找到生活的平衡點，你就能在各方面都成功。傑克斯先生的講道和教導在過去十年深深的影響激勵我，我相信這本書能成爲正處於人生交叉點的人一盞明燈。如果你要重新定位，你必須先除去自我設限，讓本書教你如何開始吧！

CONTENTS

第一單元

REPOSITION YOURSELF

只有天空才是極限

前言

當我還是小男孩時，如果你問我長大後要做什麼，我一定會帶著羞怯的微笑回答你：「我想當救火員」或是「我想當演員」。我壓根兒也未想過自己要成爲六家不同企業的創辦人，更別說想要當一個傳教士還是牧師，牧養一間會眾超過三萬人的教會。至於成爲《時代雜誌》的封面人物，和總統、各國首相、奧斯卡金像獎得主、知名度甚高的運動員這些重要人士會面更是出乎我意料之外。

我的父親是一間保全公司的創辦人，公司發展至今已是規模龐大頗爲成功的企業，他曾寄望我能接掌他的公司。我的母親靠著她的能力和本事創業，她曾以爲我可能會成爲一名歌手或劇作家。沒有人想過我會成爲一名對著全球上萬人講道的牧師，從非洲到亞洲、英格蘭到紐西蘭，許多人都聽過我的證道分享。從未有人預測我的將來是作家，出版著作，甚至還準備拍電影當明星。

因爲我遇到不同的人、有不同的機會，我的生命因此不斷改變。我要感謝創造主的賜福，使我能有這番成就。我知道我還有許多成長空間，所以我不放棄任何可以成長的機會，我想重新定位自己，讓自己在每一次改變中能有更多的收穫。

在成功的達成目標之前，我也經歷過許多失敗。我不斷嘗試，並從錯誤中學習經驗，不讓過去的失敗成爲使我一蹶不振的絆腳石。我以前常認爲自己能力不足、發展有限，可是我現在不這麼認爲了，我已經發現一個秘訣，知道要如何過一個沒有自我設限的生活。

許多人把成功或失敗都歸因於命運或外來的力量。我們相信，如果在對的時間點、處在對的位置上，我們就可以成功，好像中獎一樣，機率使然。但成功不完全靠機率，如果我們眞心想要過一個更豐盛的生命，進而努力爭取、竭力尋求，即使生活過得像一團泥沼，寸步難行，我們還是能夠一步一步往前走，邁向那遼闊的大洋。

我深信我們每個人均被上帝呼召，要成爲掌管一切恩賜、才華和機會的好管家，祂賦予我們這一切，原就是希望我們能過豐盛的生命，能得著眞正的成功。

對於所謂的「豐盛生命」，我最深刻的體驗莫過於參與一項慈善活動，遠赴非洲肯亞的小村莊爲村民掘井汲水一事。我和教會同工們參加這個短宣隊，爲的就是去訪視我們福音計畫區裡的村民。我們從鋼筋水泥的都市叢林到了經濟落後的東非沙漠，乘坐直升機飛過奈洛比上空，所見的農村聚落，土地貧瘠，缺水缺電，更沒有抽水馬桶，生活最基本的需要如乾淨飲用水在此地竟也成了奢侈品。當地有一名婦人，對我們的工作團隊充滿感激，她帶著感恩的心邀請我們到她家去坐坐。

她的名字是賈希，栗色皮膚帶著皺褶，黑色雙眼凹陷，她的頭髮烏黑，儀態有如女王，像一位好客女主人，她親切的招呼我們。因爲沙漠酷熱的氣候，在豔陽的摧殘下，從她的臉上可以看見歲月刻下的痕跡。她看起來身形健壯，想必是長期扛柴火走好幾哩回家的路、經年累月鍛鍊而出的。從她的外表很難判斷她的年紀，不過我猜她大概超過六十歲了。

我很訝異，矮小的她，竟然憑自己雙手建造她居住的房舍，雖然家徒四壁，不過只是一個遮風蔽雨簡陋的處所，她仍然很驕傲的向我一一介紹環境。她擺出邀請的手勢，要我進到屋裡，好像很慎重似的邀請我進入一棟富麗堂皇的房子，雖然她家連門鈴或是一道眞正的門也沒有，只用一塊手工編織的布簾遮住入口，用來擋風。

她向我描述建造房子的過程以及她所用的材料。她在附近找到一些乾樹枝，摻入牛的糞肥，就成了塗料，可以用來塡塞牆上的洞和裂縫。在她住的那個村子裡面，所有的房舍都是用牛糞糊的，我可以聞到空氣中有著淡淡的牛糞味，因爲已經乾了，所以沒有新鮮牛糞那種強烈的氣味。非洲人的生活和牛隻絕對脫不了關係，不管是吃的或是用的，牛隻顯然是生活中不可或缺的必需品。我可以看得出來，賈希在我來之前，已經先把她家泥土鋪成的地掃乾淨，因爲我看見地上被耙過的痕跡。她請我喝一杯牛奶，我猜應該是已經發酵過像優格果凍狀的飲品，卻和美國超市裡賣的Dannon牌子的優格完全不一樣。

從我們的聊天當中，我看出她有一種內心的平安，她自豪的說著，她所有的一切全是上帝的供應。她說到上帝，嘴角燦爛的笑開了，很明顯的，她那一口牙從沒有看牙醫做過治療，可是她卻開心的說著她對生活的現況感到多麼的滿足。我很好奇她最近是否聽過安東尼・羅賓斯❶的潛能激勵錄音帶？還是她私藏什麼財富是會計師沒辦法查到的？難道她有什麼秘密是我不知道的嗎？

對於我進到一間用牛糞蓋起來的房子裡，所謂客廳的地板不過就是一塊泥土地，有些人竟然感到驚訝。大部分的人透過新聞認識我這號人物，也聽過我的成功故事。但我告訴你，你對於我的認識還是不足，如同看電影，你只是在電影要結束前才走進電影院看見了我，你沒有從頭看起，你不知道我早年的生命經驗。

其實賈希的小房舍和我那些年邁的親戚家沒什麼兩樣，他們對於奴隸制度記憶猶新，他們也像這位肯亞婦人一樣，掃地耙院子時腳下踩的地就是泥土地。

我記得到他們家的時候，進去裡頭，連走路都會腳步不穩東倒西歪，因爲地板下面塞著一罐罐的醃製品。我還記得他們用報紙塡補牆上的裂縫和破洞，如此才能遮住從縫隙鑽進來的風和陽光。屋子裡沒有抽水馬桶和水龍頭，要用水或上廁所必須走到溪邊取水，或是到住家外簡陋搭蓋的茅廁解決。我對於這種簡陋的生活方式不陌生，因爲我也經歷過。

其實糟的還不止如此，我知道那種挫敗無助的感覺——當車子因爲付不起貸款被沒收追回；買不起孩子們喝的牛奶、必須靠著政府ＷＩＣ❷計畫補助的票券買奶粉過活；因爲繳不出電費被斷電、我編出藉口和兒子們玩起遊戲度過無電的日子；即使別人扔棄的東西有些已經殘破不堪，我也當作寶的把它們撿回家。

認識賈希，也了解在她居住的地區連擁有一頭山羊都算奢侈，我開始重新思考所謂成功的定義到底是什麼？我更明白了，成功不過就是人生附加的裝飾品，讓人用來當作成就或價值的

❶ 安東尼・羅賓斯（Tony Robbins），一九六〇年出生於美國。他是美國著名心理學專家，也是許多個人、事業和組織的顧問。他是公認的成功學、激勵學方面頂尖的大師。一九九五年當選爲美國十大傑出青年，其著作在全世界已有十數種譯本，受益的人不計其數。

❷ ＷＩＣ計畫——乃爲婦幼營養補助計畫，成立於一九七二年，由美國國會通過，交由美國農業部（USDA）資助，提供孕婦、母嬰和幼童在生命非常時期所額外需要的蛋白質、鐵質、鈣等營養品。

標記。富裕建立在進步的基礎上，而進步多少的衡量標準卻與我們的起跑點有關。在我們的文化中，我們雖強調競技場上人人平等，可是事實卻不盡然。

我們離開賈希的家，當乘坐的飛機慢慢升空，雲層漸漸散開，天空開始飄起了小雨，從高空望下，可以看見村莊的人們正高興的拍手、跳舞、咧嘴微笑。駕駛員向我們解釋，雨水在當地是富裕和祝福的象徵，我不禁想，西方文化裡，我們卻把雨水當作麻煩和不便，是攪亂人們出外旅行興致的禍首。

「富裕」一詞因爲過常濫用，以至於失去了眞正的意義，有人甚至用來形容是一種暫時的福氣和負面的因果報應。某些具宗教信仰的激進分子教導信徒「信仰就是金錢」。他們引用聖經上的話，告訴人們上帝應許給我們財富，他們卻忽略了財富也是要靠著我們的努力，藉由務實的計畫來實現目標，如果我們結合工作和信仰，我們受教育，我們也會有經濟能力。

有些人爲了滿足個人的私慾和目的而扭曲聖經的教導。有些人甚至教導信徒：一個連孩子都餵不飽的人比有錢人更清高更虔誠，信徒們必須過敬虔、禁慾、清貧的生活才能獲得最高榮耀。不只是過去，甚至當今也有教會奉行這樣的教條規範。

我的母親曾提過她年輕時刻苦的生活，她如何藉著煤油燈讀書，在一張供五、六個孩子睡覺的床腳旁邊寫家庭作業，那時候孩子們每天清晨都必須走好幾哩路到學校上學。聽她回憶從前的生活，你所聽到的不是一個人在抱怨貧窮，而是如何戰勝貧窮。

我在西維吉尼亞州長大，那裡堪稱是美國第二貧窮的一州。我們那州有許多高山，在山上我遇過一些態度傲慢的窮人，和其他地方那些開著最新款Lexus跑車的有錢人相比，其實兩者態度沒什麼差別。我曾在一些教會講道，當地人鄙夷穿著西裝革履去教會之士，卻伸開雙臂歡迎穿著工作服的人士進教會。也有一些教會持完全相反的態度，不歡迎中低階級的人到他們教會。殊不知福音是爲所有人預備的，穿著和地位階級並不代表人的一切。

《活出新生命》這本書主要目的是想給你一套工具，使用這套工具可以幫助你過成功富裕的生活。對於一個學生而言，成功就是期中考能得到好成績；對公司負責人來說，成功就是完成一項交易。而對租屋過日的單親媽媽來說，能夠買一小間房子就是最大的滿足。成功的定義還有很多，也許你有一部賓士轎車停在家門口，或是家有一隻驢子可以載你到市集去買賣。

藉由本書，我希望也可以讓你明白如何與人相處，我們的社會裡有許多人帶著蔑視眼光，瞧不起別人成功。美國是世界上最富有的國家之一，然而卻有許多美國國民驕傲自大，有些人鄙視富人，有些人則對窮人不屑一顧。我們自稱爲中產階級，有些人卻帶著相同的態度，既鄙夷靠著社會救濟制度生活的單親媽媽，也看不起住豪宅擁名牌的女服裝設計師。不管如何，這種心態都是不正確的。

上帝祝福祂的子民——我們每一個人都是。信心是一種確據、一種盼望。重要的是我們要明白，信心必須藉由行動與責任來表現。否則我們教導只要有信心，什麼都不須做的話，豈不是讓別人以爲我們的信仰是一種魔術嗎？現在就是時候，你要建立信心，尋找你的夢想，而不是等你的夢想自己憑空出現。我們會幫助你檢視你的生命，如果你願意活出新生命，那麼，你的未來將更爲海闊天空！

第1章

積極面對——為什麼自己變得漠不關心？

「你們必曉得真理，真理必叫你們得以自由。」——約翰福音八章三十二節

再過不久，我在這世上的日子就會超過半世紀之久了，我已經準備要好好慶祝這難得的日子。過去許多的回憶紛紛湧現，我知道這個生日將會是一個劃時代的里程碑。不久前有一個朋友問我：「活了一把年紀，你有沒有什麼感想？如果人生倒帶重來，你會不會做不同的選擇？對那些感到無力改變現狀、活得並不快樂的人，你有沒有想給他們什麼建議？」

我沉思片刻後才說道：「如果一個人已經走到人生的盡頭，還在怨嘆過去失去的機會，一直想那些當時可能會發生，或者應該要發生，但卻沒有發生的事情，那可眞是糟糕啊！」一般人對於過去沒有把握機會，讓機會從自己手上溜掉，那種怨氣恐怕一輩子都不能消除，於是就成了痛苦的回憶。奧林匹克運動會中的選手感到氣餒的不是運動後的疲勞感，而是懊悔自己沒有跳得更遠、推得更用力，否則就能抱回勝利的金盃，而不是只有一瓶礦泉水而已，感到沮喪失望是必然的。

沒有人喜歡遺憾後悔的感覺，我們都希望自己的人生能活得精采，希望自己靈命成熟、金錢滿足，甚至與人的關係也圓滿豐富。但很多時候我們卻過得事與願違、馬馬虎虎。面對想改善卻無餘力改變的生活狀況，長久累積下來，使得我們變得麻木、冷淡，對什麼事都提不起

勁。你是不是很厭煩那種靠死薪水過日子處處捉襟見肘的生活？你是不是覺得自己的工作如食雞肋一般，食之無味棄之可惜？你是否希望自己有好的生涯規劃、能有一番不同的成就？你是否被信用卡債壓得喘不過氣？你是否覺得連你最親近的家人也不能了解你？只有你自己知道你那些外在的成就不過只是一張面具，遮掩你私下不為人知的失敗和墮落。你還要這樣繼續過下去嗎？

大部分的人不想過一天算一天，過著沒有目標的生活。我們想掌握生命，按部就班達成自己定下的目標。然而我們總會遇到一些限制或瓶頸。

只有面對問題，你才能解決問題。我必須承認，我其實很不喜歡面對問題。但我已經學會，該說的就要說、該面對的問題就要去面對。

很多人遇到問題時，不管是自身的麻煩或是他人的困難，因為不知道該如何解決，所以選擇逃避而不去面對。

你能無所畏懼的去面對在你內心裡不斷向你喊話威脅的黑暗邪惡使者嗎？你有勇氣面對自己嗎？別擔心，我不需要你給我答案，我只想告訴你，為了心理健康，我們不需要再繼續躲藏、害怕面對。我們要向自己坦白、毫無隱瞞的看清楚阻擋我們達成目標的問題和障礙是什麼，為什麼我們不能讓自己活得精采、毫無缺憾？如果你願意聽實話，我相信事情可以如你所願，有所轉機。

不再過得亂糟糟

也許你很熟悉所謂的「介入」（intervention）措施，這些經常用在酒癮或藥癮的行爲介入法，也常被用來幫助改變其他不健康的行爲。介入的助人模式是一種寶貴實用的工具，可以幫助人們看見自己積習的不良行爲會造成的惡果，不只影響自己也影響他們周遭的人。有些人可能會否認自己有問題，抗拒朋友或家人的幫助。介入模式可以邀請成癮者周遭的親人好友一起參與支持，通常以出其不意的方式，讓成癮者感到溫暖關懷。有著那些了解自己最深的人的陪伴，透過這種支持關係，成癮者必須正視自己的問題，去認清自己、面對自己，也許這還是生平第一次好好檢視自己的生活現況。當一個人能夠看見問題，感覺到問題在人際關係中所造成的破壞，他便不能再逃避問題、否認問題的存在了。在這個支持團體裡的每一個人都愛他，想要幫助他，不希望他的生活步向毀滅之路。他們分享相同的看法，他們有同樣的擔憂，不過他們也提出解決問題的建議。

使成癮者敞開心胸願意接受幫助，「介入」是極爲有效的方法。當介入模式以愛和鼓勵爲出發點時，這樣的介入法不只可以幫助成癮者脫離綑綁，並且也能讓他再一次認識生命到處充滿著機會，只要願意，他就能得著健康和幸福。愛是萬能的，愛能戰勝各種迷惑、癮頭，甚至逆境；愛能產生力量，阻擋具毀滅性的行爲和習慣；愛能使人感覺得到支持，進而願意有所改變。雖然聖經上提到愛和死亡都具有強大的力量，然而有了愛，負債、離異、憂鬱，甚至任何的阻攔都不爲所懼，愛的力量可以超越一切困難。

這裡所提及的「介入」並非一般性的支持團體，而是由一群眼中泛著淚光、情緒激動的人所組成。你可能並不是藥癮者，沒有明顯的毀滅性行為，但你確實面臨一些問題，以致你失去擁有一個豐盛生命的機會。現在開始，我們可以幫助你找到介入的方法，讓你不再陷入困境停滯不前。

有誰願意加入？我們可以讓你的配偶或伴侶有機會作證，他們可以見證你對於問題漠不關心的態度。你的子女們也可以作證，也許你最好的朋友也可以作證，甚至你的手足、你的父母、你的同事們、你的牧者，你對問題事不關己的態度已經影響到和他們每一個人的關係，你不再才華洋溢，你不再充滿鬥志，因為你變得冷淡，你擁有最好的部分都因此被埋藏起來。你周遭親近的人看著你活得不快樂、不滿足，你沒有機會發揮實力和潛能。你若不信，就去問問他們，自己是否真的變成這樣？

假設你才剛下班回到家，走進屋子裡的時候，你沒有想到會看見那些關心你的朋友們圍坐在桌前，他們來參與「介入」計畫，他們想要幫你走出低潮，重新建立正向的思考模式。他們要成為你的支持，更確切的說，他們想默默的在旁邊為你加油打氣。這些朋友主動來找你，他們想面對你的問題，而你，你準備好了嗎？

夢想在哪裡

當蒂兒開口說話的同時，她前額豆大的汗珠也不斷的冒出來。蒂兒是一個夢想家，她好像是你車裡的衛星導航系統，可以幫助你尋找方位。可是最近她卻特別安靜沉默，不管你轉錯了多少個彎，開錯了多少條路，因爲她的沉默，延誤了你的行程，讓你抵達不了目的地。你已經到了忍無可忍的地步，她必須打破沉默，開口向你解釋，她終於說話了，聽得出來她的聲音沙啞、喉嚨乾澀。

「我很痛心，看到你對於生活越來越沒有衝勁，你的工作根本就是在浪費你的才華和天分，你安於承擔別人指派給你的角色，放棄可以讓你發揮創意、激勵鬥志的工作。我生來是你的一部分，是你的夢想家，我們成爲一體，原本最喜歡的就是能擬定一些高瞻遠矚、攀向顛峰的計畫。

「我記得剛開始的時候，我們擬了許多大目標大計畫。我們知道達成目標的過程中一定會面臨挑戰，但是當時我們都還年輕天眞，心裡所想的不外是該如何超越外在限制，才能過一個更圓滿、富裕、自由的生活。你有好多的夢想與憧憬，你已經畫好了藍圖，該如何走、如何抵達，你都有了計畫。你似乎可以看見美好的前景，看到充滿無限可能、無限喜樂和滿足的未來。」

其他在旁邊等待發言的人可以感覺到你自我防禦的牆越築越高，就像約旦古城耶利哥（Jericho）的高牆那樣令人生畏！蒂兒也看出來你的反應。聽別人向自己說實話，我們必須有面對的勇氣。蒂兒覺得有必要坦白說，她甚至有些後悔沒早點說出來，因爲她的沉默，害你走偏了，離目標越來越遠。

「你知道對我來說有多難嗎？我眞的很愛你，看見你的生活過得如此糟糕，你曾經擁有的生活動力、高瞻遠矚的能力也因爲忙碌的生活瑣事而消失殆盡。日復一日，你每天重複過著沒有意思的人生。」

蒂兒第一次正視你的雙眼，她繼續說道：「我看著你生活越來越緊張，你似乎因壓力感到窒息而喘不過氣。失望和沮喪隨著失敗而來，現實逼得你看不見未來的希望。你原本應該過得豐盛自由，就像上帝應許賜給我們的生命一樣，可是在你周遭的人非但沒有鼓勵你，還不看好你。我曾試過要幫助你，你卻將我一把推開，對我越來越冷漠疏遠。

「連你也放棄自己，你非但不把握你內心快要熄滅的火源，反而讓僅存的餘溫變冷，你讓自己變得沒有夢想、沒有希望。」蒂兒好像找到了發洩的出口，繼續說著：「我做什麼畢竟都是爲了你，你記不記得我曾經幫你度過難關？你生命最低潮的時候，我也陪在你身邊，你難道都忘記了嗎？如今你卻將我關在你靈魂的地窖裡，置我於飢餓的狀態中。我只聽見你抱怨『誰沒有幫我』、『誰對我不公平』，可是我一直都在你身邊啊！」夢想家蒂兒忿忿的說著。

「或者我應該說，我會一直都在你身邊，如果你不把我推開的話。很多時候，你憤世嫉俗、消極否定，你敏感尖銳、責怪別人。你怪你的父母、你怪你的家庭出身，你怪你缺乏機會。因爲你善於掩飾，旁人也看不出你有這些怨恨。但我知道你年輕的時候並不是這樣的，我們當時夢想的生活不是現在的樣子。你現在擁有的愛情、房子、事業都和當初所期待的不同。我比誰都了解你，你的夢想不止於此，你應該要有更大的成就才對。天啊！我不知道該如何說下去了。你還有許多天賦未被開發，你根本還沒有發揮才能。你不應該這樣甘於平凡、一事無成！我今天眞的要坦白跟你說，上帝創造你，爲你預備的生命應該遠比你現在生活的狀態還要富足豐盛。你想追求的人生答案、你的生命力量，全部都在你自己的夢想中！」

說完這段話，蒂兒已經淚流滿面，她向你伸出溫暖的手，輕柔的碰觸你的肩膀，說道：「我需要你……不，我們全都需要你。」圍坐在桌邊的其他人也點頭表示同意，有些人因爲感動，在一旁輕聲吸著鼻涕。夢想家蒂兒最後以幾句話結束她的懇求：「因爲你放棄了夢想，你變得冷漠，你讓自己活在乾旱的沙漠中，你的生命變得荒蕪枯寂。你活得沒有希望，你的未來充滿問號，你無視於上帝在你心中撒下的夢想種子。

「你不能再這樣活下去了！如果繼續這樣下去，你會走上自我毀滅一途。爲你的夢想奮鬥吧！別放棄希望！不要管別人說什麼，那些人、宗教組織，還有許多外力，不斷給你限制，不斷加諸你壓力，你一定要斷開那一切，像一隻破蛹而出的蝴蝶，脫殼羽化後，你才能繼續帶著你的夢想翩翩飛舞。我知道你現在要改變還來得及，你過去所經歷的一切痛苦，就把它們當作助力的風吧！是的！現在該是你飛翔的時候了！」

疲倦的愛情

眾人環顧室內，大家都在猜測誰會成爲下一個發言人。情人羅羅開口了。「我想要告訴你一些事。」

情人羅羅曾經是一個充滿愛、樂觀又浪漫的人，非常熱心助人。「你我皆知，愛是施、慾是取。你以慾取代愛，你不斷的『取』，卻停止了『施』。最近我試著想要和你心靈交流、雙向溝通，無奈的是你根本不願意，我也變得毫無興致了。我感到後悔，以前有的美好感覺全消失殆盡。我只知道你變得疏遠冷漠、淫蕩好色、自私自利。我今天之所以想說話的原因就是我希望能再一次愛你。」

圍坐在桌邊的每一個人仔細聆聽羅羅的發言。她說的完全屬實，每一句話都說得不假，而且句句擊中要點。他們全都知道你失去了眞愛，他們也明白你總是掩飾你自己心裡眞實的感受。情人羅羅清清喉嚨後，又繼續說：「不知道從何時開始，我們之間的關係變得很緊張。不管你把我當成什麼——感情、渴望還是愛，我都是你生命的一部分，期待愛與被愛，希冀能夠被一個眞正關心自己的人所愛，企盼我們能擁有健全且充滿活力的關係。就像我們的朋友夢想家蒂兒一樣，從我們認識彼此那一刻起，就注定我們的關係是牢不可分的。

「我們分享彼此內心的秘密，我們都希望能像童話故事裡那樣，有一個特別的人尋到我，把我當成知己、靈魂伴侶，並且無條件的愛我、呵護我。曾經有一兩次我們以爲已經找到了那個夢中情人，我陪著你度過最初幾次溫柔、甜美，甚至痛苦的幾段關係，我們以爲陷入熱戀，也許曾經有過吧？但是由於種種原因，幾段關係全未修成正果，最後你還是孤獨的一個人。

「時光漸漸消逝，你不斷把我越推越遠。隨著年歲增長，你更是處心積慮的尋找親密關係，你不斷尋找、不斷失敗，最後我也累了。你沒有看見你本身的價值，反而開始爲不值得的關係出賣自己。你感到卑劣低賤，覺得沒臉和我在一起，你離我更遠了。我想幫你解決問題，你卻把問題藏起來不讓我知道。你貪圖權力、金錢，甚至性，你已經失去了原本對生命有的熱情。你曾經心胸開闊、樂善好施、眞誠愛人，如今你這些美好的特質全消失殆盡，你不再認眞看待友誼，你也懶得和人溝通，你只在乎那些有利可圖的機會，誰可以幫你找到最好的工作，誰就是你的朋友。

「看看現在的你！我知道你以自我爲中心，只看見你的需要。你不再付出，所以也就得不到回報。你不可能播下對人冷漠的種子，期待開出讓別人對你熱情的果實。你應該忘記過去那些失敗的經驗、那些變調的關係。別忘記你原有的面貌，你眞誠愛人的那一部分。因爲你不再對『愛』感興趣，於是你掩藏原本眞誠的那一面，變得冷漠無情。你知道嗎？你現在活得就像一個假人立體模特兒衣架，沒有生命！

「其實你我都知道你內心深處長期以來渴望的是什麼，但你安於現狀，卻又不斷猜測未來。你其實很想得到愛情、渴望一份親密感，但你早就放棄希望了。現在的你對於關係建立的態度，好像是穿著萬聖節的裝扮，預備參加夜晚舉行的『不給糖就搗蛋』活動。可是我要告訴你，如果你眞心敲門，你的態度眞誠，別人給不給糖都是其次。因爲你用道具裝扮把自己層層包裹起來，這層束縛使你不斷對親密關係感到失望。何不先脫去那些面具，做眞實的自己呢！」

眾人聽完羅羅說完這段話後，不禁發出笑聲，也稍稍化解空氣中的緊張氣氛。當羅羅又開口說的時候，在場的人便又嚴肅正經起來。「你所擁有的關係似乎頗爲單調，令人感到不滿足。你不與人溝通，你也不敢奢望一段浪漫的感情。你厭倦一切、憤世嫉俗、懷疑他人，以爲每一個人最終都會背叛你。你對自己也是如此，明明內心渴望愛，卻又恨自己有這種想法。你責怪另一半和你個性不同，善變又不可靠，把對方看得一無是處。

「你聽好了，如果你一直這樣下去，拒絕眞正關心你、愛你的人，卻尋求空虛的一夜情，那麼你就永遠不會了解人生的意義和你受造的目的。眞正愛的感覺是什麼？並不是只有性愛，雖然我們都知道性愛也是親密關係中很重要的一環。

「你應當愛人和被愛，你要面對內心的恐懼和失望感，不要放棄繼續追尋眞愛。該是你勇敢去愛的時候了！去尋求浪漫的感情吧！就像蒂兒說過的，去追求一個眞正愛你的人，眞正的愛是毫無條件的愛，是完全的包容。」

此時你開口表示你已經受夠了「介入」方法的胡言亂語，你既生氣又尷尬，大聲說道：「我沒有耽溺或是成癮！我知道自己在做什麼，我可以自己解決問題。我不靠你們任何一個人，或其他任何的助力，即使沒有你們的幫助，我仍然可以過得很好！」

情人羅羅和夢想家蒂兒同聲開口：「你根本就是睜眼說瞎話！你耽溺於冷漠！」

情人羅羅又說：「你不再關心別人，你停止夢想、停止相信。」

夢想家蒂兒難過的說道：「你對任何事情已經失去了熱情，你變得冷淡、凡事漠不關心。你內心不再有感覺，不像從前的你……」她嘆了一口氣說：「你完全變了！」

財務狀況拉警報

有一個新的聲音出現了。「你變得冷漠無情已經嚴重影響到你的工作，你的財務狀況更是糟糕透頂！更別說你的信用問題！」他憤憤不平的繼續說著：「你完全不管這些問題，你不盡責工作也不願面對問題，狀況變得越來越糟。」

曼尼是經理人，看得出他儘量壓住怒氣，然而他的火氣很大，似乎一觸即發，隨時會引爆。每一個人都很訝異的看著他。夢想家蒂兒拍拍他的肩膀，試著安撫他。他之所以這麼氣憤，乃是因爲你沒有給他機會讓他告訴你，他是如何眼睜睜的看著你因你冷漠的態度而喪失大好的工作機會，使你信用破產，讓你財務狀況跌到谷底。曼尼很會精打細算，就如大部分的電腦玩家，操作電腦熟練得很。他不像羅羅那樣深情溫柔，也不像蒂兒那樣能言善道。曼尼只注重事實與數據。

他繼續說道：「你只會越來越老，而就你這樣的花錢狀況來說……」曼尼搖搖頭說：「我原本可以幫你，確定在你老的時候會有一筆退休金，可以不愁吃穿。我也可以一旁協助你，不讓你衝動花錢買不必要的物品。可是我卻看見你買了許多你想要的，然後到了月底左支右絀、捉襟見肘。坦白說，我眞的看不下去了。我希望幫你財務能上軌道，所以你可以付孩子的學費或是投資買一棟房子，甚或去你夢想的巴哈馬群島度假。如果你按照我的計畫，你會驚訝的發現，其實你的生活可以過得綽綽有餘。如果二十年前你每天開始存買一份快樂兒童餐的錢，你今天應該很有錢了！

「但是現在說這些都爲時已晚，這也是我今天在這裡的緣故。你必須馬上停止你那冷漠又無所謂的態度。看來你好像感染到揮霍無度的病毒還是財務流感之類的細菌，你病得不輕！

「也許是因爲你和情人羅羅相處不是很融洽，我發現當你從另一半那裡得不到滿足，你就開始揮霍金錢。或是因爲你和夢想家蒂兒兩人漸行漸遠，你似乎失去耐心和自制力，無法延遲享樂、先苦後甘。如果你可以延後實現你那些物質慾望，也許你會有比現在更好的生活，也或許你可以達成你的夢想目標。記得蒂兒說的那些夢想嗎？你讓它們消失殆盡。當你和情人羅羅的關係不對勁時，你也不工作了，我敢說你浪費太多的時間和金錢，全花在沒有價值的事上。

你的生活沒有優先順序，做事情不斟酌輕重緩急。這樣一來，你傷害的不只有你自己，連帶也拖累我一起蹚渾水。

「當他們打電話通知我開會，我是第一個到會場的人。我提早抵達。」他拿出公事包，拿出一疊尚未繳款的帳單放在桌上。「這些帳單已經被代收欠款公司盯上了！你知道嗎?!你欠了一屁股債！原本是四十二美元的帳單，因爲未繳款，還要加上逾期還款違約金三十五美元。眞是太誇張了！你我心裡都明白，你原本可以在繳款截止日前繳清這筆帳單，但是你根本不在乎期限日！」

曼尼對著你不斷咆哮。「我敢打賭你大概也不清楚自己的信用紀錄如何吧！你如果不去面對這些問題，你要如何解決問題呢?!你處在這樣的狀況下居然還無動於衷?!我想說的很簡單，如果你像一隻鴕鳥，把頭埋進沙裡，以爲看不見就沒有問題，你可是大錯特錯！你忘記自己有改變的能力，當事情不如意的時候，你不能責怪他人了事。」

他深吸了一口氣，試著讓情緒緩和。「我今天來這裡是因爲我在乎你。我今天出現在這裡是因爲我還相信你有夢想。但我來最重要的是想把你叫醒，讓你不再渾渾噩噩、冷冷淡淡！我要讓你走上軌道、重新出發。聽好！我知道你有信心，你相信上帝，但請你明白『天助自助者』的道理；或者我應該用聖經上的話『信心沒有行爲就是死的』來勸戒你。你不能只有爲工作禱告，你要行動。聖經不也說有福的人是『凡他所做的盡都順利』嗎？

「聽著！如果你不行動，上帝也無法祝福你。你從前學的教導可能不正確，一個人要成功興旺不是只有在教堂金錢奉獻，捐款奉獻固然很好，但你必須也要成爲一個思考者、計畫者和工作者。」曼尼嘆了一口氣，他環顧四周，又說：「我不是要幫你發財，我只想要你過一個積極成功的人生，而上帝早就預備才能和機會給你了。我不知道你是否有心改變，但你若現在開始，一切都不算晚，你絕對有可能扭轉乾坤！」他看著桌上的各樣帳單、斷電通知、學生貸款、查封通知，他說：「如果你現在採取行動，你絕對有可能擊敗這個冷漠無情、讓你走向毀滅的惡習敵人。」

不要盲目相信

聽了曼尼連珠砲的發言，你尚未喘口氣讓自己沉澱思考一下，此時碧兒也來插一腳。「我是你屬靈的那一部分，在你的生活裡，我扮演和上帝溝通、尋求真理的角色。然而因為你的冷漠，你的屬靈狀態也變得非常貧乏。上帝原本可以使你感到滿足，你卻以物質來代替上帝，你只想要那些昂貴的服飾、新車、玩具。但你我都知道，你想要的不只有這些外在的物質。尋求上帝為你預備的旨意可以使你得到內心的滿足，察覺祂每天要給你的許多祝福。

「但因為你過去所受的傷痛，你不再對上帝有太多的期待。對你來說，生命是不公平的。你對教會失望，對牧者失去信心，你覺得他們偽善，只會論斷你，於是你崇拜物質，以它們來填補內心的空虛。上帝要你改變，祂希望你活出新生命、重新得力，就像稅吏長撒該❸，爬到一棵桑樹上，為的就是要看救世主耶穌。但你卻麻木不仁，又倦又累，只是裝裝樣子，並沒有真正致力和創造主建立關係。而這位創造主來世上為的是要安慰、醫治、激勵、啓發我們，祂能夠引領你站上高峰。

「如果你眞的要打破惡習，不再過一個平庸的生活，你必須要使你的屬靈生活復甦起來。不全然只是上教會，上教會做禮拜很好，但如果你個人沒有和上帝建立關係，去教會也只是做個表面罷了，沒有什麼意義。想想看你的靈魂最渴望的是什麼？那就是和上帝有連結的關係。」

碧兒看著你的眼睛，說出的一番話好像子彈，顆顆射向靶心。「你想要過一個有意義的生活嗎？你想要感到平安喜樂、豐盛滿足嗎？那麼現在就是對抗的時候，把你的生命主權從敵人手上奪過來。燃起你的熱情，尋求上帝的旨意，過一個聖潔的生活。不要再吃豬吃的食物了❹！回到天父的面前，祂正張開雙手迎接你！

「上帝會引領你，但你必須先踏出第一步。唯有踏出去，你才能向前走那段令人興奮的旅程。你難道不厭倦那種在夾縫中生存的感覺嗎？你也許已經浪費了很多時間精力，但是上帝供應你一切的需要，只要你信靠祂。現在就是時候！我已經爲你禱告很久了。你開車上班途中，我爲你禱告。在你每天應付生活瑣事時，我爲你禱告。我不斷爲你禱告，爲你的搖擺不定、爲

---

❸ 聖經經文中提到的一位人物。稅吏長撒該精於賺錢和晉升，是個財主，卻用了許多不光明的手段。有一天當他聽見耶穌要經過他那裡，撒該也試著想擠到人群前面去看，可惜他身量矮小，人人又痛恨他，所以他擠不到前頭。於是他靈機一動，爬到一棵桑樹上。耶穌看見他，決定在撒該家住上一晚，這完全出乎周圍眾人及宗教領袖們的意料之外。當撒該面對耶穌，就悔改認罪，痛改前非，重新出發，過完全不同的生活。（路加福音十九章一至十節）

❹ 聖經中記載「浪子回頭」的故事。一個人有兩個兒子，小兒子分得家產後任意放蕩、浪費資財，耗盡一切後，遇到饑荒，變得非常窮苦，甚至飢餓到恨不得拿豬食來吃。後來決心回家向父親道歉，得到父親原諒。（路加福音十五章十一至三十二節）

你的不信、爲你的不安全感禱告。上帝說：『你們要轉向我，我就轉向你們。』❺只要你專心尋求就必尋見，上帝就在你的生命當中。雖然你做錯許多事，忽視祂的存在，祂仍舊愛你。你可以想像如果你再一次回到上帝的面前，將會是什麼樣的光景呢？」

眾人牽起手把你圍在中間。碧兒開始大聲禱告，然後是鼻尼，再來是情人羅羅，最後是夢想家蒂兒。他們每個人都爲你禱告，向上帝祈求勇氣與釋放，求上帝帶領幫助你打破惡習，不再冷漠或無動於衷，讓你能有感動與領會。

你雖然對於他們的面質有些反感，但你知道你必須要放棄一些東西，生命必須有些改變。你不再掩飾你的情緒，當他們禱告的聲音逐漸變小，你也發出微弱的聲音說道：「我預備好了。」

重新開始 vs. 改變

這是人的特性，我自己也曾經歷過，那就是：人們常會爲自己做的事找藉口或編理由。通常聽者沒耐心去聽，但是如果可以仔細聽，用愛心看待，或許就能幫助我們去面對問題，讓我們成爲更好的人。如果你願意改變，即使是一點點改變，將那些曾經被忽略的部分重新做過調整，你的生命會更豐富。

你小時候有沒有玩過棒球還是足球？當你揮棒落空還是沒踢到球的時候，你可以重新開始再做一次。我們都希望做錯事或是走錯路時能有再次重新開始的機會，可是我們不能。我們必須爲我們的錯誤付上代價，我們的生命中會帶著那個烙印。但是我們也不要忘記，從錯誤中我們必然能學到什麼而有所成長。

既然你沒辦法重新開始，你可以活出新生命，有所改變。你不需要做整形手術，採取激烈的禁食，或是把整個衣櫃裡的衣服換新。雖然可能改變之後，說不定上述三種方式你也想一一採行。我這裡所說的「改變」指的是你必須要砍掉惡習、切斷過去，這樣你才能活出新生命，尋找生命的自由與豐盛。

如果你感到這種說法很自私，那麼想想過去的你，如何影響你周遭的人呢？通常「介入」措施能夠成功的主要原因之一就是透過旁人的提醒，讓你知道你的行為如何傷害到你身邊的人，很多時候因為你不在意，你不是讓自己分心就是使自己變得麻木，因為如此，你傷害了許多人。

如果你自己意識到是改變的時候了，你便已經開始痊癒的過程。你想改變的意願會幫助你活出新生命，找到你最初存在的目的。

如果你對生命感到不滿意，期待活得更好一些，你願意冒險做一些改變，但是過去的失敗與失望澆熄了你想改變的衝動，加上未來充滿的不確定性，你會感到進也不是、退也為難。如果你感到後悔、浪費生命，你就是被生命中負面的力量牽著鼻子走。下定決心吧！想要改變，就先活出新生命！

如果你對生命冷漠的態度已經根深柢固，你看不見自己造成的傷害，生活過得沒有盼望，

❺ 聖經瑪拉基書三章七節。

成天忙忙碌碌，沒有時間停下來反省生命的意義以及思考未來的方向，那麼就是該停下腳步的時候了！別擔心你想要求的，其實你可以要求更多。改變所帶來的風，能將你帶到你想去的任何地方。

你可以過得更好。問題是：你是否願意改變？就像一個酒精成癮者，要戒酒是很痛苦的，你是否願意對抗內心的衝動？要活出新生命並不容易，你感到勉勉強強還是已經下定決心？如果你的答案是：「我願意改變」，那麼你可以翻到下一頁。

第2章

別白費力氣——要戰鬥，就要先睜開雙眼

「所以，我奔跑，不像無定向的；我鬥拳，不像打空氣的。」

——哥林多前書九章二十六節（英皇欽定本）

這本書能夠誕生，就要從好幾十年前在校園裡發生的一場鬥毆說起。我永遠不會忘記學校惡霸哈洛給我的那次寶貴教訓。當時我是小學三年級的學生，他大我一歲，是四年級的學生。一天放學後，我們為某件事發生口角，好笑的是我居然不記得原因了。但是我卻清清楚楚記得當時的狀況，就好像是昨天才發生的事，他用那肥胖的手卯勁狠揍我的頭，把我打得連嘴巴也失去了味覺。

其實那天一早到學校，我們就已經看對方不順眼，你來我往的鬥嘴了一整天，一直等到快要回家的時候，才爆發爭執。我們扭打成一團，就好像電視轉播的拳擊特別節目，你給我一記左鉤拳，我飽你一頓右鉤拳，只是我都打不到他，他卻把我打得稀里嘩啦。我很想說他沒有佔上風，其實我們倆平分秋色（回到家後為了面子問題，我編了這個結果），當我看見我弟弟臉上的神情，我知道我根本輸得很慘，慘得一塌糊塗！

現在我說出原因也不怕你笑，當時我是閉著眼睛打架的。如果我不畏懼，如果我睜開雙眼，我可能還不會被打得那麼慘。哈洛把我打得連我父親當晚回家後看見我，他馬上屈膝跪

地，教我一堂如何自我防衛的課。我的父親是我的英雄，要我擺出當時我和哈洛打架的姿勢，他看了一會兒，笑著說：「兒子啊！你犯了一個大錯，就是你的手臂沒有放對位置，你在那裡揮呀揮的，根本不像打架，好像風車桿轉呀轉罷了。還有，你最大的錯誤是你居然閉起眼睛，感覺你在害怕，怕看見別人會怎樣揍扁你！」

為人生戰鬥

現在我長大了，我必須承認當時哈洛就好像是校園裡的巨人哥利亞，真的把我打得一敗塗地。我初嘗痛苦的滋味，不是只有外在的皮肉之痛，我感覺我的內心也很痛。我從那次打鬥中學到的教訓是如果我們要活出新生命，就要找到最好的姿勢，才能打一場人生的硬仗。如果我們要忘記過去失敗所帶來的羞恥感，我們必須要從一次次的失敗中不斷站起來，繼續迎戰。

雖然我學到了自我防身術，我還是等到後來才有機會讀到本章一開始我節錄的聖經經文，我馬上恍然大悟，明白了這句經文的實用性。年老睿智的保羅當時寫信給哥林多教會的書信，至今對你我仍有很大的鼓舞作用，他教導我們應該如何找到最好的姿勢，才能在戰鬥中得到上帝原本就預定給我們的勝利。

如果你沒去面對問題，你就無法對付問題

鴕鳥把頭埋進沙堆，這種逃避現實的舉動絕對會使問題更加嚴重。就像保羅說的，當我們對著空氣揮拳，我們打不著什麼，都是白費力氣、浪費精力，問題仍是存在的。打空氣和打敵

人不同。你應該看看我當時和哈洛打架的情形，我使盡吃奶的力氣揮出每個拳頭，可是沒有一拳擊中他，如果有的話，他大概會被我打暈過去。因為在這場爭鬥中我屈居下風，我的嘴唇腫得像灌了水的氣球那樣大。

我當時的做法完全錯誤！我們應該要有策略的謹慎揮出每一拳，而且拳拳要擊中要害。我們必須要有智慧的對付人生中的挑戰，才能贏得每一次勝利。我們要把精力用在對的地方，我們要有目標，然後全力以赴去達成。常常有善心人士告訴我：「看你這麼努力，你一定會成功！」我了解他們所說的，他們拿我和那些光說不練的人相比，那些人成天想要得到這得到那，可是卻毫無行動。但是我們卻要小心，如果你以為努力就會成功，那麼你也犯了大錯。

努力並不表示你有戰鬥力

我必須遺憾的說，努力並不一定會成功。我們的父母教導我們，只要努力就會有更好的生活。他們那一輩的人和他們的上一代活在二十世紀的工業時代，認定生產力肇因於人的努力不懈和充沛活力，他們不認為策略和組織能帶來什麼改變，他們相信只要勤勞就有收穫。他們將這種信念傳給我們，要我們也以相同的態度生活，只是這樣能符合現今二十一世紀的需求嗎？科技時代的我們又該以何種態度和思維來定位自己呢？我們若想遵行父母的教誨，是否我們的機會將因此受限呢？

若我們聽從長輩，他們所累積的人生智慧的確能給我們很多幫助，然而我們也要明白，若固守傳統，不知變通，那麼傳統反而會成為障礙，使我們停滯不前。只有透過不斷的評估考量、創新求變，才能避免陷入守舊的意識形態，否則盡了一切的努力卻沒有得到我們想要的結果，不是很可惜嗎？

現今社會已是一個高科技發展、後工業時代的社會，我們若要活得遊刃有餘，就必須不斷更新我們的信念與生活態度。我非常感念我的祖先們，他們已經爲我們立好根基，但如果我們只是在這座根基上加蓋一棟房子是很危險的，因爲他們那個時代所用的建材和現在已經大不相同。我們潛意識裡承襲了許多既定的規範，卻從未更新發展我們的概念，殊不知改變其實能幫助我們更有效率。

努力之後也不會開花結果

我認識一些人，他們成日忙得半死，可是卻看不到他們的成就。因爲他們受限於本身的主觀意識，不會彈性變通，他們不但沒有增加生產力，反而耗盡精力、徒勞無功。我身邊有些朋友們，他們比我更忙，卻比我更沒有績效。我們一起吃午餐的時候，他們不斷的接手機講電話。他們邊開車邊用藍芽和屬下交代事情，他們比芝加哥O'Hare❻國際機場的塔台指揮還忙得不可開交。他們有目標、有抱負，他們盡責做分內該做的事。

事實上，他們有大部分的人身兼數職，扮演不同的角色，企圖執行多重任務。這些小企業主們做著「校長兼撞鐘」的工作，什麼都攬在身上，凡事均一手包辦。一位牧師可能帶領敬拜、接送會友，同時還輔導都會地區貧窮家庭的青少年。一名職業婦女可能身兼數職——擔任家長聯誼會主席專責募款、爲公司老闆招攬更多客戶、聯絡地毯公司安排到家裡清地毯的時間。這些人列出嚇人的工作清單，項目之多令人看了頭昏眼花。他們每天東奔西跑，負責每項工作，完成一項，在清單上打勾後，又開始做下一項。他們雖盡心盡力，可是他們的影響力卻越來越小，工作努力卻看不到什麼結果。像那苦讀的學生，他勤奮又有紀律，可是卻發現考試怎麼考就是不及格，如果是這樣的情況，那麼可能就是他讀書方法錯了！

你有相同的感覺嗎？你會不會覺得自己好像每天活動一個接一個、工作永遠做不完、許多責任一肩扛？你是否感覺自己精力不斷耗盡、生活沒有重心？你是不是已經把自己侷限在牢籠裡、做你認爲一個成功者「應該去做」的事？

不幸的是，大部分的人試著想要成功，卻用錯方法，就像我那次和哈洛幹架一樣。你我犯了相同的錯誤：「我們身在戰鬥中，卻未瞄準任何標的。」我逕自在那裡尖叫揮拳，最後累得半死，氣喘如牛、汗如雨下。結果呢？我還是被揍得滿頭包，眼睛、嘴唇無一倖免的遭殃。我更加氣憤，更想扳回局勢，於是狂亂出拳一番，最後還是一樣，滿身掛彩。

同樣的，生命無情。你可能被打擊、摧殘，你還是勇敢咬著牙迎接挑戰。因爲不服輸，所以要贏！因爲我夠強悍，所以要贏！但不管我如何努力，用錯戰術的話，仍會失敗。你是否正面對生命的挑戰呢？你是否用對方法、使對力氣呢？在你每天忙碌的行程裡，你是否樣樣事都要做卻樣樣事做不成呢？你是否重蹈覆轍——「身在戰鬥中卻未瞄準任何標的」？

❻根據統計調查顯示，芝加哥O'Hare國際機場是世界上最忙碌的機場之一，每年平均旅客量爲七千六百萬人次，排名第二，僅次於排名第一的美國亞特蘭大機場。

偶爾我們都會遇上人生中的低潮，感覺我們無法掌握一切。甚至是生病，問題不只在找個醫生把病看好，很多時候是信心的挑戰、是財務狀況的挑戰　病到底會不會好？醫療費付不付得出？相信任何人遇上這種問題，都是很難忍受的。暫時的失業不一定代表人生面臨巨大的挑戰，我們一生當中都有機會遇到人生瓶頸。然而這樣的過渡期如果持續三年使得你沒有收入，這種挑戰不只會耗盡你的精力，還會榨乾你的存款，讓家庭陷入困境，婚姻觸礁，你的自信心也將完全被摧毀。人生如果遇到這種不幸，你可能會感到絕望與極度恐慌。

我們活得掙扎又痛苦，生活不再有喜樂滿足。看見一個美好的婚禮讓人感覺甜蜜，可是一段變質的婚姻更令人傷痛。有好多次我曾親眼看見新手媽媽臉上所散發出的幸福感，她手裡懷抱著初生嬰兒，感動得熱淚盈眶。她可能無法想像，過幾年後，這些淚水還會因傷心再度流下，她可能早晨起床後發現她那十七歲的兒子偷偷開走了她的車、再一次的逃家。

就像嬰幼兒有不同的發展階段，生命的不同階段也可能出現我們意料不到的挑戰。一開始你可能認爲是一份幸運的工作，幾年後，你卻發現自己挫敗的站在合約仲裁委員會前爭取應得權益，這些都是令你始料未及的事。我們不需要活到老才知道一段美好的關係，不管於公於私，都有可能因某些因素，最終演變成衝突，以至於雙方劍拔弩張，而成爲聖經中所記載的世界末日善惡決戰的戰場。我曾看過子女和父母原本關係親近又彼此信賴，最後居然反目成仇，想將對方置於死地的例子。我也看過一對戀人原本有如膠似漆的關係，聽不見對方的心跳就好像活不下去，最後居然連聽見對方的聲音都覺得憎惡透頂。即使是你最信賴的朋友，都有可能成爲可怕的敵人。

抱持改變的心態

也許我們要等到察覺了痛苦、流乾了眼淚，才發現關係原來已經變調。所以我們必須確定一件事：生命原來就充滿變化，不論我們想要與否，我們終將面臨改變。人生的顛峰也有可能頓時風雲變色，迫使你面對最艱難的危機。當挑戰來臨時，很多時候會令我們措手不及而失去平衡。

雖然我們每一個人都必須面對人生挑戰，但某些人似乎有什麼秘訣，能在這些挑戰中站穩且屹立不搖。這些人所面臨的打擊更爲嚴重，情況更加悽慘，他們所承受的辛酸和苦痛並沒有比別人少；然而他們不懼險惡、不畏艱辛，他們昂首面對一切，好像那些在機場裡爲貴賓們所設的貴賓室，他們有著特別的待遇，跨越重重障礙，快速通關。

沒錯！我們每一個人都在掙扎，日復一日。然而有些人總是可以在面對挑戰時掌控局勢，他們把精力放在要如何在戰鬥中得勝，而不是只有逃避敵人發射的飛彈攻擊，我們應該明白，那些無預警的攻擊都是要打壞我們原本的精心策劃與周密安排。

無論你的信仰多麼堅定，你的財務狀況多麼穩固；不管你盡忠哪個黨派，你交友時如何吃得開，你總會無可避免的發現你仍然躲不過威脅與挑戰，像恐怖攻擊那般，完全出乎你意料之外。這些不爲人知的掙扎你不說沒有人會知道，可是一旦發生，就好像那些忌食辛辣食物的膽囊炎患者，進食辣味後產生胃酸分泌刺激，可能會造成急性發作、誘發疼痛那樣明顯，任何人都看得出來。這些令人頭痛的問題讓我們漸漸變得心情消沉，也因爲情緒沒有發洩出口，造成我們不再充滿活力，時時感到筋疲力竭。有許多人相信隨時保持樂觀的態度或是信仰堅定的話，就有可能不會遇到挑戰或挫折，但我必須說，這是不正確的觀念，事情沒有我們想像的那麼簡單。

好消息是，不管我們遭遇到任何挫折，我們都有可能將阻力化爲助力，轉困境爲順境，即使身在暴風圈，也有可能被我們扭轉成爲展翅飛翔的動力。我們可以讓這些挫折經驗成爲力量，幫助我們突破障礙、擴展疆界。不論過去的失敗爲何，我們可以超越限制，一時愚昧也有機會增長智慧，曾經有的沮喪也能化爲向前的動力，旁人對我們的否定就是最好的催化劑，可以產生強大的推進力量。如果你讓這些帶著後悔失望的傷口得到醫治，過去的失敗會結痂成疤，你會再次充滿活力，努力向前。

我們要如何轉變？我們要如何有智慧、有策略的設定目標？我們要如何突破限制、採取有效的行動努力向前？我們要如何扭轉局勢、改變生活狀態？

我們要先從了解自己開始：我們每個人都有堅強和充滿韌性的一面，而這些特質有助於我們面對困境、戰勝失敗。一個在競賽中得到冠軍的人，他絕對具有一種心態，那種心態可以幫助他處於優勢。那就是他拒絕接受平庸的表現，他要出類拔萃、與眾不同。事實上，他必須經過不斷的訓練和要求，才能在每一場比賽中得到最好的成績。一旦他有想要成功的念頭，他便全力以赴、開創佳績。因爲他受過訓練、充滿信心，所以他能得勝。他被定位是一位優勝者，即使他輸了比賽，他仍具有一種勝者姿態。有些人就是有這種能力，能夠化腐朽爲神奇，將挫折變爲能力，他們不被失敗打擊，反而百折不撓、越挫越勇。

面對挑戰不驚慌而逃

我之前提過保羅寫給哥林多教會的那封書信，聖徒保羅用了一種隱喻，他認為運動員受訓為的就是比賽，勤奮鍛鍊體格為的就是能在賽場上贏得錦標，在他的時代，錦標也不過是簡單的一個花圈罷了。

「豈不知在場上賽跑的都跑，但得獎賞的只有一人？你們也當這樣跑，好叫你們得著獎賞。凡較力爭勝的，諸事都有節制，他們不過是要得能壞的冠冕；我們卻是要得不能壞的冠冕。所以，我奔跑不像無定向的；我鬥拳不像打空氣的。我是攻克己身，叫身服我，恐怕我傳福音給別人，自己反被棄絕了。」——哥林多前書九章二十四至二十七節（聖經和合本）

他所要求的不過就是要我們能夠鍛鍊自己的意志，去獲得我們認為最重要的獎賞。保羅深知成功的秘訣，不管是靈性發展、身體健康、財務狀況，我們都有可能達到最終的理想目標。奧林匹克運動會的參賽者，沒有一位會在跨越終點線的時候突然失足跌倒，然後懊惱怨悔說：「哇！慘啊！我是怎麼搞的?!」

成功的跑者訓練有素，謹慎控制飲食，每日清晨起床便開始練跑，只有初升朝陽與他們作伴。這些跑者平日的訓練，為的就是迎接比賽的那一天，當時候到了，你可以看見他們掩不住興奮的神情，長時間操練終於到了成果驗收的時刻，他們戰戰兢兢完成比賽。有些運動員也許從小就開始訓練，經過多年努力預備後才參加比賽，先不說得勝與否，能夠完成比賽就是一件令人歡欣鼓舞的事！

我記得有一次我和亞特蘭大獵鷹隊迪昂・山德斯（Deion Sanders）聊天，他不只是美國職業橄欖球聯盟（NFL）的橄欖球超級明星中極爲出色的後衛，他也是在美國職棒大聯盟（MLB）擔任外野手的棒球明星，在他的職業運動生涯裡，他是雙棲運動員，代表參與NFL和MLB的各樣賽事。他有運動天賦，又有超強腿力，這使得他在運動場上大放異彩。他爲NFL贏得兩場超級盃勝利，也被票選爲一九九四年最佳防守球員。同時間，達拉斯牛仔隊也史無前例以重金簽下這位防守天才爲其隊效力。

當迪昂站在棒球場上就如同他站在橄欖球場上一樣，人們對他敬畏有加（事實上他是唯一參加過超級盃和世界大賽的明星球員呢）。他分別在一九九四年到一九九五年、一九九七年和二〇〇一年這段期間內爲辛辛那提紅人隊效力，每次練習時，他總是用跑步的方式鍛鍊腳力，一路從家裡跑到棒球場和球友們練球。我就是在那段期間和他開始成爲朋友。有一天我們閒聊他過去的背景，他告訴我其實他從很小的時候就開始練跑步了。他小時候住在墓園附近，看到公墓矗立的墓碑和詭譎的氣氛，他覺得很不舒服，有時也會感到害怕。他爲了避免這種不安感覺，每次放學經過公墓時，他就會拔腿快跑，飛也似的跑回家。當時雖沒有人爲他歡呼喝采，他仍是盡最大努力的跑。雖說那時他並非受過正統的訓練，但跑步仍然成爲他的強項，爲他長大後的職業生涯預備鋪路。

雖然他早年的經驗可能是偶然的巧合，迪昂卻清楚明白，要培養一種實力，絕對需要下工夫。許多時候我們似乎湊巧發現自己有某項特別的天賦，可是要好好發展天賦，就必須有計畫的琢磨，如此一來，石頭才有可能變成一塊美玉。迪昂從公墓驚慌而逃開始，到後來體育館裡的練習、田徑場上的練跑，他不斷琢磨和努力，最終他踏上了全國各地首要且一流的運動競技場。正因爲他的運動天賦經過訓練，成爲頂尖的職業好手，他也因此簽下千萬美金的合約，爲他效忠的隊伍贏得無數獎盃。他目前已經從職業運動場上退休，坐擁一棟典雅堂皇的華廈，身兼運動行銷分析顧問。雖說他是無心插柳柳成蔭，因爲墓園的奔跑經驗開啓了他的天賦，但是如果沒有經過嚴格訓練，設定目標，他又如何能發展天賦，琢磨成世界頂尖的運動選手呢？從一個怕鬼的小男孩，到一個人人稱羨的運動明星，他兢兢業業飛奔過了決勝線，誰說他的成功是偶然呢？

成功有不同的境界

顯然的，一個人要成功，目標要實現，有大半因素必須靠著接受教育。然而我必須說，讀到一個學位固然重要，但是你更應該要竭力追求尋找你的天賦才能。雖說各行各業有所不同，然許多專家統計，有超過百分之五十的人從事非他們所學本科的行業。教育給你機會學習各類主題，所修的學分最終會使我們得到一個學位。辛苦念完書，得了一個學位，最後卻躋身在一個並非自己最喜歡的工作領域。也許我們應該先讓學生當見習生，花一年的時間到他們想讀的科系之相關工作場所見習，這樣或許可以幫助他們決定是否這一行是他們未來想投入的領域。

這樣的見習制度可以反映成功的根本法則：我們必須花時間和精力在嘗試與錯誤中學習。「我曾想終其一生做這一行業，但是我現在卻改變心意了。」「她曾經非他不嫁，但她現在感到後悔，當初做錯了決定。」即使最聰明、最有智慧的人，也曾經爲過去錯誤的決定而懊悔不已。你必須明白，不管過去的錯誤何等的愚蠢、痛苦，也不管你曾為錯誤付出多少代價，這些過去不應該成為你的絆腳石，你仍有力量改變現在的生命。你也許必須重新調整腳步，就像幼兒蹣跚學步般，你可能跨得不遠，但是你知道你要去的方向，而且你知道你終將到達目的地。

你必須從你所受的教育中──我這裡所說的「教育」是從過去錯誤中學得的經驗，你要重新評估自己、評估你的性格，哪一個部分可以成為你的資源？如果你內心充滿盼望，如果你眞心想要改變，你所學的知識便可以助你一臂之力。知識加上熱情，就是最有力的武器，能使我們在人生關卡中披荊斬棘，找到我們一生中最想成就的目標與方向。就如迪昂・山德斯的墓園之跑，我們可能需要有一些刺激，才能開發潛在的天賦。我們設立目標並努力鍛鍊，往成功邁進，需要的是專注的精神。

檢視清單

如果你曾經做過零售業，那麼你可能很熟悉年底盤點與分析這些工作。不管是鞋店還是超市，只要是零售業都必須透過盤點來進行存貨管理，查看商品紀錄是否和店裡存貨數量一致。相同的，如果我們想了解自己的心思、個性、所擁有的才能是什麼，我們必須要看看自己的倉庫裡存放著什麼。

因此我們知道，要贏得戰鬥，就要先站穩腳步。透過檢視內在的自己，分析本身擁有的才能，確定想要發展的目標後就要全力以赴。然而我們要如何知道自己的生活目標在哪裡？有些人可能不只有一個生活目標，他們有可能在探索一段時間後才決定全力追求未竟夢想。不管如何，你所要發展的目標就是你感興趣的領域，並且你會從這項工作中得到滿足快樂，這就是你要前進的方向。你必須要將概念化爲行動，實踐目標，完成夢想。

聽起來好像很容易，但在現實中，大部分的人卻失去自我，成日活在他人的期待下。身爲一位父親，我雖知我能影響我的孩子們，但我仍無法左右他們的想法和決定。我曾經希望我的孩子們能走我想要他們走的方向，寄望他們完成我未竟的理想。許多父母和我一樣，爲子女畫好人生的藍圖，堅持他們按照我們的想法而活，禁錮他們的自由意志，這樣的做法是很極端的。有些人很愛比較、與人競爭，常被別人的意見和看法牽著走，有時雖然心裡不認同他人，但我們還是跟著流行，好像要向別人證明自己的能力。

現在很流行轉換生涯跑道，根據統計，平均每七年，我們會對現階段的工作感到厭倦，會想嘗試接受新的挑戰。有許多人告訴我，他們從事各行各業——醫生、律師、業務員、執行長、教師或是星探，當初之所以踏進他們那一行是因爲他們想要證明他們也能像某某人一樣強。但是經過一段時間，他們卻發現自己感到空虛、疲倦、對前途感到不知所措。

我們必須要誠實面對自己，傾聽內在的聲音，哪些事是我們熱中去做的？哪些事讓我們一想到就熱血澎湃？要實現我們的夢想需要什麼條件？我們要一一找出來。如果你此刻正在閱讀本書，看到以上我所說的，你心裡面好像有什麼正在煎熬，我建議你，挖掘出讓你感到不舒服的那部分。成爲一位工友並不可恥，我會這麼說是因爲我的父親也曾以他的勞力做過這份工作。如果你對工作抱持的態度是正面的，你引以爲傲、充滿尊嚴，不管你的工作是什麼，你會感到滿足和有所成就。所以你要做的第一步就是檢視清單，我會在接下來的幾章做更詳盡的說明。簡言之，你必須要先認識自己、了解自己眞正想要的是什麼。如果你認清自己，知道你爲何而戰鬥，那麼，你戰鬥起來也會省力些。

培養適應力

你要知道，成功並非一蹴可幾，有時候甚至無法避免衝突。改變是必然的過程，如果我們想要完成夢想，我們必須裝備自己，並且尋找合適的策略才能一路過關斬將。我母親常掛在嘴邊的一句話就是「一切値得擁有的東西都値得你去爭取。」我對這句話深信不疑，我相信成功是屬於那些永不放棄的人。如果你正陷入挑戰，如果你正在爲你的夢想奮鬥，我要鼓勵你，別放棄，好好打一場仗，千萬不要像無頭蒼蠅，沒有目標方向的盲目亂闖。

我最近很榮幸有機會和吉姆．柯林斯（Jim Collins）會面，他是美國著名管理大師，也是一名暢銷作家。在他一本暢銷書《從A到A+》（Good to Great）中，他提到有些公司如何從優秀邁向卓越，而一些公司則原地踏步毫無長進。文中柯林斯以美國食品雜貨業兩大龍頭爲例，這兩大企業分別是五〇年代全球最大的零售商A&P以及同時期開始發芽茁壯以價格取向爲主的超市連鎖店Kroger。六〇年代開始，科技逐漸發展創新，當時兩家企業經營型態仍很保守，因爲看見周遭大環境的改變，他們開始投入研究，開拓實驗店家，並且聘請專家分析預測未來趨勢。

兩家企業研究結果幾乎相同，他們發現因爲消費環境改變，消費者非常注重便利性，希望在購物時能「一次購足」（One-Stop Shopping），不管是買食物、化妝品、營養品、醫生處方藥等等，都能在同一家商店完成購物最好。令人驚訝的是，A＆P雖然從研究結果中看見這種消費需要，卻置之不理，完全沒有對策跟進。然而Kroger卻不同，他們立即採取行動，推出「超級商店」（Superstore）的策略，而這種消費模式我們至今已習以爲常。Kroger遂在一九九九年成爲美國連鎖超市業界領先者，年收益超過曾爲對手的A＆P八倍之多！

而今A＆P卯勁辛苦的追趕，仍不敵Kroger業績，全因爲Kroger採取有效的戰鬥策略，因此他們在競爭中可以佔上風。如果我們墨守成規，不能因爲需要改變而調整我們的步伐，在投資以前未先評估企業環境或是利用過去的經驗值做發展計畫，我們就會成爲在戰鬥中失利的挫敗者，而不是精算策略的贏家。我不斷提及「活出新生命」的概念，乃希望你能成爲一名瞄準靶心的神射手，而不是鬥拳卻拳拳揮空，胡亂打著空氣。不管外在局勢如何，我衷心期盼你能調整步伐，讓自己適應所有環境變遷。

如果你眞心想要發揮潛能、提升戰鬥力，你就不能重蹈覆轍，像A＆P當初忽略環境變化的徵象。因爲你正在閱讀本書，我猜想你大概已經察覺到自己過得不如預期的好。也許你已經和你的配偶、同事、朋友聊過你的想法，你想要過一個不同的人生，想徹底有所改變。但千萬別光說不練，坐而言不如起而行吧！

我在和哈洛的那場戰鬥中輸了。我被打得哇哇叫，他把我揍得慘兮兮；我畏縮害怕，他強勢得勝。我眞要感謝我弟弟和我父親，他們幫我上了幾堂關於要如何打架的課，雖然小時候學幾招就能輕而易舉在校車上耀武揚威，但大人的世界可就不那麼簡單了。每一個階段面臨的挑戰不一，如果你能在每階段的挑戰中活出新生命，找到最佳策略，你就能在下一場戰鬥中以優勢領先。

在本章要結束前，我希望挑戰你，好好想想你自己的戰鬥技巧是否正確？是否能幫你贏得勝利？你是否已經做好防守預備？還是你根本不管外在現實、只是閉著眼睛胡亂揮拳一番？你的精力用對地方了嗎？你是否有效的運用你的時間和資源？最重要的問題就是：你是否過得喜樂自在、如海闊天空般的無拘無束？

親愛的朋友，人生是一個過程，我們每一個人都會經歷這樣的過程。不管你現在是在哪個階段，我希望能提供你一個漸進方法，讓你由裡到外徹底改變、煥然一新。前提是你必須願意重新思考、活出新生命，想想你要如何在場上賽跑？想想你所要追求的目標是什麼？你必須先要有願意改變的心，你將會扭轉情勢再創人生的高峰。你預備好了嗎？那麼你何不跳出框架，不要自我設限，你會爲你自己的人生帶來更多機會！

第3章

走出迷宮──藉著過去經驗，找出現在的正確方位

「耶和華呼喚亞當，對他說：『你在哪裡？』」
──創世紀三章九節（英皇欽定本）

過往的失敗和今日的困境有時會使我們感到迷惘，在人生迷宮中感到無助徬徨，就好像美國熱門電視影集「Lost」中乘客們搭乘波音777型客機大洋航空815航班（Oceanic Flight 815）在空中突然爆炸，機身斷裂後，部分乘客掉進了不明小島的叢林之中。這些空難倖存者在小島上必須求生，然而他們每個人都有不同的想法。島上暗藏許多危險，不同的神秘人物一一出現。如眞實人生般，他們在島上要面對的問題很多，每個人都不禁問道：「我在哪裡？我要如何逃出去？」我們都曾有過這種感覺，人生走到一個地步，陷入膠著狀態，懷疑自己是否有能力繼續前進？質疑自己是否能夠跳脫困境？

如同「Lost」影集裡的那群朋友，在困境中我們會失去洞察力，然而當生命中導航系統失靈時，我們仍然必須找到所處位置；當問題發生，我們必須想辦法解決問題。你毋須成為一個飛行員才能了解導航系統的重要性。科技創新，現今製造的車種幾乎全配有衛星定位導航系統，由於這些裝備，可以使我們節省繞遠路或走錯路所花費的時間，而這個導航系統也只是很簡單的告知我們目前所在的位置以及要去的目的地何在。

如果我們要克服生命中的失敗和沮喪感，我們必須替自己發展一套導航系統。這套系統會

提供我們目標和方位，並非提供燃料，也非替我們操控方向盤，更不是幫我們選擇目的地，雖然這些工作的重要性無庸置疑。同樣的，如果你正嘗試活出新生命，請繼續讀下去，我要和你分享我的想法。

一切都是命？

在我被債務纏身的那段期間，坐在被斷電的黑暗客廳裡，車子因繳不出貸款被收回，看著家中嗷嗷待哺的幾張嘴，我卻拿不出任何可以餵飽他們的食物，我不禁問自己：我是否要將這一切歸咎於命運？還是這僅是一時的困境？如果一生的禍福榮辱都是命中注定，那麼我也不需要再奮鬥下去，只好認命。

但是我選擇的答案不是如此，我認爲困境是短暫的。在困境中我必須要調整心態，轉換想法，告訴自己——我可以抵抗一切外來的衝擊。我沒有被沮喪打敗，反而越挫越勇。

我不是一個認命的人，我願意接受困境的挑戰，當我這樣想的時候，我同時也想起了聖經裡約瑟的故事。約瑟的一生面臨不同階段的挑戰，他在沮喪時也感到人生無望，他必須找到他可以發揮的才能以至於能改變人生。

約瑟生長在一個有著十二個兄弟的大家庭，他排行第十　，是父親最寵愛的兒子。他有先知的恩賜，能做異夢，也正因爲他擁有能預見未來的能力，他的兄弟們嫉妒憎惡他，想謀殺他。但謀殺計畫並未得逞，最後只有將約瑟賣掉，讓他成爲遠地而來從商的那些商人們的奴隸，並將他帶回埃及。由於他誠懇正直，又具先知的恩賜，很快地他便成爲法老內臣波提乏的得力助手，為其管理家務和一切所有。但波提乏之妻喜愛約瑟，不斷眉目傳情試圖勾引約瑟，約瑟斷然拒絕主人之妻投懷送抱，反被那女人指控心懷不軌想染指她，於是他被關進監獄裡。

如果要說生命不公平，約瑟可真是倒楣透頂。年輕的約瑟面對無法想像的磨練，難道錯就錯在他是一個正直、有才能的好人？他能解說異夢的才能很快地也傳到法老的耳中，你絕對無法相信約瑟後來的遭遇，他因為替法老解夢而平步青雲晉升高位，成為一人之下、萬人之上的總管，替法老治理埃及全地。他為即將來臨的饑荒做好儲糧預備，他的兄弟因為缺糧問題前往埃及買糧，因緣際會而與約瑟重逢，約瑟選擇原諒、擁抱，全家終於團圓。（若要詳知約瑟生平故事，請讀創世紀三十七至五十章）

雖然周遭環境對約瑟不利，他仍能藉著他的才能克服困境。從一介平民到厚祿高官，約瑟的一生可說是撥雲見日、否極泰來。人們在困境中很容易喪志，失去我們原本擁有的內在力量。如同約瑟，認清自己的才能很重要。透過自我認知、自我肯定，不再自我綑綁受限，你的內心將可得到自由。試想，如果約瑟因為關在監獄裡就自我放逐、放棄使用本身的才能，那麼他後來有可能被釋放出監甚至在仕途上平步青雲嗎？他也不可能為埃及將要發生的大饑荒採取任何行動，也因此可能使許多人因饑荒而喪命。

你是否發現其實你尚未真正發揮潛能？約瑟被關在監獄裡，直到他發現該如何使用他解夢的才能後，才有機會重見天日。他重新塑造機會，在他人有需要的時候提供服務。他重新定位自己，從一名囚犯成為政府官員，如果他不先認清自己的能力，他絕對無法成就這一切。你要先了解自己、認清自己，找到你的才能何在，你才有機會更上層樓。也許這意味著你必須要面對那些使你感覺羞辱、貶低過去的失敗經驗，藉著活出新生命，你要重新得力。

一個人要有遠見。通常人若被沮喪襲擊，第一個失去的能力就是「向前看」。幾年前我有機會認識一位來自別的國家的男士，他當時正準備競選總統。因他沒有足夠競選經費，他感到挫敗。我花了幾小時的時間激勵他，幫助他相信自己、相信他本身的能力，因爲我希望看見他發揮潛能。如果你沒有夢，你就無法圓夢。他認爲他的問題在於缺乏經費，但我知道他缺乏的其實是「遠見」。他不知道自己眞正的問題。原本他要向我募款，可是我贊助他的遠比金錢還重要，那就是我坐下來與他的一席談話，我幫助他活出新生命。

我的那位總統候選人朋友，他以爲自己一無所有，但其實他毫無所缺。很多時候我們都會如此，當問題就在眼前，我們會失焦，看不清楚狀況。我們錯估問題，然後感覺挫敗，這些都是可以避免的。我朋友的情況是，他追求的根本不是他眞正想做的。同在一台車裡，雖然我們掌握方向盤，很多時候我們要去的地方卻是後座乘客的主意，是我們將主權交給了他人。何不讓你重新掌握自己的人生，到你想去的地方，而不是讓你的母親、配偶、鄰居決定你的方向。成功不是爲了別人的期待，成功是發現你自己的恩賜才能，並且好好有所發揮。

當你評估過去你所做的事、所有的成就，你是否發現你走在你想走的路上？還是離你的夢想越來越遠？所謂達成目標就是你能夠實現你內心的願望。不管你清醒還是睡著，你都知道你有一個夢。總之，我想告訴你，一個人絕對有可能在他清醒的時候仍有夢，而實現夢想絕非毫無可能。

「但是傑克斯先生，我離我的夢想還有好大一段距離。」我的朋友，我曾經也是這樣的啊！甚至現在我偶爾仍會有這種感覺。即使有一套導航系統，你仍有可能走錯路、轉錯彎。不過導航系統最棒的就是即使你走錯路，它也會根據你的錯誤，重新幫你找到現在的位置，它會好心的原諒你沒有聽從建議，重新帶你回到那條正確的道路上。我從來沒有聽過我的導航系統在我轉錯彎的時候說：「你這個笨蛋！爲什麼你要轉彎？我又沒有告訴你要這樣做！」大部分的人做錯一個決定時都會把時間浪費在自責上面，卻沒有想過把精力花在重新瞄準目標、再度出發。

現在你應該已經明白「定位」的意思，那就是你需要知道你目前的所在位置，並且測量離你的目標還有多遠。

正確座標

坊間有許多工具能幫助你找方位、辨認方向。從我同工身上，我學到一個最有用的工具。幾年前我和艾德·柯爾一同參加一場會議，他是一位生活導師、生命教練，帶領男性組員進行至今仍具極大影響力的討論。我想將他分享的原則分爲五個階段，這五個原則可適用於任何關係和情況，雖然它們的有效度見仁見智，但也許仍可以作爲催化劑，幫助你在生涯、婚姻，或是其他人生方面能重新找到正確方位，協助你看見正確座標，進而過一個沒有限制、海闊天空的人生。

聖經上出現的第一個問句至今仍像北極星一般，指引我們在穿越生命黑暗之林時找到正確方位。亞當和夏娃吃了禁果，發覺自己赤身露體後以無花果的葉子遮身，他們因爲羞恥而躲藏起來。上帝尋找他們，問道：「你們在哪裡？」顯然的，上帝不須問也知道答案，祂之所以問就是要人聽見祂的聲音。因爲沒有順服上帝的誡命，亞當和夏娃的眼睛明亮了，因此他們看清楚現實，也重新認清自己的狀態。當我們遇上改變的洪流，就必須要活出新生命，不讓洪流淹沒。

我們父母那一輩也是如此，每一個人都會面臨人生的變化，因此我們都需要以聖經那句：「你在哪裡？」作爲自省的一個問句。對於男性而言，要回答此問題並非容易，因爲很多時候我們以成就與財富來掩飾內心的疏離感，我們看重學歷、股票、債券、教會人數增長，或者任何我們認爲可以衡量成就的指標。

不只是男性，女性也是如此，社會並沒有教導我們要自我分析反省，而只是在乎你是誰，要如何與人較量。但如果我們的人生要活出新生命，不受外在限制，那麼以下五階段說明將可作爲自我衡量工具。

一、啟示

我們要在這個階段發展生涯、尋找伴侶，甚至開發有意義的新機會。男人是視覺型的，眼睛所見的一切都可以讓我們得到啓發。爲了要有更多啓發，我們必須有更多外在接觸。我們看得越多，就能激發更多能力。我常常引述的一句諺語是這麼說的：「如果你可以看見無形的力量，你將能成就不可能的任務。」

聖經上所謂的「啓示」指的就是「揭露」。那些能幫助我們看見盲點的人就是最能影響我們的人。教會或學校，甚或是一位友人，倘若他們能向我們揭露我們可有的「發展前途」和「潛力」，我相信經過他們「啓示」的力量，絕對能幫助我們力爭上游。有時候透過認識一位新朋友，或是獲得一個職位，就好像又發現了一塊拼圖，讓我們更清楚知道自己是誰。也許我們在火車上遇見認識了一位妙齡女子，或在報攤上隨意讀到一篇關於房地產新趨勢的文章，這些生命中新的經驗會開啓我們的眼界，看見從前未見的機會，我們也能因此更加明白生命中原本就充滿著許多可能，是我們過去從未想過或見過的。

在這個階段裡，你會發現有啓示的同時，你也將面臨挑戰，如果你願意接受挑戰，你會找到新的奮鬥目標。倘若你不願意，你充其量也將永遠成爲站在一旁觀看的人。我們之中有許多人看見機會卻沒有行動，欠缺意志力和決心，有一天將會懊悔自己讓機會溜走。得到啓示後，最重要的就是——行動。

二、靈感

這個階段可以給我們動力的燃料，激發我們的熱情，幫助我們克服掙扎。若你的思考活動中，忽然出現超越平時思考層面的想法，那也就表示你得到靈感，想要開始新的行動。例如透過閱讀一份企劃書附上的信函，你預備採行一些不同以往的策略；原有存在的一段關係，你打算有更進一步的發展。在這個充滿新想法的階段，男人可能會鼓起勇氣向女方要電話，也可能會因吃閉門羹而心情大傷。

在你的生涯裡，這個階段正是你要決定是否將更專精一個領域，甚或決心效忠某一家公司。也許遞出去的履歷表開始有了回應，你得到面談的機會，又或許你因價格談攏而簽了一張合約。

不管你面臨的情況爲何，這個階段的確是很重要的。許多人缺乏熱情去追求他們在第一階段時所得到的啓示與夢想，一些人有不斷拖延的慣性，乃是因爲他們缺乏熱情，從未有足夠的動力去完成目標，因此他們也無法克服面前的障礙。美國人非常喜歡聽激勵講座，那些激勵大師到處受歡迎，商界人士、專業人員，甚至宗教人士都發現到激勵的重要性，因爲激勵的話語可以使人得到動力和靈感，人們會想完成夢想、達成目標。激勵並不會給你夢想，激勵乃是幫助你朝著夢想邁進，你在第一階段得到啓示，透過第二階段的靈感激發，你知道下一步該怎麼做，你就得著了動力。

三、形式化

得到靈感激發後開始採取行動，這時候我們可以很清楚知道我們離目標更近了。換言之，你可能會聽到這樣的話：「你被錄取了！」或「是的！我願意成爲你的配偶。」你或許有可能接到大學錄取通知信函。如果是這樣的話，就表示事情已經發展到一個地步，你必須要更認真的考慮要有一些形式上的承諾和保證。

「唉呀！」一說到承諾和保證，你心裡開始感到不安。對於約會的兩人而言，這個階段可能需要具體行動開始策劃婚禮了。也許你臨時接到的通知，要你在兩星期內交出一份計畫書，承諾要做，就不得不完成。我母親的用詞可能會比我更直接坦白，她會說：「你要撒尿就盡快，否則馬桶讓給別人用！」你已經左思右想半天，該如何往下走那一步，現在就是該起身去做的時候了。

當你承諾要有生命的改變時，在這個階段你等於是簽了要正式生效的一份合約。

很多女性朋友說她們看過不少男人很難達到第三階段，因爲難以承諾，雙方之間原有存在的浪漫感覺越來越少，生活中的一切瑣碎細節，我們必須很實際的去面對。這無關乎浪漫與否，兩人一起生活，誰要付帳單？誰要帶小孩上學？誰要洗車？如果一個人不願意在這個階段裡許下承諾，他變得只是不斷地重複前兩個階段。就好像一個大學生，不斷重修被當的一門課，不管重修多少次，還是被當掉。一個男人可能不斷約會，但從不想有所承諾，不想定下來一個穩定的關係。女人不斷問男人，就如上帝不斷問道：「亞當？李察？狄米？你們在哪裡？」我可以告訴你他們那些人在哪裡？他們不是還在等啓示就是在找靈感，根本不想定下來。

有些人不斷的換工作，每隔一段時間便有新的生涯計畫。他們腦筋動得很快，有許多不錯的想法，可是卻從未認眞執行。他們在面談的時候也許有很傑出的表現，然而一旦正式上班，表現卻一無是處。他們的人生不斷重複同樣的問題，雖然許下承諾，卻沒有行動支持。他們未來充滿無限可能，但他們卻未看清事實：他們缺乏行動能力的原因乃是因爲他們不願有形式上的委身。說實在的，若一個人不願先委身，就不可能有所收穫。

事實上，所謂的形式化就是把夢想付諸實現。你若有追求夢想的決心，當你願意全力委身付諸行動，你的夢想必然實現。不管你的夢想有多大，實現的機會有多少，重點只在於：你的夢想是屬於你的，你是否願意爲你的夢想奮鬥？你受僱於公司，你就必須要努力工作，要極力適應職場文化，將你所學的知識應用在你的工作上。你既然擁有這份工作，你的心就要放在工作上。你是公司的一分子，機構的一成員，你就必須要配合公司的制度。這也是我們下面要繼續談的重點。

四、制度化

通常有了制度化就會產生一些問題。當工作變得制式，很多時候就不再感到有趣，甚至變得一板一眼，不知不覺中也就熱情大減，失去了工作活力。我們可以從周遭的夫婦友人們看到這樣的例子，兩人剛開始一起用餐，他們眼中只有對方，晚餐擺在桌上一點也引不起他們的興趣，因爲他們只想目不轉睛的聽對方說話。然而歲月流轉，兩人在一起的日子越來越久，晚餐桌上的互動也不如從前的熱烈頻繁，甚至也不再交換眼神，談話變得沒有內容、沒有情感。很快的，兩人不再有感覺，對彼此失去了興趣。

你有沒有過和這些人同事的經驗？他們一進到辦公室，整個身體好像聯邦快遞送來一箱沉重的包裹那樣，重重的摔在辦公座椅上面。很快的你也會發現，他們雖然外表看起來不錯，其實卻沒什麼內容，沒有自己的想法、創意，對工作也沒有興趣。他們上班只是爲了拿薪水，他們的生活態度過一天算一天，最後就會變得毫無生氣、僵化不堪。

五、僵化

一旦僵化，問題就一發不可收拾了。這是病入膏肓的階段，過去兩人間有的甜蜜感覺所剩無幾，現在兩人關係已經演變到對方在不在身邊也無所謂，甚至可能只有走向離婚一途才能終止彼此折磨。大部分的人不再相愛乃是因爲已經對伴侶失去熱情。他們感到愧疚，愛一個人卻無法和那人同住一個屋簷下，兩人關係變得僵化、凝滯，好像兩人中間隔著一塊無形且堅硬的殼，關係卻脆弱得一觸即碎。

關係到了這種地步，許多人不知道該如何重燃復合希望。然而如果我們願意改變，我們可以重燃熱情，再一次召喚過去曾經對彼此的愛。也許在工作職場上，上司給了你一個新任務，重新讓你有機會再次展現創意，我們都有可能重回第一階段，得到新的啓示。我知道好的員工也需要新的挑戰才能重拾對工作的熱情，而在新的挑戰下，他們會有更傑出的工作表現。我們個人的財務狀況也會經歷以上的循環階段，如果我們失去奮鬥目標，我們就不會有動力管理財務收支。

導致僵化的原因很多，比如孩子可能是讓婚姻變得僵化的主因；一個訴訟案件也可能使法律事務所動彈不得；或是北大西洋公約組織和私人企業對於制定新標準規範缺乏共識，我們從上述幾例看到雙方關係一再降溫而直逼冰點，最後終將陷入僵局。

我眞想大聲疾呼「注意！注意！請注意！」千萬別走到這個地步，因爲一旦關係陷入僵局，你就必須放棄一些你珍愛的人事物，對某些人而言，就如同判了死刑一般。

坦白說，我們每個人都經歷過這些階段。

回到起點

可惜的是，我們有些人一直處在僵化停滯的最後階段，有些人卻可以回到起點，重新開始尋求啓示，再一次出發。初代教會的信徒只要遇到困難，就會重回耶路撒冷；立憲國家中，國會議決要回到憲政的起點、以憲法爲依歸；機構或組織的工作人員重新回顧成立宗旨爲要確定核心價值並重訂目標。鋼琴演奏家不也如此？在演奏困難的曲目前不斷練習彈奏各種調式音階來熱身。有時候說不定他們會換換樂器，拿吉他來練習呢！新的樂器能夠有新的啓發，如果我們不想變得僵化，換一種新樂器彈奏便有可能創作出新的曲調。

如果你想跳出僵化的限制，那麼你就該回到起點，試試是否能得到使人振奮的新啓示，再次出發、重新開始。我曾經遇過一位婦人，在守寡多年後遇到一位好對象再婚，雖然當時許多人根本不看好她會再次譜出戀曲。就像某些公司企業，不斷找尋新的靈感並且發明創新各種產品，我說的這位婦人和其他一些女性都具有同樣的特質，她們培養新的嗜好，重回學校受教育，甚至搬到另一個城市開始新的生活。她們對生活保持高度熱誠，她們回到起點，活出新生命，爲自己創造新的契機，就如神話裡垂死的鳳凰投入火中，燃爲灰燼，再從灰燼重生，成爲美麗輝煌永生的火鳳凰。

如果你不想陷入僵化局面，何不先換首曲子、改變你的舞步？盡你所能，脫離停滯不前的狀況，也許你可以先償還欠了許久的債務，也許你可以再次開始浪漫的約會。

金錢也買不到

如果我們要避免僵化呆滯，我們必須謹慎，別讓自己變爲金錢的奴隸。通常人們會以金錢或物質來衡量人的成功與否，然而所謂的滿足與自我實現卻非金錢可以概括之。這也就是爲什麼許多人努力工作賺錢卻發現自己到頭來又疲累又空虛，因爲他們從未有時間享受他們的勞碌成果。生活雖有改善，卻失去生活目標，最後變成驕傲自大，眼中只有財富而已。

一個人可以擁有財富與舒適生活，卻過得痛苦不快樂。你可能很會賺錢，卻沒有知識內涵；你可能變得冷漠、失去熱情。你我都見過，一些有錢人過得多麼痛苦，因爲他們發現金錢物質與奢華生活並不能換取他人的眞心感情。

成功背後所附上的代價竟是僵化的生活，如此一來，不但失去熱情也失去起初的夢想。這些人生活主要目標變成賺錢，想賺更多的錢，想有更多的成就，因此他們漸漸變爲短視近利，他們所作所爲都以金錢爲出發點，心胸越來越狹窄。然而許多成功人士發現這個問題的嚴重性，於是他們轉移目標、調整方向，不再以金錢衡量一切，爲要避免陷入靈命枯竭、生活無趣的狀況。這些成功人士需要新的挑戰，就如比爾・蓋茲打算退休全力投入慈善工作，前第一夫人準備競選參議員，重設自己的人生目標。艾密特・史密斯（Emmitt Smith）也是如此，他活出新生命，從一個叱吒風雲的橄欖球界明星到「星隨舞動」❼的舞者，他不再抱著球橫衝直撞，

❼「星隨舞動」（Dancing with the Stars）——爲競技與娛樂兼具的眞人秀節目，由專業舞蹈演員和明星組隊進行的比賽，每集都有明星助陣，在美國掀起明星舞蹈秀的風潮，是一個吸引全國千萬觀眾收看的超人氣直播節目。

反而翩翩起舞表演起來。我們都需要回到起點，重新賦予自己新的任務與角色。

你可知道你自己現階段的處境？你要如何讓自己前進？或許我應該這樣問你：你可明白人生時序的變化——從夏到冬、從播種到豐收、從青春期到更年期，無不說明一個眞理——生命循環原就有不同階段？你應該了解循環也不過就是繞一個圓圈罷了，所以你可以轉彎，回到起點，回到循環的軌道上。但是你還可以提升到更高層次，沒有任何外在限制的層次。

如果你了解生命原有不同階段，你也清楚知道自己正處於哪個階段，那麼你就可以避免自己陷入無助和沮喪中。接下來的章節我還會闡述更多，但我也得提醒你，如果你正處於一帆風順的景況，千萬別過度自信，以爲自己不會遇上任何挑戰。如果你正陷入人生僵局，也別讓所謂的治療學家宣判你的死期，你絕對有可能突破瓶頸，你只要相信你目前的狀況只不過是循環範圍裡的一個階段。現在我們就來談談要如何跳脫僵局，回到人生的軌道上。

我的兒子白天工作、晚上上課。我的女兒們也在上大學，但她們並沒有打工兼差。他們分別依照自己的需要或選擇半工半讀或專心讀書。我希望你也可以把自己的需要攤開來，看看你可以有哪些選擇，好好做一份計畫。如果你有正面積極的態度，你會發現從奧茲國[8]回到家鄉的方式有很多，不是只有靠著桃樂絲的那一雙魔鞋。

生命中有許多導航系統，比如良師益友能給我們忠告，父母可以給我們指引，禱告能幫助我們確定方向。我們一生中受到不同人的影響，好的影響促使我們成功，壞的影響讓我們變得不健全。不管我們所處的景況是好是壞，他人給我們的影響力不容小覷。

一名毒梟和一名太空人來到世上的方式沒什麼兩樣，都是從嬰兒呱呱墜地開始，只是後來因爲受到不同的影響而有不同的際遇。也許因爲曾遭遇性侵，也許遇到科學家的指導，導航系統受到環境的影響不小。年幼的孩子無法掌控周遭的環境，也許父母疏於照顧或過度干預，使得孩子有不同的發展。好消息是孩子們會長大，成人的你如果想要改變目的地，你可以開始運用你有的資源和導航系統。

我希望鼓勵你開始思考你未來要走的方向，好好預備自己。大部分的人陷入膠著狀態乃因我們只看過去、不看未來。我們對過去緊抓不放，甚至回到那些傷害我們的人的身邊，這些都是讓我們無法前進的阻礙。一個健全的環境必須有人支持你、鼓勵你，給你正面的挑戰與刺激。如果你想要成功的活出新生命，你必須從今天開始，爲你自己建立一個支持系統，不看過去你做錯了什麼，而看你未來想要做對什麼。

你的身邊是否已有那些支持你的人？找到可以幫助你的人，和他們建立關係。你要以謙卑的態度和充足的信心，讓他們知道你的成功缺他們不可，你會以行動證明給他們看。不要想自己可以從他們身上獲得什麼，而是想你可以給他們什麼，你能如何幫助他們過得更好。人們都是如此，喜歡和那些樂於付出的人在一起，一個人若是對人慷慨，別人也會不吝相對的付出。

每當我有機會和非洲領袖們見面，我總會收到他們帶來的見面禮。非洲大陸有好多國家，

❽《綠野仙蹤》（The Wonderful Wizard of Oz）——美國經典童話，李曼．法蘭克．鮑姆（Lyman Frank Baum, 1856-1919）著。奧茲國（Land of Oz），又稱爲奧茲仙境。由《奧茲國的魔法師》開始，環繞奧茲國的歷史，講一位小女孩和獅子、機械人、稻草人追尋勇氣、善心和智慧的故事。

每個國家又有許多不同種族，送禮卻是非洲的普遍文化。剛開始我對送禮這種文化感到納悶，因爲在美國一般人赴約就是準時到場，兩手空空早就習以爲常。但是非洲人總是帶個見面禮送給要會面的對象，不管開會結果對他們有什麼利弊。來自農業國家的非洲人，他們深知一個道理：不播種就無法收割。如果你不播種、施肥，你就無法收成甜美的果實。

第4章

克服種種劣勢——打破生命是不公平的說法

「你們作主人的，要公公平平的待僕人，因為知道你們也有一位主在天上。」——歌羅西書四章一節（聖經和合本）

你不需要成為拉斯維加斯博弈的莊家，才知道作為一個發牌員，往往是第一個面對輸家的人，全然看盡輸錢百態。沒有人可以免於打擊，無論是疾病、離婚、失業、孤獨等等，我逃不過，你避不開，許多你認為的成功人士也是如此，無論是電視明星還是教會做禮拜的信徒，無一能倖免人生無情的打擊。我們每天都會面臨外在殘酷現實與內在理想抱負的角力，較量勝負的結果，我們通常帶著脫臼的痠痛，一跛一跛的又過一天，日復一日，我們感到越來越疲憊沮喪，無法想像的挫折感油然而生。

每當我站到台上講道，不管是主日信息還是激勵講座，會前會後我常聽到人們這樣問我：「傑克斯先生，我相信你說的，我知道在上帝沒有難成的事。但我也知道生命是怎麼回事，我現在過得不怎麼好，別人倒是過得都不錯。你不知道我經歷過什麼，你也不清楚我現在面臨什麼挑戰……」然後這個人會開始絮絮叨叨將陳年不幸的往事一古腦兒倒出來，從小時候受到虐待講到現在疾病纏身，不管旁邊還有多少人等著要和我說話，請相信我，我是很認真的聽這個人說話，說了一大串，最後你可以看到對方兩眼充滿深沉的悲哀，對人生感到挫敗無力，就像殘存將滅的餘燼。

這些人總是感到非常孤獨，他們認爲沒有人可以了解他們的掙扎。其實他們也知道，根據統計，他們並不是唯一有這種感覺的人，相反的，有極大多數的人都在受苦。有人會說統計數字的背後沒有什麼意義，但如果你知道你認識的人當中有人正在受苦，那麼數字對你而言意義就不同了。在這章裡，我分享主要的對象是針對那些覺得生活痛苦的人。你在無情現實的逼迫中苟延殘喘，當你看到這本書時，你可能還想著：「哼！有什麼好說的？有什麼我沒聽過的？作者說的那一套太理想化、太宗教性、太難讓我信服！」

我想說的很簡單，生命是不公平的。你必須要面對現實，克服困難，不被環境擊倒。只要你不放棄，認清自己的目標，重新用不同的眼光審視自己，你終將有扭轉乾坤的機會。

數字代表什麼

除非你所關愛的人是其中一份樣本，否則統計數字根本不代表什麼。我小時候每年聖誕節都會收到伯母寄給我著色勞作材料，沒有塗色前，你不知道著色後會出現的圖案。如果我們覺得無所謂，讓別人爲我們的人生設計圖案，我們只負責塗色，那麼我們就會失去創作的樂趣，沒有獨特性也不具美感。試想，這樣一來，世人也就不會有機會看見畢卡索和艾莉斯．威爾遜❾獨一無二的藝術風格。

如果你眼前的困境看起來似乎難以超越，你必須找人和你一起同心協力克服困難。所謂的統計資料有些只是他人的錯誤評估。曾經有一段期間，資料顯示非洲裔美國人被關在監牢裡的人數比上大學的人數還多。

這項資料乃根據二〇〇一年美國司法政策學會（Justice Policy Institute）的一項調查，司法政策學會位於華盛頓特區，是一間非營利組織機構，當時他們將這份調查命名為「監獄還是教室：高等教育與行為校正之補助經費對非洲裔美國男性所產生的影響」。這份研究中提到二〇〇一年有六十萬三千名男性黑人辦理大學註冊，同年卻有七十九萬一千名男性黑人被關在監獄裡。這樣的結論引起媒體熱烈討論，記者譴責司法制度扼殺人們的潛力，我個人非常同意這點。任何受刑人，不管是男人或女人，當他們失去自由、入監服刑，等於他們將無機會為社會盡一份力量並做出貢獻。

研究報告出爐後不久，有人發現調查取樣當時，所有入監服刑的男性黑人人數全被計算在內，並非只侷限在十八到二十四歲的男性黑人。當調查數字被修正後，更詳細的對照出現了，從報告當中我們可以很清楚的看到十八至二十四歲的男性黑人讀大學的人數遠遠超過在監獄服刑的人數。可是之前的報告如今竟一語成讖，根據最近美國司法部（U.S. Department of Justice）的統計資料，現在正值就讀大學年齡的男性黑人，蹲監獄的人遠比坐教室的人還多。

我舉這個例子主要是想告訴你，你毋需把自己的一生建構在所謂的統計數字上，不管統計多詳細、資料多正確，人們會操縱數字，有些人甚至還會拿數字來支持或抵制他人。重點是，

❾ 艾莉斯・威爾遜（Ellis Wilson），美籍非裔圖騰畫家，擅長民族風情畫作。

你千萬不要被他人的看法和數字機率問題左右你的前途，請相信我，你可以決定自己的未來、克服種種劣勢，你絕對可以掌握成功。

也許你覺得我的論調過於理想化，可是我曾體會過殘酷的現實，我也經歷過不少難關。在六〇年代種族歧視甚爲嚴重的社會，身爲一名黑人的我也常遭受到不平等待遇，不管他人無心還是蓄意，種族偏見、歧視甚或暴力滲透到社會生活的各個層面，存在整個大環境中，我也是受害者之一。也許有人會說這也沒什麼，還會勸你「忘掉那些不愉快的經驗吧！」但這就好像一個男人輕描淡寫的告訴女人生產之痛沒有什麼，完全不能同理別人的感受。事實上，你若沒有親身經歷過同樣的痛苦，你是無法體會那種痛苦有多難受。在美國有一種令人寒心的現象，似乎越在危機中，越是痛苦的新聞就會上頭條報導。窮人買不起車，付不起飛機票，窮人沒有其他選擇，更糟的是窮人通常都是默默無聲的一群。雖然你沒有聽見他們的聲音，但不代表他們沒有痛苦。卡崔娜颶風淹沒紐奧良市，整座城市一片悽慘，無助困惑、心煩意亂寫在每個人臉上，天災所帶來的巨創使得災民失去希望，面對未來不知所措。然而這只是冰山一角，更多的問題慢慢浮現出來，災區父母們不重視教育、家裡缺乏可學習的男性榜樣、人沒有自信自尊、小學裡沒有教師也沒有設備、中學及高中慘澹辦學。在這樣的環境下，孩子們也放任自己，他們心裡想的前途就是要如何成爲籃球明星或跳嘻哈舞的街頭藝人，甚至往幫派發展，嗑藥、犯罪，只要壞事全都做盡。如果我們想要對抗劣勢，我們必須要不斷強調教育的重要性，讓人知道教育的力量使人有生命的改變。我們也必須幫孩子找成功的模範，好讓他們知道將來他們也可以成爲像這樣的人。

我明白這些都市邊緣化的孩子對於教育學術界一點也不感興趣，因爲使他們眼花撩亂的選擇太多。教育學術界的人士要如何和性感多金的娛樂明星相比呢？明星在電視上打知名度比埋首做研究還有意思多了。有誰看過大學教授開著名車載著廣告美女滿城兜風呢？請別誤會，我並不是說他們應該要看到這樣的情景。但是要向這群孩子推廣受教育可帶來成功的好處，吸引他們回到學校上課，一定還有什麼其他的方法。這群孩子們眼裡所見盡是五光十色的花花世界，他們沒有機會聽到別人跟他們說受教育的好處，於是他們認定教育不是他們的出路。但是他們大錯特錯了！

我想舉一個成功者的例子，他是特德馬・尤瑟利（Terdema Ussery），我的一位好友。尤瑟利是ＮＢＡ達拉斯小牛隊（Dallas Mavericks）的總裁，並且也身兼全球一流的網路公司HDNet公司的總裁。現任科技業億萬富豪、ＮＢＡ達拉斯小牛隊老闆古班（Mark Cuban）和尤瑟利是工作上的最佳拍檔。尤瑟利曾擔任過耐吉運動企業的董事長，當時他和耐吉的創辦人菲爾・奈特（Phil Knight）也有很好的共事關係。尤瑟利畢業於普林斯頓大學，他目前是該所大學董事會的董事委員，大學畢業後他在哈佛拿到了一個碩士學位，並且也在加州柏克萊大學修了法律學位。許多媒體出版商爭相報導他成功的故事，例如運動畫刊❿、華爾街日報、今日美國等都曾大篇幅報導尤瑟利的生平事蹟。

---

❿ 運動畫刊（Sports Illustrated）是由媒體巨擘時代華納公司所擁有的美國體育週刊，全美訂户超過三百萬人。

看著他出色的經歷，你可能以爲他是嘴裡含著金湯匙出生的幸運兒，有顯赫的家世背景爲他撐腰，事實上卻不然。他在洛杉磯市南邊瓦特區（Watts）一帶長大，家境小康，雖然他的父母很照顧家庭，但他卻很少看見他父親。不是因爲尤瑟利的父親偷懶逃避責任，正好完全相反，他的父親爲了養家餬口身兼兩份差事，因爲工作忙碌，從來沒有機會親身爲兒子的任何一場籃球賽、樂團演奏、田徑運動會到場加油。父子關係一直等到尤瑟利長大成人後有機會照顧受重傷的父親後，兩人才眞正有了交集。

尤瑟利的童年除了父親因忙碌不在身邊外，他居住的地區附近常有不少幫派聚眾鬧事、街頭械鬥。當時是六〇年代末期，社會問題相當嚴重，尤其是白人對黑人的種族歧視，美國警察濫施暴力，司法腐敗嚴重，尤瑟利全看在眼裡。

雖然他成長的社區讓他看見現實生活的殘酷面，值得慶幸的是他的父母重視教育，如同黑暗中乍現的曙光，尤瑟利知道透過教育，他可以和別人過著不一樣的人生。他看著童年的玩伴成爲受歡迎的運動明星，尤瑟利雖然熱愛運動，但他明白只有教育是他唯一的出路。他跳脫統計數字的樣本限制，他下定決心要對抗環境種種不公的劣勢，他不向命運低頭。

從田徑場到工廠

像尤瑟利這樣的成長過程眞的很不容易，尤其當你看見周遭環境如同一道無法穿越的堅厚柵欄時，即使你看見柵欄外鄰居院子的游泳池，對街美麗繽紛的玫瑰花園，你可能還是會因爲無法攀越柵欄的限制，無緣親身體驗你所見的一切，進而認命的接受你現有的境況。

如果你是一名黑人，你必須明白周遭環境雖然看似不公，你仍享有先祖流血流汗爲你爭取到的自由。他們作爲奴隸辛苦耕種，爲地主們開發既有效率又有盈利的農業收成。然而他們流血賣命的工作，基本權利卻完全被剝奪，徒讓白人地主坐享其成。如果要說不公平，還有什麼可以比得上我們的先祖所受的遭遇呢？但是他們不管環境如何惡劣，無論個人影響力有多麼微小，他們仍咬緊牙關，繼續奮鬥。

直到《解放黑奴宣言》發布之後，我們的先祖們獲得自由，他們不再是奴隸，他們成爲工業時代最有力量的一群生力軍。他們辛勤的在工廠當作業員，雖然工資低、工時長、工作環境惡劣，他們靠著賺取微薄的收入來養家餬口。雖然不再被人視爲奴隸，可是種族歧視和偏見依舊存在，讓他們在社會上抬不起頭。然而他們不灰心喪志，反倒越挫越勇，二十世紀的人權領袖如羅莎・帕克斯⓫和金恩博士⓬的作爲更是爲人景仰。我們的長輩們相信只要辛勤工作，不管再辛苦、收入再微薄，一切都值得。

的確，付出代價的結果，努力並沒有白費，今日我們看到黑人社會地位的改變，如NBA

⓫一九五五年十二月一日羅莎・帕克斯（Rosa Parks）因爲「不合作主義」（Civil Disobedience）而遭到逮捕，因爲她拒絕讓位給一位白人乘客而違反法律，引發長達三百八十一天的抵制公車事件，促使最高法院在一九五六年通過禁止在公共運輸工具上再發生種族隔離的情形。羅莎・帕克斯被後人稱爲「民權運動之母」（Mother of the Civil Rights Movement）。

⓬馬丁・路德・金恩（Martin Luther King, Jr., 1929.1.15～1968.4.4），著名的美國民權運動領袖，一九六四年諾貝爾和平獎得主，畢生致力於以和平與非暴力方式爲黑人爭取人權。

達拉斯小牛隊CEO特德馬・尤瑟利（Terdema Ussery）、歐巴馬總統（Barack Obama）、媒體名人凱西休斯（Cathy Hughes）、國務卿萊斯女士（Condoleezza Rice），還有奧斯卡金像獎最佳男主角丹佐・華盛頓（Denzel Washington），他們都是最佳代表。然而我們知道，我們先祖們面對的問題仍然存在，這些問題仍影響著黑人的政治及社經的地位發展，未來仍有一段路要走，尚有許多工作要完成。

黑人社區裡存在著兩派說法，討論著我們下一代發展，該如何爲他們穩固將來。一派說法是身兼學者、作家、文學評論家的邁克爾・埃利克・戴森（Michael Eric Dyson）提出，另一派則是影視娛樂界喜劇演員、電影電視製作人比爾・寇斯比（Bill Cosby）所提出。

兩派說法都過於簡單，其實歸納出一個問題就是：誰應該爲我們個人生活品質和社會福祉負責任？當一位媒體記者問我支持戴森還是寇斯比的說法時，我請他從口袋裡拿出一個二十五分硬幣，然後要他仔細檢查後告訴我哪一面才是正面。我想說的是兩方看法都很重要，乃爲一體兩面的認知，同一個問題因觀察的角度不同，而呈現不同的看法。

如果要我選邊站，支持某一位的說法，並不能代表我的立場。我們不能一分爲二，爭論誰對誰錯也無法解決問題。個人福利的追求需要靠著個人、群體共同努力來完成目標。不管是企業、政府、社區，每一個人都有責任共創更美好的環境。如果只是要靠著某些人來達成目標，對他們來說也是不公平的。

然而並不表示我們要使用同一種方法來達成目標。問題的多面化可以採用不同的方法解決。可惜的是人們花太多時間爭論用何種解決方法，而從未採取行動。複雜的問題要從多方進行，我們除了強調個人責任的重要性，同時也要挑戰制度的不公平。我們必須讓我們的下一代知道，因爲我們選擇接受教育，我們爲他們創造了機會，他們也必須了解接受教育的重要性。

我們不要再花時間做無謂的辯論，盡我們所能，一步一腳印開始行動吧！口水戰爭只會消磨我們的精力。我們要實踐先祖們的理想，謹記我們的前途乃掌握在我們的手中。

拿出你們的家庭相簿，回想你所聽過祖父母們或先祖們的故事，他們過去篳路藍縷、孜孜不倦的精神，才讓你有了今日的一切。他們將畢生投資在你我身上。如果我們得過且過、不求上進，豈不是糟蹋了我們對下一代的投資，扼殺了他們的前景？

我們要知道，不是所有的不公平都因黑白問題而起。

堅持到底才能得勝

我必須再說一次，生命是不公平的。不管你是誰，你所處的景況如何，可以確定的是你終將面對或多或少的限制。我見過一個家庭因爲被酒醉駕車的人肇事撞死親人，他們心靈受創埋怨上帝、進而不再相信上帝。好人也會生重病，房子突然發生大火被燒得一乾二淨，許多人無家可歸、心煩意亂。年輕的士兵在戰場上戰死，心碎的母親喚不回愛子。企業裁員、公司倒閉、破產、離婚、外遇……這些問題讓我們不得不去想，爲什麼生命這麼不公平，有些人遇到了，有些人卻逃過了。我曾經遇過一些百萬富翁，他們憂鬱沮喪，每天早上起床都是痛苦的掙扎。不管是男人或女人、年輕人或老人、黑人或白人，我們都要在年輕的時候就明白一個道理：人生旅途，未必如願。雖然如此，我們千萬不要因此而放棄我們選擇的能力。

也許你無法喚回你失去的親人，但你也別因你的憂傷而忽略去關愛你周遭仍健在的親友。你可能買不起最新一款的休旅車，但也別因此就放棄你要前往的任何地方。你可能沒有資本開始創業，但你仍要繼續向友人或鄰居銷售你的產品。你也許不符合公司才出缺的一個職位，但你別讓挫敗感阻礙你在社區大學修夜間部的課程。你也許期待已久有個能相愛的伴侶、幫你養育你的孩子卻未能如願，但你千萬不能讓遺憾阻擋你投資孩子的未來。

我最近邀請朋友來家裡晚餐。我的朋友和他的妹妹兩人都是醫生。他們也邀請他們的母親一同前來，晚餐桌上我們聊了許多話題，也談到了他們母親許多成就。她是一個失婚婦女，獨自撫養五個孩子成人。五個孩子目前均事業有成，乃歸功於他們都接受了高等教育。

我的朋友眼中閃著淚光，他說：「我的母親是我的英雄。」他身旁的妻子點著頭忙不迭的表示贊同，這是一個黑人家庭，將所有功勞歸在大家長身上。他們的母親，知道如何克服生命中的種種劣勢，而有了今天的一切。

在我眼前這位瘦小的女人，正因爲她的堅持不懈，她克服困境。我自己有三個正在上大學的孩子，我在心裡默禱：「主啊！讓我也能克服困境。」我相信我們每個人都面臨許多挑戰。克服困境乃在乎我們有沒有不畏艱難的勇氣，無論我們是否能得到有利條件。我的妻子和我也常有內心掙扎，我們想助孩子一臂之力卻不想讓他們認爲有靠山。我不知道未來會如何，但我相信克服困境不是一個難學的技術，只要你有心，你可以做到。有些人藉著過去的失敗經驗爲借鏡，再次出發；有些人則沉溺憤怒與自責中，殊不知光生氣沒有行動只會讓我們心裡更加苦惱。

如果你氣憤，就說出來吧！說出來，寫下來，把它放進火堆裡燒掉吧！把一切的感覺告訴你的好友，或是對著你的諮商師大聲喊出來。生命眞是不公平！把感覺發洩出來，但別讓生命是不公平的事實阻礙你繼續向前的機會。

我在前一章提到約瑟的生平作爲例子，上帝如何在約瑟最糟糕的景況中爲他扭轉局勢，他被他的兄長們打得半死最後還被賣爲奴隸，被他雇主的妻子誣陷以至於被關進監獄，雖是如此，約瑟仍未放棄他的夢想。他相信上帝，他抓住上帝給他的啓示，不向命運低頭，心裡沒有埋怨。經歷一切不公不義，他仍然堅持相信上帝所給的應許與信實，也因此他親眼得見生命有了一百八十度的大轉變。他從一名囚犯升爲埃及首席王室顧問，不僅彌補他過去所受的遭遇，也因爲他的地位使他的家人得到救贖。

約瑟心性成熟、吃苦耐勞，値得成爲我們的典範。他對他的兄長們說：「從前你們的意思是要害我，但神的意思原是好的，要保全許多人的性命，成就今日的光景。」（創世紀五十章二十節，聖經和合本）。同樣的，你也要有信心，知道你也可以這樣向你的敵人宣告，對你的逼迫者宣告，對那些視你一文不値、把你看成輸家的人宣告，對那些不斷傷害你的人宣告。他們的意思是要害你、要恐嚇你、要擊敗你，可是上帝將要使用這些外在的打擊建立你、醫治你、鞏固你，上帝要使用這一切使你得著成功。

你現在所受的患難是什麼呢？這些苦痛能讓你得著什麼呢？你的熱情在哪裡？你需要什麼力量才能重燃希望？你相不相信上帝有能力可以改變？即使是最可怕糟糕的狀況，上帝都能將這些負面的打擊作爲催化劑，爲你帶來難以想像的全面勝利？

重新振作

不久前我才到巴哈馬參加一場牧者研習會，也順便藉著機會寫稿。坐在觀光旅館的露天平台寫作，我其實心不在焉，因爲心緒全被眼前夕陽壯闊的美景所攪擾了。我看著金黃的光從天空流瀉到清澈的藍色海平面上，細白的沙灘和成排的棕櫚樹對映著海景，就如明信片上你可以看到的那種充滿熱帶風情的伊甸園淨土。帶著海鹽味的風微微的吹著，我整個人感到舒暢無比、疲勞盡消。

就在一年前，瑞塔颶風才將這個地區整個淹沒。一度達五級的颶風挾帶著強勁的豪雨在沿海地區造成重大災情。幾個月前，我眼前的這片美景還沉在十呎（約三公尺）深的水中。

對於當地居民而言，這是多麼可怕的經驗。經過這場狂風暴雨的摧殘後，他們能做什麼？他們可以選擇搬離殘破的家園，或者挽起衣袖收拾殘局。他們可以被挫折擊倒，或者他們可以記取這段不堪的教訓，爲往後可能發生類似的大災難而做好預備。

當地居民團結力量，讓我看見同樣被颶風卡崔娜肆虐後的紐奧良市，人們在災後如何同心協力的救災，身爲跨宗派諮詢委員會的共同主席，我們使用兩位前總統柯林頓以及小布希所創建的救災基金全力投入救災工作，我當時與多位災區重建專家會面商討如何重建滿目瘡痍的墨西哥灣海岸一帶。其中一位建築工程師告訴我，要重建當地需要結合新的建材、建築設計以及最新科技，以爲將來可能會再度發生的風災做最好的預備，並能減低可能會造成的極大傷害。他們借鏡卡崔娜颶風的經驗，將災難變爲教育課題，教導我們爲將來做預備，爲下一代做預備，避免重蹈覆轍。如同我在巴哈馬的朋友們，他們也向卡崔娜颶風的災民學習，如何在災後重新站起，重建一個更穩固的根基。

先輸後贏

一位好將軍知道打仗並非能每戰必勝，但是他們不因此憂慮，因為他們知道最終將贏得勝利。他們知道因失敗才有機會檢討戰略加強戰力，以為日後再次對抗勁敵做好預備，他們明白唯有意志堅強才能使他們面對每一場戰爭。朋友們，你必須也要如此，相信這個眞理，不管生命中的痛苦有多大，你要咬緊牙關、絕不輕言放棄。

我們不要放棄自己，也不要對別人感到失望，我們能以心靈的力量克服生命中種種劣勢。我的祖母含辛茹苦把一個家拉拔起來，在小孩都長大之後，她已經步入中年。在她四十多歲時她決定重返校園重拾書本，為了她長久以來想教書的夢想，她想拿一個教育學位。她以所謂的空巢期作為機會，再次出發追求夢想。她如願以償的完成了學位，在人生半百的年紀開始執起教鞭，成為她那群年輕學生的心靈導師。當她在六十多歲退休時，她感到心滿意足，因為她知道她已經完成夢想，為社會做出貢獻。

不管你的年紀有多大，你所經歷的有多苦，你過去種種的失敗都不會影響你未來將要贏得的勝利。只要你願意活出新生命，重拾逝去的熱情，先踏出信心的一小步，讓自己重新有盼望，明白上帝造你的目的原就是要讓你有豐盛的生命。也許你有可能要轉換跑道，或是學習一個新技能，還是你可能要回到學校讀書，或許資助某人就學。也許你是老闆，你可以給學生一個兼職工作，或是提供獎助學金，你能透過許多不同的管道，加入這場人生的戰鬥。我想說的是，如果你不向前走一步，你其實是往後退一步。靠著我們內心的勇氣與力量，讓我們預備好向前進吧！

周遭的影響力

想讓我們能夠預見自己成功最好的方式就是找一個榜樣或英雄，藉著他人成功經驗，設定自己的奮鬥目標。如蘭斯・阿姆斯壯⓭對抗癌症、挑戰世界上最艱苦的環法自行車賽事（Tour de France），黑人作家托妮・莫里森⓮致力寫作獲得諾貝爾文學獎的殊榮，尼爾森・曼德拉⓯反對種族隔離與暴力成為南非第一位黑人總統，這些英雄在你我周遭，他們都能成為激勵你我的榜樣。我們要讓自己接觸這些人物故事，因為他們奮鬥的精神值得我們效法，有前人為榜樣，我們知道我們絕對有可能也像他們一樣，達成自己的夢想與目標。

邁向成功的道路上，我們的周遭環境扮演著極為重要的角色。最近我受邀擔任艾斯本研究機構（Aspen Institute）的貴賓講員，在其中一場會議中有一位頗負盛名的教育專家提到一個觀點令我頗為驚訝。這位教育專家認為如果有良好的社區影響，即使一個生長在不健全家庭中的兒童也能有成功的表現。該場專題與會成員們並非批評功能不健全家庭的是非優劣，他們所要表達的是兒童居住所在社區的影響力遠超過個人家庭的功能背景。

我詫異之餘仔細思考，其實專家們提出的論點十分有理。根據該機構教育與社會計畫方案負責人南西・派爾茲帕吉的說法，她認為孩童每日花很長的活動時間在外面，相較於家庭價值，整個社區的價值觀與影響力當然遠超過家庭。的確，正如某政界人士曾提倡「同村協力教育兒童」（It takes a village to raise a child）觀點，教養兒童需要整體社區力量。如果社區裡有著一群充滿愛心的個人，他們有健全的價值觀，能夠成爲孩童的好榜樣，那麼不管這些孩童的家庭面臨何種問題，孩童在良好環境中，耳濡目染久了，自然也變好了。

如同這些受到正面影響的孩童，我們也被周遭的人所影響。如果換個例子來說，你不可能期待自己和一群啄啄食米的雞隻在地上瞎混，然後突然變成一隻老鷹騰空展翅飛翔。電視節目「上流之路」⓰（Lifestyles of the Rich and Famous）裡，你看到那些名人，他們比別人多出的不只是滿屋子有價值的紀念品、手工藝品和獎盃獎章，而是他們與眾不同的生活方式！房地產增值或貶值和居住的社區有極大的關係，地點好壞能決定房地產的價值，在一處老舊的社區興蓋一幢豪宅不但突兀也會影響房子的價值。如果我們要過一個充實的人生，我們就必須和那些願意過著充實人生的人在一起，他們和我們處在相同的環境中，和我們一樣有共同目標，願意爲

⓭ 蘭斯．阿姆斯壯（Lance Armstrong），美國德州人，自由車競賽選手，一生熱中自行車運動。他堅強抗癌的故事鼓舞了許多病人，成爲美國人心目中的大英雄。

⓮ 托妮．莫里森（Toni Morrison），一九三一年二月十八日生於美國俄亥俄州洛雷恩鎮一個黑人家庭，一九九三年諾貝爾文學獎得主。被譽爲是美國當今文壇最重要的女性作家。

⓯ 尼爾森．曼德拉（Nelson Mandela），曼德拉大半生爲黑人請命，反對白人種族隔離統治，強調以非暴力手段進行抗爭，要求讓所有南非人擁有平等權利，獲得一九九三年諾貝爾和平獎。

⓰「上流之路」（Lifestyles of the Rich and Famous），美國電視節目，於一九八四年至一九九五年間播出。節目內容多介紹影視名人、運動明星及商界成功人士的奢華生活，節目主持人爲羅賓．李奇（Robin Leach）。

理想與成功而奮鬥。這些人能幫助我們塑造習慣，而習慣會養成個人的性格，這一切將創造出成功者的生活方式。

甫出牢獄的受刑人如果回到他原來的那群損友中間，他很快就會再次入獄。你必須要逃離舊有的環境，開始新的生活方式。許多人有決心要改變他們成長的環境，但要小心，你無法改變你看不見的部分。耶穌門徒彼得曾說過，你們當救自己脫離這彎曲的世代⑰。如果你知道是什麼使你受到限制，你就必須去克服它。如果你能夠不受綑綁，你就有能力改變。除非你正視它，否則你無法改變那影響你的力量。一個心理偏執的人如何去改變種族歧視者？一位自負的經理人如何不在工作團隊中表現態度傲慢自以爲是呢？你必須眞正認清自己的侷限與天賦，你才能成功的活出新生命。

我們教會成立「多力更生團契」（TORI）⑱的主要原因是，因爲我們希望藉此幫助曾走迷途的年輕男女重新開始新的生活。教會和社區能夠做的就是接納他們，協助這群人回到社會，過一個康復健全的人生。我們可以提供他們一個正面健康的環境，讓他們感受到溫暖和關懷。這麼做就好像我們給了他們新的音樂，讓他們能夠爲自己在人生舞台上編出新舞步。一些基本的工作，比如幫他們填工作申請、爲他們找學校、替他們找住處，甚至給他們情緒上的支持、屬靈上的慰藉等等，以此幫助他們起步，進而能有全新的開始。

摩西從埃及被放逐曠野後，他找到新的目標，成爲萬人的領袖。使徒保羅在獄中透過上帝啓示給他的話語寫就了大半的書信，今日信徒仍從保羅的監獄書信得勉勵與智慧。先知以利亞從神得到異象時還正在逃亡途中呢！摩西、保羅、以利亞均身處困境，卻能克服劣勢，將不利於他們的環境化爲有利的影響。他們認清上帝的應許遠超過他們所想的，即使外在環境看似困難，他們也不放棄追求更美好的未來。

三位聖徒明白一個事實：活出新生命爲時不晚。每回到監獄探訪，看見被囚在監獄裡的男女受刑人，我每每感到心痛。他們大部分都有著不錯的天賦，聰明又有創意。但是爲何他們會淪落到這種地步？一旦他們出獄，他們將如何洗心革面重新做人？簡單的說，環境很重要。試想，有誰會將一株綠色植物放在暗房裡，期待它能夠存活？更別說要讓這株植物長大了，那更不可能。攝影師也不可能在正午時分跑到日光室去沖洗相片吧？

環境的影響甚大，一個人的發展和環境好壞息息相關，你身旁的人對你有很大的影響。因此，你必須找一位學習對象，此人在你夢寐以求的某種領域已經有所成就，你要學習成功者的思維模式，效法他們的態度和精神，你若花時間和他們相處，你會發現自己受到潛移默化，也開始像他們一樣有著積極正面的人生觀，那麼你就會往成功之路更邁進一步。

虛心學習成功的秘訣

克服劣勢的另一個方式就是爲你自己預備成功之路。我知道不是所有的人都像我祖母那

⑰ 出自聖經〈使徒行傳〉二章四十節。

⑱ 多力更生團契TORI（Texas Offenders Reentry Initiative）是美國德州超級大教會「The Potter's House」其中的一項社區關懷事工。本書作者傑克斯（T.D. Jakes）爲該教會主任牧師，他曾被《教會報告雜誌》（The Church Report Magazine）讀者票選爲二〇〇五年全美國首位最有影響力的基督徒領袖。

樣一心想回到學校去當學生，不是所有人都有精神支持或經濟後盾可以毫無後顧之憂的回校園讀書。然而並非只有在神聖的學術殿堂中才能得到知識的訓練培養，我們要「找合身的來穿」（get in where we fit in）（這句有趣的描述是非洲裔美國人一句古老的格言），意即我們要留意各種機會，有什麼方式能夠不進到學校也能受教育？如果你不能回學校去讀書，你也可以藉由自修各類讀物來增進知識、學習技能。大學不只是一幢建築物，老師也不是只有在講堂授課，生活本身就是一所學校，書籍可以磨光我們的思想，甚至雜誌也能讓我們得到靈魂的餵養。且讓我慢慢說起。

幾年前我應邀受訪，訪問我的人是一名精明幹練的記者，她對我的背景十分感興趣，因爲我興趣廣泛，在教會服事外又參與不少企業經營。她當時服務的報社是華爾街日報，專門訪談銀行總裁或《財星》五百大公司的企業執行長。我其實已經非常習慣接受基督教出版業記者的訪問，通常他們的問題不外乎想了解我的禱告生活，我個人在什麼時候蒙召成爲牧師。這名記者接觸過不少成功人士，訪問的其中一個問題讓我大感驚訝，她問我平常都訂閱何種雜誌，最近讀些什麼書。我頓時明白她想藉由訪問這些問題，對我有更深入的了解。

當我說出我訂閱的一些報紙和期刊，如《華爾街日報》、《黑人企業》、《室內設計與建築月刊》，以及《富比士雜誌》等，她發現我的閱讀興趣除了教會事工與教牧輔導，竟然如此多元，對此她似乎感到不可思議。對於她的評語，我並不介意，事實上我反倒很佩服她。身爲一位牧者，我必須對關於教會事工的一切資訊保持敏感度。但這並不表示我必須成爲近視眼，爲迎合別人的期待和要求而犧牲自己的興趣，只讀關於宗教的書籍。

有些作者的興趣和你相投，他們既然能把內心的想法和見聞用文字敘述出來，我們能閱讀其著作何樂不爲呢？你可以想像一位設計師沒有訂閱《室內設計雜誌》嗎？你可以相信一位建築師沒有訂閱《室內設計與建築月刊》嗎？想想看，若是一位企業執行長從未讀過《華爾街日報》你將作何感想？閱讀能使我們心靈充實。教會的說法則是「信心是從聽道而來」，我們之所以有信心，乃是因爲我們從教會裡聽人教導講述上帝的話語而得到激勵。

同樣的，我們必須要充實自己的內在，讓我們的心靈、想像力，還有心思意念都能透過我們所讀之書而更加豐富，期待有朝一日也能在某個領域中有所貢獻與收穫。如果你現在不讀書、不收集資料、不上網搜尋，你的夢想就可能會因資訊缺乏與知識不足而使你沒有機會實現目標。我可以從你的讀書習慣了解你的興趣，不只如此，我也能略微知道你將來想往哪一方面發展。

不向命運低頭

在本章的結尾，希望你明白一件重要的事，那就是要找出那些讓你失敗的原因。你可以做一份清單，把所有可能的情況、人名，還有那些阻礙你的理由和藉口都列出來。你可以和他人討論你的感覺，你的朋友、家人、牧師，或勝任的輔導員都能作爲你想討論的對象。但不管你做什麼，你千萬別讓自己陷入沮喪之中，也別讓自己失去信心。你要知道你受造的目的爲何，你要使自己有機會透過教育的力量在人生的舞台上站穩。你要找一個學習榜樣，也要隨時充實新知，讓你自己在感興趣想發展的領域上有更多的信心。

當你面對打擊，你的計畫被迫改變，你仍然充滿信心、無畏挑戰，恭喜你！你已經能活出新生命並且開始邁向成功之路！如果你不願意被環境控制，不被過去成長背景侷限，你能不受同儕影響，恭喜你！你已經充滿自信並且知道如何對抗壓力！統計數字並不代表什麼，你不能讓它左右你無限可能的發展。統計數字只不過是在特定時間針對特定一群人所做出的簡要結論。統計數字不能預測你的未來，就像你不能用高中校刊裡的個人照片來預測大學新鮮人的你是什麼模樣，尤其是當你要照相的那天頭髮怎麼梳就是不對勁。

不論是來自我視爲第二故鄉的德州達拉斯牛仔足球隊（Dallas Cowboys）的比賽還是肯塔基賽馬大會（Kentucky Derby）中的賽馬投注，當我們覺得贏的希望渺茫，卻看見隊員們或我們下注的那匹馬仍然認真拚命的比賽，那是令人激動興奮的一刻。人類的天性都希望看到弱者不爲命運所屈服，雖然沒才華也沒經驗、又窮又潦倒，但如果因爲堅強到底的個性，在困境中反敗爲勝，贏過那些有才華、有經驗、富有得志的強者時，我們知道這些弱者可以打敗他們的哥利亞[19]，同樣的我們也能夠拿起彈弓面對生命中的巨人。

就某種意義上來說，我們都是弱者，如果我們認命，那麼統計數字有可能成爲自我實現預言的推手，我們也將變成其中一個樣本。但是如果我們不服輸，我們相信自己能夠克服困境，那麼我們就會變得更爲堅強更有智慧。我們依然能夠有夢，夢想那充滿無限可能的未來。

不管生命看似何等的不公平，無論過去你有多少無數的失敗，你仍然有機會改變，你的生活仍有可能改善。你的潛能會被激發，你將會活出美好。我的朋友，別再埋怨你周遭的一切，何不現在開始扭轉頹勢、迎向成功呢?!

第5章

發現新方向——為自己創造好名聲不能只有空想而不行動

「當耶穌講完了，他對西門說：『把船開到水深之處，下網打魚。』」——路加福音五章四節（聖經和合本）

當我還是小男孩時，我常常幫我母親跑腿買東西，有時到離家幾條街外的雜貨店去買臨時用完的牛奶、麵包或是雞蛋。我喜歡到那裡去，因為那家雜貨店有著舊式拼花地板，還有老式收銀機，那種你按一個按鈕，抽屜打開，把錢放進去，然後關上抽屜，收銀機就會「叮」響一聲，很有懷舊的味道。我最喜歡的一樣東西就是金屬精鑄機身、裝得滿滿的糖果機。裡面五顏六色的泡泡糖和各類的小玩具總讓我目不轉睛，其中我最愛的一種玩具就是「超級彈力球」。特殊材質的實心塑膠球，通常外表透明，裡面有紅藍綠黃像彩虹般的渦流紋路。我會拿出辛苦賺的跑腿費，把一角硬幣塞進投幣口，轉下轉把，迫不及待的拿出我的新玩具，一路玩回家。

我喜歡玩超級彈力球，它們彈性夠佳，不管你輕輕丟隨便丟，都會彈得好高。當時我還不

⑲ 舊約聖經的〈撒母耳記〉中記載著少年大衛打敗巨人哥利亞的故事。大衛打敗哥利亞並不是用一般傳統的刀槍，而是用讓人意想不到的彈弓及一塊石子。

知道該用什麼字形容那種現象，但是現在我可以想到「有彈力的、恢復的」這個形容詞來形容那種彈性力道。那種小球很堅固，玩也玩不壞，雖然我家的狗曾經咬爛過一顆。我常常把球砸在人行道上或是丟向我家的外牆上，從來沒有一次不高高彈起。

現在當有人告訴我他們希望能「捲土重來」，我的腦中就會出現我小時候玩的那種超級彈力球。在前幾章裡，我們知道如果要活出新生命，過一個我們所嚮往的無拘無束的生活，我們必須要從自己過去的錯誤和失望中走出來，不讓這些痛苦的回憶阻礙我們向前。我們要像超級彈力球一樣，不管怎麼被甩被丟，都能往回彈，有與生俱來的內在力量，就可以彈得高跳得遠。從過去的錯誤經驗中捲土重來就是活出新生命，同時我們會發現解決問題的對策。我想和你們分享如何彌補過去因不當判斷而產生的錯誤，讓我們更堅強、更有智慧的面對未來。

反彈的力量

不管是你鍾愛的運動球隊如波士頓紅襪隊，或是你喜愛的多才多藝的肥皀劇演員如蘇珊・盧奇（Susan Lucci），我們都見過那些隊伍或個人不斷有機會進入決賽或提名入圍，卻不知道爲什麼總是沒機會獲獎。但是這些人仍不放棄，他們不爲過去的失敗而裹足不前，反倒繼續爭取下次參賽的機會。紅襪隊等待了八十六年的時間才終於在二〇〇四年的世界盃奪冠，盧奇小姐則在被提名了十八次之後終於在一九九九年獲得艾美獎最佳女演員。

發明家愛迪生（Thomas Edison）花了好幾年的時間才發明出電燈泡。喬治・華盛頓・卡佛（George Washington Carver）畢生投入農業科學並有諸多研究發明與貢獻，其中尤以針對花生所做的研究最爲著名。約納斯・沙克（Jonas Salk）以近十年的時間研發出脊髓灰質炎疫苗，爲全國上萬名孩童與成人找到預防小兒麻痺症的方法。

我可舉出更多成功者的例子，他們都是經過不斷的試驗和錯誤才有所成就與貢獻，他們有堅強的信心與不畏失敗的勇氣，他們有遠見、能洞燭機先，所以他們才能在失敗中重新站起。如果愛迪生嘗試發明電燈泡幾次失敗後就決定放棄，那麼我們今天就不會有電燈照明了。如果像沙克這樣的醫生不在實驗室裡努力研究，那麼還會有多少疾病猖獗蔓延呢？如果我們想要過有意義的人生，我們就必須下定決心，當我們面對嚴酷的現實考驗時，我們願意捲土重來。

就像超級彈力球一樣，重重落下、高高彈起。你必須在跌倒的地方重新爬起，並且要跳得更高。你必須要接受「失敗原就是人生的一部分」這個事實，失敗也是成功者必經的階段。許多成功者也會面臨失敗，事實上他們對於自己所犯的錯誤更加敏感，因爲他們對自我要求更高。聽起來也許諷刺，但我相信那些眞正想要成功的人會比一般人更在意失敗，於是他們更加小心讓自己不失敗。即使當他們面臨失敗或糟糕的成果，他們也會對事不對人，不因此讓自己灰心喪志。

這點很重要。通常當我們企圖要完成一個新計畫，我們對新計畫充滿熱情，而熱情便成爲我們前進的動力。我永遠不會忘記自己的一個經驗。我曾經想要學高爾夫球。我有一些朋友是箇中老手，每當我們聚在一起，他們總是聊高爾夫球聊得相當起勁。他們滿嘴球經，用術語談論該如何打輕擊球（putting）、強勁球（driving），要如何給較強的選手設置不利條件（非「身障」handicaps的意思，後來我才發現不是如字義表面的意思），打電話給球場定開球的時間（不是吃餅乾喝下午茶的時間）（tea time）。於是我找了我們那裡最好的一個球場，請一位專業的高爾夫球教練教我如何打球。我不只常常在自己的辦公室裡練揮桿，也加入俱樂部，花錢買了一雙球鞋、一件高爾夫球褲，甚至還有幾件專為打高爾夫球穿的運動衫。

但我從未眞正熱愛打高爾夫球。我喜歡打高爾夫球的幾個原因是因爲可以藉此和其他男性友人們聯誼，還有能在綠草如茵的球場上享受上帝創造的自然美景，而且開著電動高爾夫球車疾馳的感覺也不賴。可是很快地我開始失去興趣，對上課也感到有所顧忌，練習揮桿甚至變得一點樂趣也沒有。我去球場練習的時間間隔越來越長，最後我終於放棄了這項花了我不少時間和金錢的消遣活動。我並沒有繼續撐下去，期望自己能變得喜歡這項運動。不管我花多少時間拿著球桿在球場上走來走去，以爲自己是老虎伍茲先生，我還是我，活像一個拿著大砍刀的人在叢林裡亂砍一番。

你知道嗎？放棄這項活動我並不覺得難過或丟臉。我大可以自我解嘲一番，我花了這麼多時間和金錢至少也學到了一些術語名詞，讓我和我那些熱中高爾夫球的友人們有共同的話題可談。我也因爲學高爾夫球而到過一些很棒的球場運動過，也正因爲我投入過，我才發現我根本不是打高爾夫球的料！因爲那不是我擅長的運動，我覺得無所謂。然而該不該放棄是許多人面臨掙扎的難題，有些人不想放棄，結果就是讓自己繼續被折磨下去；要不就是乾脆放棄，然後認爲自己根本就是輕言放棄的輸家。曾經聽過這麼一句話：「輕言放棄者永遠不會成功。」我不同意這種說法。如果放棄者知道他們對某件事情沒有熱情，因此對自己和他人有更深的了解，知道人各有志，凡事不能強求，那麼我覺得這位人士就是成功的人。

那些不服輸的成功者在他們的錯誤和成就上所花的心思是相同的。他們從錯誤中學習，知道下次應該更努力，或是調整他們的方向，找一個更適性的、更有心追求的目標。高爾夫球運動之於我不過是個社交的跳板，我發現我反倒比較喜歡舉重，藉著這種運動，我同樣可以保持身材。我可以長時間舉重也不感疲倦，而且我按部就班練習，有耐心等候慢慢進步。

在你生命中有什麼是你犯過最大的錯誤呢？你從中學習到了什麼？你因此更認識自己了嗎？還是你更了解他人？或者你已學到要如何做一位成功者？下列哪一敘述比較像你目前的狀態——你是一個對某件事沒有熱情卻仍然苦撐下去的人？還是你是一個想放棄卻覺得自己是輸家的人呢？要找到中間的平衡點就在於你必須謹慎留意那些成果不彰的決策。重要的是，你要明白一個人可以從自己犯的最大錯誤中得到最佳的學習機會。不幸的是，我們常常被自己的情緒影響，沒有看見失敗後所可能帶來的機會。我們可能會發現不是因自己做的錯誤判斷才失敗，而是我們根本一開始就站錯位置。

失敗者也能成功！

「有一隻船是西門的。耶穌就上去，請他把船撐開，稍微離岸，就坐下，從船上教訓眾人。講完了，對西門說：『把船開到水深之處，下網打魚。』西門說：『夫子，我們整夜勞力，並沒有打著什麼。但依從你的話，我就下網。』他們下了網，就圈住許多魚，網險些裂開，便招呼那隻船上的同伴來幫助，他們就來，把魚裝滿了兩隻船，甚至船要沉下去。」——路加福音五章三至七節（聖經和合本）

你可以感受到西門彼得的挫折感嗎？你一輩子辛勤工作，兼兩份差，選修網路課程，努力不懈的閱讀消化你領域中所有資訊，卻只感到失望沮喪，覺得自己好像什麼也不是、什麼也做不好。你不斷尋找最佳機會，冀盼一段關係可以持久的感情，心裡願望可以實現。然而你卻毫無所獲，一次又一次的失望，最後感到筋疲力竭、挫敗不堪。

上述所描寫的一段經文讓我頗有所感，耶穌告訴彼得「把船開到水深之處」，好像意指彼得原來停船的地方水位太淺。有時候我們在水位淺的地方較有安全感，我們寧願待在原處不動，潑潑水、拋拋魚鉤、在淺水處涉水閒逛，也不願意冒險走到水深處。我們寧願留在原來的職位，也不敢要求升遷或另謀高就。即使一段感情到了雙方都覺得沒有必要繼續下去，我們仍然不去積極處理之間存在的問題。因爲我們在水淺的地方會感到比較安全，因爲我們可以看見甚至也可以摸到池底。但如此的安全感卻會阻礙限制我們出海，而使我們永遠停泊在安全的避風港中。如同彼得一樣，我們最終才知道水深處才是下網打魚的地方。

再讀一次這段經節，不知道彼得覺得讓一個從木匠轉業到傳道者的這位人士告訴他該如何捕魚會作何觀感？我甚至猜測他是否會想這樣說：「謝謝你的指教，但我一生都靠捕魚爲業，我的父親是漁夫，我的祖父也是漁夫，我想我知道該怎麼捕魚，我也很清楚該在何處撒網。」如果一個建築工人在主日崇拜結束後，於教會門口告訴我：「我想如果你把講道壇搬到詩班廂席那裡講道的話，那樣效果應該會更好。」我該如何回應？

你能感同身受嗎？你是否有這樣的經驗，比如公司的接線生把你寫給她的便條紙拿回來給你，上面幫你做了錯字改正或重新記錄？又或者一位大學剛畢業的新進業務員，初出茅廬，滿腦子有著新鮮的想法，到你面前告訴你他想要用新的方式介紹產品。有時候也許是一位前輩給你建議，他以職場老鳥一位過來人的經驗給你耳提面命一番。我們或多或少都會遇到類似的情形，讓一個幾乎什麼也不懂的門外漢來告訴我們該如何做。

對於這些好管閒事主動提出建議的門外漢，身爲專業人員、家中傳承第三代漁夫、從小就在媽媽和祖母旁邊當小幫手攪糖和鹽的女廚師，我們會如何回應？我想人的本能都會自我防衛，或多或少感到不悅，然而彼得卻如何回應？他對主說：「夫子，我們整夜勞力，並沒有打著什麼。但依從你的話，我就下網。」

從他的回答中，我們可以看到他個性謙卑、對人尊敬。彼得知道對他說話的人是誰，他並沒有立刻趕開此人，也許他覺得反正捕魚沒有收穫，也就沒有所謂損失，畢竟他整夜勞碌撒網也是白忙一場，爲什麼不去聽一個關心自己的過路人的建言呢？

看看他聽了建議並照著去做後的結果，他居然捕了滿船的魚！正如耶穌告訴他們往水深處打魚，他不僅滿載而歸，也能將漁獲分送其他人。魚多到令人不可思議的地步，彼得或許還得找其他人開船來一起載回去，豐富的漁獲量簡直快要把兩艘船壓沉了。水裡面擁有的資源多到超乎彼得所能想像，好像你原本要釣一條金魚卻捕到一條大白鯊！

許多時候在我們的生活中或職場上，我們習慣安於現狀，似乎沒有什麼衝勁想更上一層樓。一些比我們晚進公司的人卻比我們先得到升遷，我們想創業卻又裹足不前，因爲我們害怕太多不確定因素，擔心股東突然抽回資金，顧慮市場趨勢改變，擔憂零售通路問題，不知不覺中，機會從我們身邊溜走。

然而如果有人此時從旁拉我們一把，給我們建議，讓我們能調整方向，我們就大可以放手去做。如一位網球名將在她要發球前調整球拍的角度，或是名高爾夫球選手在擊球前調整他的站姿及臀部角度，我們會發現最好的建議通常是來自未被預期發言的那些人。

我們必須不讓自己被挫折打敗、被過去的失敗擊倒，也不要讓自己安於現狀，甚至別被自己的驕傲阻擋了我們可能得到的機會。不論這名新進員工的資歷有多淺，他會像一股清流，爲公司帶進新的觀點，翻新陳腐老舊的傳統。我反而要鼓勵你，多多向人請益，尤其當你完成目標有困難的時候。那些經驗老到的前輩是你的資產，他們有專業知識、有眼光、有想法，如果你能找到一位不吝分享的良師益友，將會使你得到許多收穫。然而你也要敞開心胸，對於那些你從未想過要去請益的對象，那些來自和你不同領域的人他們的觀點，你要虛心接受。你將會發現你的獲益超乎你所想像的豐足！

三號門的後面是什麼？

無論是一號門、二號門、三號門，或是裝滿現金的公事包，我們都看過參賽者絞盡腦汁，試圖要從這些選項中選出一個頭彩。他們要以什麼方法選？是要堅持第一個選擇還是要更換選擇？要選哪一個才會成爲那名發財的幸運兒？他們最後會得到百萬現金還是一張美金一元的鈔票呢？三號門後出現的會是天梯還是一匹老驢子呢？

我們若要活出新生命，過程其實不如這些遊戲節目緊張刺激。然而我們仍會面對不斷的挑戰，每天要面臨不同的選擇，也許因爲選擇的結果，我們的際遇就會全然不同。你是否應該把履歷表寄給你在對手公司上班的朋友呢？還是你害怕這麼做被你的老闆發現就慘了？你是否要投資時間金錢去學一門電腦課以加強你的技能呢？或是你應該要去參加「衝突解決」訓練管理課程呢？

擺在我們面前的選擇數也數不完，就像孩子們喜歡遊樂場裡的旋轉木馬，轉也轉不停。如果我們不選擇一個目標，我們最後可能就只是站在旋轉木馬前，看著別人坐在馬兒上面歡樂。當我大女兒還是蹣跚學步的小娃兒時，我的妻子和我帶她到一個遊樂場去玩。想當然耳，我的寶貝女兒馬上就被旋轉木馬清脆愉快的音樂和美麗裝飾的木馬所吸引。我們排隊等待，到了該我們進場的時候，她步伐不穩、搖搖晃晃的跑到一匹粉紅木馬前，隨即又要選藍色木馬，不過她馬上就被黃色木馬吸引，每一匹木馬她都喜歡，她就是不能下定決心，害其他小朋友都得等她做決定，最後服務員只好請她到外面去，直到她能做好決定、選好木馬才讓她進去玩。不消說，我的女兒當場嚎啕大哭！

這是一個讓我印象深刻的例子，因爲我們通常也是如此——猶豫不決、躊躇不前。其實做決定最難的部分不是在一個好機會和壞機會中做選擇，也不是在一個好機會和絕佳機會中做選擇，如果絕佳機會明顯的好太多，做選擇又有什麼難的呢？最難的決定就是兩個機會均等，兩個機會都好，到底要選哪一個呢？好比你看見兩邊的機會都很好，都能使你大展前途，要你下決定選一邊眞是痛苦不堪，同時你也怕選錯邊怎麼辦？萬一做了決定卻不如預期該怎麼辦？

也許最困難的還有當你做決定後，你不只要放棄其他好機會，還要失去你現有的其他擔負在身的責任。現今社會每一個人幾乎都身兼數職，「因爲你可以一肩扛下，所以你可以一手包辦」——這似乎是二十一世紀的個人生活型態。如果我們不留意，轉眼間我們可能又會多一項責任，卻完全不知道肩上的擔子已經夠沉重。

像彼得的漁船，最後載滿滿船的漁獲量，說不定捕來的魚根本不合你的胃口。我認為那些A型人格、善進取、好爭勝、求好心切的人最受苦，他們在這個處處有機會、事事要競爭的社會裡，也許能力較強，所以他們加諸給自己的責任與負擔也更重。在教會裡，通常你可以看見這種人，他們才新加入詩班，同時也當接待員，也是姐妹會裡的助手，還參加監獄事工定期探訪受刑人。他們從這個排練結束後，趕去參加另一個會議，之後還去查經班、小組聚會，行程表上排得滿滿的，直到他們身心負荷不了而筋疲力竭。

如果你想成功，你要為你的人生活出新生命，你必須要找到最終目標，這也意味著你必須要允許自己能夠放棄一些機會，放下你手上一些工作，不再給自己增加新的負擔。如果這些好的機會不能使你有效的達成你設定的目標，你也必須要向它們說「不」。

許多人因生涯規劃的問題來找我諮詢，特別是當他們同時遇到兩個好的工作機會而在兩個選擇間徘徊不定。和他們詳談後，我們對兩個機會抽絲剝繭，最後做出一個決定。對於這些極具才華、天資聰穎、力求上進的人，我感到訝異，他們居然對自己最基本的認識都不夠，他們不認識自己是誰、不知道生活的目的為何。他們還尚未決定要走哪一行、要闖出什麼名號，他們在眾多的好機會當中猶豫，不知該放棄哪一個才好。

以下這些人有什麼共同處？歐普拉[20]（Oprah）、羅素・賽門斯[21]（Russell Simmons）、西恩・迪迪康布斯[22]（Sean "Diddy" Combs）、菲爾博士[23]（Dr. Phil）、碧昂斯[24]（Beyoncé）、瑪莎・史都華[25]（Martha Stewart），以及泰勒・派瑞[26]（Tyler Perry）？他們每一個人都有自己的獨特風格，且在社會上佔有一席之地。他們不斷重新定位自己，直到闖出一番名號。當你看見歐普拉的名字和某樣事物連在一起，無論是她獲獎無數的脫口秀、她的雜誌，還是衛星廣播節目或百老匯音樂劇，只要看見歐普拉的大名，你知道你可以從這些大眾傳播媒體中得到什麼。當你在影碟外盒或是舞台劇的製作群名單上看見泰勒・派瑞的名字，或是你看到他主持一個活動，你會很開心，因爲知道他將帶給你歡樂，絕對不會讓你失望。

這些成功者似乎被老天特別眷顧，他們的所作所爲深烙人心，人們知道有此號人物的存在，也能明白他們帶給人的力量何在。他們擁有的身分與地位，使得人們只要聽見他們的名聲，就不會失望。我個人的想法，這就是所謂的「金字招牌」，某人特有的一種風格或舉止，

[20] Oprah，美國最具知名度的脫口秀女王，身兼主持人、演員、慈善家、芝加哥哈普娛樂機構總裁。
[21] Russell Simmons，美國著名嘻哈歌手。
[22] Sean "Diddy" Combs，被稱作吹牛老爹。有「娛樂商人」之稱，乃爲知名的唱片製作人，同時也是優秀的饒舌歌手。
[23] Dr. Phil，歐普拉脫口秀節目中的「菲爾博士」是該節目中最受歡迎、教導大眾如何處理人際關係與善用生活策略的專家。
[24] Beyoncé，美國知名流行音樂女歌手。
[25] Martha Stewart，美國家喻戶曉的生活居家大師。
[26] Tyler Perry，美國演員兼導演。

旁人無法仿效。

個人風貌（你是誰、你的興趣）＋外在期待（別人眼中看見你所具有的特質）＝你的金字招牌（因你的才華和特質所帶給人的貢獻）。

請別誤會，我不是要你設廣告牌推銷你自己，也不是要你去上電視或上《時代雜誌》、《Essence雜誌》的封面，都不是。你其實每天已經在做這些事了，你天天都在向你身邊所遇到的人傳達信息、展現風格。不管你是否知道自己給人的感覺如何，你在他人眼中已經有了一種形象，那就是你的「金字招牌」。當他們與你相處，他們會有某種期待，期待你能帶給他們什麼。

我個人的看法是，大部分的人都是裡外一致的人，他們私下的表現和在公共場合的表現並沒有什麼不同。如果他們熱中於參與公共事務，我想他們也會投入教會聖誕劇的籌劃工作。如果他們參加派對的時候總是安靜內向、沉默寡言，那麼他們應該會比較喜歡一對一的關係或是在圖書館工作。不過我要先說，這不代表我們可以按著自己的粗略印象就判斷這個人的爲人如何或有刻板印象。我的意思是，如果你越認識一個人，你會越清楚他們眞正的特質爲何，而他們不管在任何場合，也會展現他們的個人風格。

你會如何描述自己的「金字招牌」呢？你應該可以從三方面來看，你和同事、朋友一起聚會時你的表現如何？你在人際關係上的表現如何？你在社交場合中的表現如何？我稱這些爲「傳達溝通因子」，或者用捕魚術語形容——「強力釣餌」。我永遠不會忘記和朋友約好一起去釣魚，在行前預備時才知道有一種釣餌叫做「超級魚餌」，那是一種用鮮豔顏色做成的人工魚餌，它們通常是螢光黃或是螢光粉紅，魚餌發散出魚兒們喜歡的那種「自然」的味道，這種餌相當容易使魚上鉤。看到這種餌，就讓我想起用黏土做成的魚子醬，我自己都很懷疑魚眞的喜歡吃這種餌嗎？然而正是這種人工魚餌立大功，我就不說我捕到的魚量有多少了，我的朋友和我相比是小巫見大巫。

「傳達溝通因子」存在我們的性格裡，非強求可得。那些有成就的人，他們天生具有一種特質，也正是那種特質造就他們個人的成功。你要記住，你要寫出你個人生命的宗旨與目標。你不用寫很長，短短的一句話就好，像我寫下給自己的例句是：「我是傑克斯，我畢生想從事教育、助人、能帶給眾人歡樂的工作。」

對於「何爲你個人的金字招牌？」這個問題，你的答案是什麼？在寫出答案前，你應該要先問自己一些問題，「我想要成爲什麼？」「我的夢想、生活目標與宗旨是什麼？」「我是否活出自己？」「我是否在乎自己能帶給人什麼貢獻？」「我是否活在他人對我不切實際的期待中？」很多時候我們想要成爲某人，不管這種想法是自己給的壓力，或是來自家人、配偶、朋友、同事的壓力，我們會發現自己活得不眞實、不快樂。長期壓力的累積，我們變得容易沮喪、生氣，我們撒網卻一無所獲。

如果我們能活出自我，從過去的失敗中學習，認清自己的性格，我們就能讓自己減輕壓力，擁有眞正的自信，自然而然的，我們也會放下一些重擔，不再被限制所綑綁。我們活出新生命，將可以過一個更豐盛的生活，不只有財務充裕，我們的全人也將得到滿足、平安、喜樂。

一旦你知道你自己生命的宗旨與目標，你就要開始創造自己的「金字招牌」，別再猶豫不決，下定決心，設立目標，如果你眞想要活出圓融、滿足的人生，你必須要先在內心深處時刻以自己爲榮。

第 二 單 元

REPOSITION YOURSELF

不只是一個平庸的人

前言

「我知道你的行爲，你也不冷也不熱；我巴不得你或冷或熱。你既如溫水，也不冷也不熱，所以我必從我口中把你吐出去。」——啓示錄三章十五、十六節（聖經和合本）

從冷水池中跳出，我早已想跳入熱水按摩池中去暖暖我凍僵的骨頭了。我比較喜歡不和一群人擠在按摩池中，所以當我看見按摩池居然一個人也沒有的時候，我真是喜出望外。當我進到池裡，我就知道爲什麼一個人也沒有！我原本期待華氏一百零二度（約攝氏三十九度）的水溫來暖身子，沒想到整座池居然是溫涼的，甚至讓我全身感到寒意還打了幾個寒戰。我完全沒有心理準備，我的身體以發抖來抗議。我一邊發抖，一邊迅速逃離按摩池，圍上大浴巾後，才感到舒服。我不禁爲自己的行爲感到可笑，理想和現實的差距怎麼這麼大啊！我想服務生一定有看到我從按摩池中跳出來的樣子，他趕緊走過來向我連聲抱歉，告訴我他們的按摩浴池專用熱水器故障，正在找人維修當中。不須解釋也很清楚，我可以知道一定是出了什麼問題。

有意思的是，這個經驗倒讓我想起基督對老底嘉教會的勸戒，我已經把這段經節寫在前面了。從經文裡和我在按摩池中的經驗對照，我更確定自己的想法，阻擋成功最大的障礙就在於以「平庸」爲藉口。讓我細細說來。

常常通往成功之路上，我們所面對的不是向我們逼近、擋住我們去路的大巨人。雖然巨人可怕，起碼他們目標明顯、很好辨認，我們可以拿起手中的武器將他們殲滅。我們必須了解我們過去和現在所遇到的阻礙，至少其中一些已經成爲過去式了。雖然我們可能仍受從前經驗所影響，但是我們再也不用忍受童年所受的虐待或是感情關係裡所受的傷害，身爲成年人的我們有能力也知道如何找資源，過一個屬於自己的生活。我們不需要再受制於他人或被過去的事件所牽制。

那麼爲什麼我們又常常不斷掙扎、讓步、勉強接受現狀，卻不知我們有能力得到更好的？爲什麼我們不將熱水器的調溫器溫度調高一些，所以水溫不會再是不冷不熱？我的直覺是我們都忙於對付那些可以辨認的大巨人，卻忽略掉那些看似微小、沒有威脅力的敵人，而讓他們漸漸滲透到我們的防禦系統中。水溫剛開始可能溫度還不低，然而卻不知不覺的漸漸變冷，我們居然沒感覺，甚至忘記熱水池不應該是冰箱裡的溫度啊！

生活中面臨的恐怖攻擊

我還想起一個比較嚴肅的例子。記得九一一恐怖攻擊後，我和一位好友談到這場世紀浩劫不但造成許多人家破人亡，也嚴重衝擊全球政治格局和經濟體系。我那位友人是一位大學教授，他對於美國的經濟與社會制度有不少見解，他指出五〇和六〇年代人們活在冷戰的陰影下，成日恐懼擔心。我們回想起小時候坐在教室裡，課堂上教導防空洞、奶粉這些主題司空見慣，好像就是教育的一部分，重要性不亞於數學課和下課活動。但是後來冷戰成爲各國間外交和經濟的對抗與競爭，漸漸的對老百姓不再具有核武的威脅或是共產主義擴張的危害，於是冷戰似乎不再是令人感到威嚇的名詞。

事實卻完全不然，冷戰雖已結束，但繼之而起的是一群恐怖分子，在我們毫無預備的情況下發動恐怖攻擊，這場打擊令我們措手不及。他們炸毀美國金融貿易的象徵、紐約市的標誌性建築，瞬間讓數以千計無辜的生命犧牲。九一一事件恐怖分了以美國境內民用飛機對準美國本土，他們用空中交通工具當作毀滅性武器，當我們無助的看見世貿中心被炸得粉碎，全國人民只能齊心跪地求禱，請求上帝的憐憫與安慰。

我擔心在我們的人生中，我們所面臨的威脅，就像恐怖分子出其不意的攻擊，將破壞我們的成功機會，甚至能使我們一蹶不振。我爲這種恐怖攻擊定了一個名詞，那就是——「平庸」。我相信你知道這個字的意思，但我希望你能再仔細想想字義，也許你可以查字典或百科全書，你會發現如果一個人甘願屈居第二位、降低其身分、做事只求達到平均值（或低於平均值）就好，他就是平庸之人。一個平庸之人，通常守舊、毫無特別之處，做事墨守成規、沒有變化，每天做著瑣碎的例行公事，凡事持中間立場。平庸之人並不會想爲成功而奮鬥，不想高人一等，不想成爲佼佼者，也不願成爲一流的傑出人物，做人只求「普通」「安穩」這樣的想法會使你只想維持現狀。

「平庸」這個邪魔鬼祟的在你耳邊說著：「你這個傻女人啊！你眞的覺得他對你有興趣？」「你這個大笨蛋啊！你是不可能有機會回學校去念個學位的啦！少跟自己開玩笑！」「什麼？你要自己創業？有沒有搞錯啊？你連自己的財務狀況都搞不定了，還想去開公司？」這些念頭一旦產生，你就等於爲自己擺了一道屏障，你只看見眼前的困難，成堆問題如待付的帳單、該洗的髒衣服、小孩、壓力、疾病、分手……以至於你看不到擺在困難背後的機會。如果這些問題讓你感到焦頭爛額，你就不會有心思去追求成功，最後還是認命的繼續爲生活奔波勞碌。你認爲你已經沒有其他選擇、沒有機會、沒有資源，你覺得自己無法克服困境，根本不可能成功。

在本書第二單元，我想讓讀者們知道，藉由「防禦」、「克服」、「達成」三方面的目標，我們絕對有可能打敗「平庸」所掀起的恐怖戰爭。我想以我祖母常用聖經上的一句話「毀壞葡萄園的小狐狸」來談我們生命中會遇到的那些「微小看不見的敵人」，也想談談人們以爲會阻擋我們成功的那些「大巨人」，如債務、責任、有限的資源。我希望能藉著分享，使我的讀者們有新的想法和領悟，知道透過上帝的力量，我們每個人都有無限的資源，你將堅定又有自信，且將充滿能力去追求上帝已經爲你預備好的成功的獎賞。

第6章

換檔與換車道——為下一個出口做好預備

「主人誇獎這個不誠實的管家的機警行爲。因爲在應付世事方面，俗世的人竟比光明的人更加精明。」——路加福音十六章八節（英皇欽定本）

你知道我曾經當過卡車司機嗎？不管你信不信，我的確開過卡車，而且是十八輪大卡車。那時我幫聯合碳化物公司（Union Carbide）開大卡車，雖然經驗不足，我也還能勝任。我當時被排了很多班，但從沒有被要求開長途。開著十八輪卡車在公路上轉彎是不容易的事，我學到一件事，如果要當聯結車司機，你必須要能熟練掌握各種狀況，要機智靈活，謹愼駕駛的同時也不忘注意周遭小車的動向及路況。一般人開車，如遇突發狀況要轉彎不是大問題，但當你開幾十噸的載重大卡車時，你就必須在每一個轉彎前及早做好預備。

卡車司機若載有重貨，在下坡應選用中低速檔並減小油門緩緩下坡，轉彎前要變換車道時也要如此，因爲要一輛十八輪大卡車轉彎車速不能過快，必須得非常小心。我用個比喻來說，如果我的小車可以像一枚硬幣那樣旋轉自如，那麼卡車就像一張四四方方、較難操控的美金一元紙鈔了。卡車負荷貨物的重量迫使司機必須在轉彎前老早就做好預備，要活出新生命、提前變換車道。一名優秀的卡車司機絕對會非常注意自己的行車速度，他們甚至可以準確的算出路途中會遇到多少次不預期的突然煞車或啓動，甚至再過多久就會遇到休息站。

並非只有卡車司機具有這種能力，好像用茶算命的算命師要仔細觀察杯中茶葉的形態來斷定運勢一般，商場上大部分的公司負責人、執行長必須花相當長的時間看報表和曲線圖，因為藉此可以判斷市場趨勢，也能及早做好計畫和應變措施。他們根據資料，預測與估算未來。他們的經營法則就是「有備無患」。你是否還記得我先前提過的兩大零售業巨人Kroger和A&P？兩家公司同時看見市場趨勢的變化，卻只有一家有因應對策，Kroger幾乎改變整個公司營運的方針，他們機智靈活，取得主動權以先發制人。於是Kroger為使消費者購物方便而設計「一次購足」的服務方式，成為五〇年代熱門的連鎖超市，而他們的競爭對手卻只能苦哈哈的窮追在後。

你想如今A&P高階負責人若回想過去是否會有不同的做法呢？就像大部分的人一樣，事後的先見之明都是完美的，放馬後炮已於事無補。不過我想他們應該會重新調整看法，採取不同計畫與行動以求公司業務能蒸蒸日上。

如果我早知道在一九九四年就要離開西維吉尼亞州，舉家搬到德州達拉斯開始新生活的話，我就不會在那以前於家鄉置產買屋。如果我知道未來會如何，我當時就可以不那麼辛苦的為了付兩地房貸而奔波勞累。那時我兩頭跑來跑去，只希望能在我破產前可以賣掉家鄉原來那棟房屋，才不會連新買的房屋也被拍賣掉。也許我該更早注意到當時置產買屋時，房市行情已經稍顯疲軟，交易清淡，賣方脫手不易。雖然我們並不能總是有準確的預測，但是在你要走下一步前，你自己要先活出新生命。

總統的定位

當我著手寫本書時，美國各黨正爲總統候選人提名摩拳擦掌做準備。人們紛紛猜測誰會成爲下一任美國總統？誰能解開美國面臨的諸多棘手外交難題？許多候選人雖然未明確表明參選意向，任何明眼人也還是看得出來這些有意角逐總統競選的從政者，多麼忙於參加各式晚宴，和一些具有影響力的仕紳名人會面，在各大報開闢專欄寫文章，和富商大賈談天說地。他們爲什麼要這麼做？因爲任何有擔當、有能力的從政者，他們不會匆促做決定，他們會在下一個路口轉彎前先換檔、換車道，或按喇叭。

最近我讀到有關歐巴馬參議員（現任美國總統）的一篇文章，我覺得很有意思。在這篇文章裡，這位具有政治魅力、口才極佳的政治家說到他不確定是否要角逐白宮寶座，他提到他得要仔細思考才能做決定，因爲如果他要參選，不是只有他個人的生涯改變，連帶他的生活和他的家人也會因爲他的參選而受影響。他要在競選前做好評估分析，決定前要深思熟慮，不管競選結果是輸是贏，一旦參選，他的生活隨即就會有所改變。

有意思的是，我也曾聽過當時仍是州長的喬治．布希說過類似的說法，一九九八年那時他參與一場聚會，席間都是牧師、神職人員，當他被問及是否有意願參選二〇〇〇年總統大選時，他謹慎的回答表示他不能做任何承諾，因爲競選工作艱鉅、非同兒戲。然而，我知道如果他沒有認眞考慮在白宮的橢圓形辦公室上班的話，他是絕不可能出現在那樣的餐會上。所以當他宣布他決定參選時，我完全不感到意外。我這麼說並不是因我了解政治運作手法，而是我的經驗告訴我，一輛十八輪大卡車的司機絕不會臨時來個急轉彎。成功並非偶然，更無僥倖，一個想要成功的人，前置作業是絕對必要的預備階段。

你我大概都不會有機會成爲下一屆總統，但是我們仍可以向那些有可能成爲總統的人學習。如果那些人不先重新定位自己爲總統候選人，只有藉著禱告祈求也不可能成爲總統。不知道有多少人對未來充滿夢想？有多少人又及早做好預備、爲自己的前途做好提前換車道、換檔、按喇叭的動作？如那些載重大卡車的司機在高速公路上來來回回的奔波，你不能等開到十字路口時才想到要轉彎，那就已經來不及了。

計算代價

作爲普通老百姓的你我，從以上我所分享的實例中可以得到什麼？我相信我們可以從這些政治巨擘的經驗中獲益良多。我在本章一開頭引用了聖經路加福音的經文，這段經文反映一個眞理，那就是我們在教會裡常常看到別人成功，甚至一些我們覺得不義的人也飛黃騰達，我們卻很少向他們學習成功的策略。如果我們也想成功，我們必須要先克服自我成見，而克服成見就是「爲著我們將來的成功讓自我活出新生命、未雨綢繆或提前計畫，就是屬世（即世俗的生活感知）、沒有基督徒的樣式。」如我父親常說的一句話：「爲工作而計畫、爲計畫而工作」，我想任何人都必須要有這樣的心志。

我仍然清楚記得自己如何買下第一棟房屋。我母親和父親的教導是：一個男人若無恆產就不是男人。不管你同不同意這個說法，我的確被這種觀念影響，擁有房屋所有權的重要性這個念頭一直在我的腦海裡盤旋。至今我仍會為那些沒有在壯年時為自己累積什麼的人感到遺憾。房屋是極重要的資產，如果一個人名下沒有房子的話，要累積財富並非不可能，只是會很困難。

有了購屋的念頭後，我便開始努力的為買房子做預備，當時我的銀行信用不良，手頭也沒有足夠的資金，我知道我必須要詳加計畫，如一名經驗老到的卡車司機駕車上喜馬拉雅山，我要以那些想入主白宮、具有政治魅力的人物他們的政治手腕去認識一些人物。為要活出新生命，接下來我要做的就是減少債務，好像那些主修會計的人要考取合格會計師執照，我花很多時間、很多精神和人對談，一些銀行行員可能會說我的貸款是我去遊說而來的。最後我終於買了一棟房子，因為我學到要如何為人生的下一個階段做有計畫的預備。

許多人以為成功是機會使然，命運早已安排一切。這些人只是消極的把責任推給上帝、政府，推給那些他們崇拜的神或偶像。認為人不該積極為自己而計畫就好像讓一位視障者駕駛十八輪的大卡車。上帝希望你能將生命的主權交給祂，並非要你消極被動；相反地，你更要主動積極的過每一天的日子。

說到不自我設限，我想到聖經上另外一個例子。耶穌在畢士大的池子邊遇到一位癱子（約翰福音五章五至十五節），得知這位癱子已經病了三十八年。這位病人希望耶穌能用池子裡的水醫治他。耶穌聽了之後，並沒有將這位癱子抬進池子裡，也沒有當下立刻醫治他，耶穌只是問這位病人：「你要得到醫治嗎？」試想如果你已半身不遂，你的醫師這樣問你：「你想不想站起來走路？」耶穌這麼問並不表示祂態度輕率或是說話污辱人，祂會這麼問乃是希望這位病人能夠清楚知道要得痊癒所要花上的代價。

換言之，祂的意思是一切成事都在於你的決定。你必須要停止拖延，停止等待他人來領你去你自行可以到達之地，你要停止抱怨過去。人們很容易將自己看爲受害者、失敗者，認爲自己不夠聰明、不夠有學問、不夠有錢。一旦你自我設限，你要失望也不是那麼容易了，因爲即使跌倒，你也不覺得痛。

相反地，如果你願意主動積極，你就是一個「成事之人」，也就是說，事情的成敗決定於你的意志。這些成事之人能看見擺在面前的機會，他們會抓住機會而不是順其自然、聽天由命。事情最後成不成就在於你願不願意把握機會。有些人說「成事在天」，一切是天意；有些人說「因人成事」，自己沒能力才要依靠他人力量完成事情。但聖經上卻教導我們：「上帝能以運行在我們當中的大能成就一切，遠超過我們所求所想的。」（以弗所書三章二十節，英皇欽定本）這節經文清楚的教導「成就一切乃是靠我們心裡的大能」。

你眞心想要改變嗎？你是否願意同時也預備好要放棄過去的成見與舊習慣——那些使你無法平穩前進的障礙？你——要得到醫治嗎？

螞蟻的態度

你的想法決定你的人生。你今日所做的預備是否爲將來鋪路？從老虎伍茲傑出、令人欽羨的運動生涯中，我們看到他在許多賽事、獎金、獎盃所造就的光環下成爲國際知名的運動明星。他在美國職業高爾夫球ＰＧＡ錦標賽幾乎每賽必勝，成爲世紀球王，叱咤國際高爾夫球壇，相信無人會質疑老虎伍茲對全世界的影響力。

人們可能認為他的天賦與生俱來，然而這種認知卻使我們忽略了一件事實，老虎伍茲也是下了不少工夫受訓練，並且有策略的計畫自己的運動生涯。他並沒有等到三十歲時才決定學打高爾夫球，我就是在那個年紀才開始學，結果所有的球具現在都在我家閣樓上堆積灰塵。你知道老虎伍茲幾歲開始學打高爾夫球？他從三歲就開始了！想想看，如果你也從三歲開始練習做任何一件活動，相信你也會有不錯的表現。

在我的工作領域裡，想要改變不是件容易的事。你只要想想信仰教派中的美南浸信會在一九九五年六月公開宣布過去對種族歧視行為的懺悔聲明，他們在《奴隸解放宣言》頒布後近一百三十年才通過向所有的非洲裔美國人道歉的決議案，一改當年「美南浸信會」維護奴隸制度的立場。再看看天主教會又是花了多長的時間向猶太人道歉？他們在二次世界大戰結束後五十多年，終於在一九九八年三月由梵蒂岡教廷發表長達十四頁的聲明書，針對天主教會於大戰時對於納粹屠殺猶太人的暴行保持沉默立場而道歉。直到今日，我知道仍有一些五旬節教派會友反對女性會眾穿著長褲進教會，這些都是由於一群教派人士固守舊有傳統而產生的現象。

如果教會的領袖們自以為其觀念最為正確並為其感到驕傲，那麼不可避免的，教會信徒接受這些沒有事實根據的教導，對於更新改變和個人責任的議題自然就會產生排斥抗拒。領袖們雖以身作則，然而許多時候當談到個人未來發展及活出新生命，他們的想法卻頗為負面。我已經重複說過，在我們的人生當中，最確定的一件事就是「改變」。時序變化、孩童長大、氣候改變、關係變動，即使美麗的容貌也會隨著年歲而衰老生變。也許財務狀況會改變，我們的健康和力量也會因某些因素產生變化，世界上沒有任何一個人有能力停止「改變」。

因此我們必須明白，要去停止改變是不可能的，但是爲即將而來的改變而做計畫卻是可能。若我們要記取過去失敗的教訓，卻不要讓失敗絆住我們活出新生命追求成功，做計畫即是黃金之鑰，是我們對人生一種審慎、實際的態度。爲了不重複過去單調乏味、徒勞無功的生活，我們必須預先考慮並詳加計畫要如何改變。要去否定改變的事實就如同否認地心引力會使熟透的蘋果落地。

年輕人必須做好心理準備，我們總有一天會變老。年輕朋友們若不事先預想將來老的時候需要一筆退休金生活，那是不智之舉。老年人也要做好心理準備，總有一天會面臨死亡，若是死亡突然降臨，而使年邁衰弱的老年朋友們死得倉皇失措、連後事也來不及交代，那也非明智之舉。單身者要有心理準備，將來有可能會成家有伴侶。已婚者也要有所預備，或許哪一天他們又會恢復單身。牧師必須要提早思考將來有誰會接續他的牧養工作，他必須要認知到，他會將棒子傳承下去，他現在所做的一切是在爲下一位牧者建立基礎。

戴著可愛嬰兒花邊帽的幼兒，很快地就會到了學開車的年齡。從幼童軍畢業的男孩們，很快地也會在鄉村俱樂部或男性理髮廳裡再度會合。女兒們長大成人，很快地她們就會爲人母或是參加教會姐妹會的各項活動。教會的會友們和鄉村俱樂部的會員，很快地就會搬進養老中心，再從養老中心搬進墓園。改變永不停止。

當我們認清人生乃是不斷改變的現實後，我們必須要把握機會，找到人生每個階段的定位，即使在變化中，我們也將得到最大的收穫。有些人只是眼睜睜的看著變化發生，有些人則是跑在變化的前面提早做好準備。地球不停止轉動，那些及早預備好的人能夠過得更充實，就如我先前提過的那些企業負責人、機構執行長們，他們追蹤市場趨勢、做好分析評估，他們早已爲最終結果做好預備。這些人高瞻遠矚、有備無患，他們的人生過得豐富多彩，他們知道下一步路要往哪裡去，也因此能在瞬息萬變的世界中超越他人而贏得先機。因爲他們看得遠，知道有可能會遇到的問題，所以他們不會在問題發生時感到手足無措、不知如何是好。他們雖開著大卡車，他們仍提前將高速檔轉成低速檔，以防備突發危機，避免造成人生遺憾。

這些人就好像所羅門王在聖經中提到的一般，他們早爲人生做好準備。我們要在夏天時就先蓋好堡壘，以度過白雪皚皚的嚴冬。螞蟻直覺知道陽光方向會變化，季節會改變，牠們知道冷峻的寒冬即將來到，因此本能地儲糧過冬。

你要如何具備螞蟻的態度？在你的工作生涯裡，你對未來十年的期待是什麼？你要如何做好預備迎接下一個世紀？這也是高層管理者和低層管理者不同的地方，高層管理人員爲將來的改變事先做好預備。當我聘用員工時，我喜歡聘用那些知道如何面臨問題與挑戰的人，而不是逃避問題、把問題丟在上帝手中那些盲目樂觀之人。你必須要很實際的面對人生，不管你現在有的是福是禍，這一切都不會長久。如果你先做好預備，你可以擔保下一個階段將如你預期的自在富裕，不要讓變化的打擊使你措手不及。

從異教徒到醫治者

關於企業做好預備迎接變化，我又想到最近一個成功的例子。我讀到福斯電影公司開設一個新部門，專門製作與信仰有關的片子，內容著重在提倡家庭價值、猶太教與基督教都強調的世界觀。電影公司成立新部門的原因乃是因他們看見幾部上映成功的電影，例如「耶穌受難記」（The Passion of the Christ）和「女人，你自由了！」（Woman, Thou Art Loosed!）以及其他激勵人心的影片，電影業者認識到基督教電影市場已經開始形成，這是他們以前未曾想過要發展的部分。然而當他們看見利基，他們馬上著手開始預備要如何跟上趨勢。相反地，我爲教會感到可惜，因爲有些教會花許多精力試圖阻止改變，而不是爲即將來臨的改變提前做預備。

今日許多企業認眞看待世界與市場的變化，即使這並不是原先他們所看見的意象。越來越多企業偏向僱用腦筋動得快的人，因爲這些人相對地在瞬息萬變的商業世界中適應力較強。如果教會也如此行之，以歡迎改變的態度替代阻止改變的頑固心態，我們的事工（指基督教會成員執行教會所任命的工作）發展將會更上一層樓。我們可以從變化中學習成長，而不須把自己關在理想主義的象牙塔中。

當教會開始拍起手唱詩歌，發展充滿節奏與活潑氣氛的現代敬拜讚美音樂時，我當時還是個孩子。對於黑人教會這種以福音音樂爲主的敬拜方式，使當時許多宗教組織社團感到不自在，有些牧師甚至發出強烈禁令，不讓信徒唱這些現代敬拜讚美音樂，而只能唱傳統詩歌樂曲。爲了敬拜方式，當時基督教界吵得沸沸揚揚、不可開交。可是仍有些人力排眾議，繼續以現代福音歌曲敬拜上帝，最爲有名的就是著名福音女歌手瑪哈莉亞・傑克森（Mahalia Jackson）和克萊拉・華德（Clara Ward）。最後，趨勢成爲流行且取代了傳統。現在沒有人再批評這種用福音歌曲敬拜讚美的方式，反而以爲這是黑人教會的一種敬拜傳統，殊不知幾年前還曾被大力抨擊呢！現在又發展出一種新穎的、具爭論性的宗教音樂，這種形式聽起來有些類似嘻哈樂或是饒舌、搖滾樂，非常具有藍調節奏的音樂。有些人對這種敬拜音樂持保留態度，然而說不定再過不久，教會又會改變想法，對這種音樂持開放和歡迎態度。

創新是改變的催化劑，通常改變所要付出的代價就是犧牲傳統。如果你對歷史有概念，你可能會知道現在許多組織推崇金恩博士（Dr. Martin Luther King Jr.），但你可能不知道他曾經被唾棄、排擠，人們憎恨他，不允許他到教會去講道。金恩博士的生日後來被美國政府訂爲紀念日，他曾被貼上共產主義分子的標籤，國家安全局對他採取高度關切，甚至連他居住的旅館房間都被設置竊聽器。許多人對他又害怕又厭惡，不只一般民眾，連他自己的黑人同胞、黑人教會人士也都如此對待他。

謠傳他在發表《我有一個夢》的世紀經典演講前，當天還曾被禁止上台演說。說來諷刺，現在他不僅成爲美國歷史上一位著名人物，他對世人的影響力更是深遠。金恩博士迎接改變，他看得遠，他有意象，他知道民權運動成功並不代表就此不會面臨挑戰掙扎，因爲在美國境內發生的運動也有可能被推向國際舞台，成爲全世界的議題。金恩博士的確堪稱爲眞正的改革者。

如果我們能夠有勇氣像金恩博士一樣，禁得起別人對我們的議論，承受得了冷酷無情的對待，那麼你會明白今日在他人眼中看似異教徒的你，有可能成爲明日眾人的醫治者。

我要提醒你，在這條通往成功的路上擺有許多障礙，想換車道並不容易，你可能會遇到其他駕駛對你咒罵、給你比手勢，要你別擋他的路。也許因爲你想改變，你有一些新的想法和做法，對那些固守傳統的人造成威脅，他們會暗中破壞你的計畫。如果他們對你不斷冷嘲熱諷，你也別過於驚訝，畢竟他們和你處在不同的立場，你們自然會格格不入。不管他們對你的指控是對是錯，他們會指責你，全因爲你的卡車要換車道，於是佔去他們的車道，事實上，你只是爲即將來臨的出口做預備，你要先活出新生命才行。

我對你的建議是把車的後照鏡擦亮，這樣你才能清楚看見在你背後的情況，不讓後方來車干擾你。你要看清道路指標和交通路況，依著你的計畫到達目的地，而不是別人的目的地。如果你在沿途要做記號，那就去做，也許你這麼做是在爲你後面的人鋪路。你眼睛的周邊視覺要靈活，這樣一來你可以看到誰要從你旁邊經過。我們西維吉尼亞州的人會這麼說：「老兄！一腳油門踩到底，加速前進吧！」只要你相信，只要你想做到，只要你願意全力以赴，凡事都可能！

第7章

就位——瞄準——發射！

「要同心合意，要彼此和睦。如此，仁愛和平的神必常與你們同在。」
——哥林多後書十三章十一節（聖經和合本）

幾年前我和我的朋友有機會聚在一起打發時間，他決定帶我去射擊場見識見識。這對我而言是難得的機會，因爲我不是一個會把在射擊場練習扣扳機的活動當作娛樂的人。不管如何，我還是被我那位朋友對練習射擊的熱情激起了好奇心，我決定要好好去了解這項他視爲滿意的消遣。

當我們才剛把車停在射擊場外，他迫不及待的跑去付門票費，確定我們有場地可以練習。進了大門，我們走到地下室，那裡有一格格的隔間，每一隔間都有自動旋轉標靶以供射擊者練習瞄準射擊的技術。除了陣陣射擊的槍聲，你會一直聽到錄音指令自動播放「就位——瞄準——發射！」看見標靶越來越向我們靠近，我們閉起一隻眼，以另外一隻眼瞄準靶心然後扣扳機，聽見「砰！」一聲子彈射出，坦白說那種感覺還滿過癮的。我很快明白一件事：「如果你不先瞄準，你就無法射中目標。」

成功要預先安排

我們都有這種經驗，旁人要我們找一個生活目標，但他們並沒有教我們要如何握槍、如何瞄準。對於那些被人要求卻仍未找到目標的人，我想藉此機會讓你們知道活出新生命、瞄準目標的力量有何等重要。我想舉一個例子，很多人應該都聽過「配婚」，但是「配婚」在美國卻不是一種習俗。我們相信自由戀愛，我們會和自己認識和了解的對象結婚（但事實上我們要等到結婚後才眞正了解我們的配偶）。結婚後還要花幾年的時間去了解該如何與對方相處。就像孩子們從琥珀爆米花糖果盒[27]（Cracker Jack box）裡拿出來的玩具一樣，你不把滿盒的爆米花吃到一半，你就不會知道盒子裡面放的是哪種玩具，我們的結婚對象也要等到結了婚後才能看清對方的眞面目，不管你有多失望，你還是要繼續與對方在一起，再怎麼說這對象也是我們的選擇。

然而某些國家的文化裡允許婚姻大事被預先安排，如東方文化的婚姻就是以被安排與交涉爲主，特別是由男女雙方的父母爲婚事作主。有些較爲極端的例子，一對佳偶甚至婚前從未見過面，直等到大喜之日那天才知道對方的長相，若要說靠信心而活，這對男女要有多大的信心

[27] 琥珀爆米花（Cracker Jack）是一種爆米花外面裹上焦糖和花生的爆米花點心，著名的特色就是每個包裝內都附有一個玩具。產品自一八九三年問世以來，好評不斷。一九九七年被美國百事食品公司收購成爲旗下的商標。

啊！在網路交友盛行、消費者權益高漲的現代，要你和這位從未見過面的對象共度餘生，這個對象還是你父母幫你安排的，眞是令人無法理解且又不可思議。

請你明白，我並非倡導這種經由「配婚」而結婚的方式，但在我們把這種非尋常且過時的概念放在一邊前，我還是想指出一個重點。雖然我對這種方式仍持保留態度，我必須承認當我看到這種方式奏效，我感到非常訝異佩服。有人聲稱「配婚」的離婚率遠比經「自由戀愛」來得低。從統計數字上，我們可以看到社會學家支持這種論點，有些專家更明確指出「配婚」離婚率至少低於百分之十，和美國百分之五十以上、數字甚至繼續攀升的離婚率相較，的確有天壤之別啊！

本身也是一位社會學家，作者大衛．麥爾斯（David Myers）和其他專家的看法一樣，他指出在「配婚」文化裡，「離婚」通常被污名化，許多人不願意談這個話題，也因此在數字統計上很難看出比率實際高低。即使如此，在許多文化裡，父母撮合的婚姻比起我們現在所提倡的自由戀愛，仍然有較好的成效。

這種論點或許令人意外，但以另一個角度來看，如果我們預先訓練女方如何成為政治家或外交官的妻子，對於婚姻相處與適應將會多麼有利！成爲外交官的妻子不同於成爲一名警官的妻子，兩者之間所需要扮演的角色有極大不同。兩份工作都很崇高偉大，但性質不同，所需的訓練與社交禮儀也各異。我們大部分的人都是在走進婚姻之後才學到如何與對方相處，學著適應對方的工作需要。我們很容易愛我們的伴侶，但卻發現他們的生活方式和我們本身成長背景有極大分野，有時甚至相互牴觸。我們愛他們，可是因爲我們必須活在一個我們不感興趣的生活方式裡，慢慢地關係將會生變，我們會感到窒息。

我並不是想岔開話題，引起各位來辯論約會技巧，我是想藉著這個說明讓大家了解預備自己的重要性，因爲你有所預備，你就能更加清楚自己的目標與方向。

預備環境

我們教會的事工在我的帶領下做了一個不容易且要花高代價的決定，我們希望能在達拉斯市的南邊蓋一間總預算一千四百萬美元的專科預備學校。眾所皆知，達拉斯市的學區乃是全國最糟的學區之一，橡木崖（Oak Cliff）一帶的居民平均年所得只有兩萬美元左右。然而我們決定把學校蓋在橡木崖鎮並不是因爲根據以上統計數字，而是我們希望能在這一帶看見社區的發展。我們希望爲孩子們預備一個環境，幫助他們將來能有好的前途。這所學校提供多種語言學習機會，我們想讓孩子在很小的年紀就能接觸第二外語，我們也提供電腦訓練課程，以及大學各學科的先修課程，就如先前我提及那些經由配婚而結合的夫妻例子，我發現當我們爲孩子預先鋪路，他們將來成功的機會應該大過於那些沒有經過生涯指導的人，我們不可能期望未經指引的孩子，有一天能誤打誤撞的遇見成功。

無論網路交友的方式有多麼盛行，你必須要問自己，不管這段關係是否有結局，也不管經營這段關係有多費力，如果你一開始就設定目標並且堅持下去，如此一來，你是否更有機會能成功？如果我們早一點和孩子們談未來，訓練他們能在年輕時就有所成就，也許成功者的數目就會越來越多。

我記得和我妻子多次談論教養問題，在我們的孩子還小時，當時我們並不知道環境影響之大，我們並沒有積極爲自己的孩子們找玩伴，特別是那些從小就立志將來想成功的孩子們。身爲教會牧師，我受呼召要幫助心靈痛苦受傷的人，但身爲一個父親，我需要監督我的孩子們交朋友的情形。也正因爲如此，我的公眾角色和私人角色之間產生極大的衝突。也就是說，我要把我的孩子們放在一個有益的環境裡，也要避免孩子們接觸到不好的影響，尤其是一些我認爲有害的影響。後來我也認識到身爲牧師，在助人的同時，若也爲人父母教養子女，經常會讓你爲難甚至痛苦。爲什麼幫助人自己卻會痛苦呢？

有一回我帶著家人參加一趟爲有權勢的非洲裔美國人家庭舉辦的商業豪華遊輪旅行，旅程中我才意識到爲孩子預備社交環境是多麼有利於他們未來發展方向。我以爲我自己有機會在遊輪上認識新朋友、與人交誼，沒想到我花更多時間觀察我的孩子們與人的互動。我聽到他們和人聊天，他們聊想上什麼大學，討論商業和法律的科系，完全不像時下一般青少年聊的內容。我那時候才明白我之前給孩子們的訓練完全不夠，我需要爲他們預備更多良好的社交環境，如此可以提供他們入社會前的預先機會，讓他們能夠藉著認識前輩、與人交談互動，進而更加知道自己人生要走的方向。

時間延後並不代表放棄

「兒女是耶和華所賜的產業；所懷的胎是他所給的賞賜。少年時所生的兒女好像勇士手中的箭。箭袋充滿的人便爲有福；他們在城門口和仇敵說話的時候，必不至於羞愧。」——詩篇

一二七篇三至五節（聖經和合本）

藉著以上經節，讓我們再從不同角度看定位的重要性。箭袋充滿的人便爲有福！詩人在此用強烈的類比將孩子們的潛能比喻成有力的弓箭。箭袋裡裝著等待被射出的弓箭，箭袋裡充滿著機會，各個摩拳擦掌、蓄勢待發，等待實力展現的時刻。事實上從這處經文，我們也可以看到父母教養工作的三階段，以射箭術語來說，第一階段是「搭箭」，第二階段是「張弓」，第三階段是「發射」。我想更進一步說明發射前的預備和瞄準正確方向的重要性。

我這裡所強調定位的重點主要是你將能收割你辛勤工作的成果，關於孩子的主題倒是其次。你可能已經是成人，但若要達成目標仍需要經歷這三階段，不管是你的生活，還是事業、婚姻，只要是各種你定下的目標，你都有可能達成。所以無論你是否有子嗣，你都會看見定位與活出新生命的重要性，因爲這將牽涉到你的一生。

在箭被搭上弓之前要等待，你必須不誤用你的才能，你要耐心等候，等到最好的時機才發揮長才。在父母教養上，在孩子們尚未成人前，我們有責任盡全力保護他們。我們會這麼對他們說：「你很重要且獨一無二，我們要你等到最佳時機，等到長大成人，你就能發揮最好的潛能。」

然而許多時候父母卻忽略了搭箭前須等待的階段。我們看見這個世界裡三歲孩子身上有刺青，五歲女孩臉上化妝，腳上穿高跟鞋。如果我們不等待，我們就會壞了結果。凡事都有定時，我學到過早給孩子們任何東西不是有益的。有些事需要等到長大後才能夠擁有，我們必須要教導孩子們正確態度，例如過早發展性關係，將會對身心造成一定的傷害。其他也是如此，原本是好的，卻因不成熟的態度而變爲不善。

想想看那些一夕之間因中樂透而致富的得主，統計顯示只靠運氣而致富者理財能力較爲薄弱，這些人的錢財來得快也去得快，因爲他們不知道要如何理財。如果你預先經過訓練教導，你就會知道中獎連帶的責任有多少，有錢是一回事，知道如何管理錢又是另一回事，因突發橫財後產生的問題也不能不察。

當我們沒有做好預備，做事沒有按部就班，若成功突然來臨，生活就會變得複雜。但我必須說明，延後是爲了做更周全的準備，並不代表放棄。要你等待，並不代表你不會得到。在射擊場你聽見的第一句就是「就位」，你是否已就位預備好接受將要發生的一切？你的家人呢？他們是否也預備好接受你生活上的變化？你是否有得勝的預備？或許人們因時時感到挫敗也習以爲常，但對於得勝卻很少做好心理準備。你是否想過追求夢想成功之後你的生活會有什麼變化？你是否預備好了？你是否預備好接受因成功帶來的各種壓力？

「搭箭」前的預備階段只是上帝在祂承諾實現前，恩慈的想多給你一些時間做好心理準備。我並非反對一個人成功、幸福、事業興旺，我所反對的是那些教導快速致富想法的人。成功並非一蹴可幾，現實生活裡，理財就像其他的管理方法，需要學習。上帝不會因你奉獻多少而決定給你多少財富祝福，你需要的不只是對上帝的信心，你還需要下工夫，有願意學習的心去學習如何管理你所要得到的一切。

上帝也許會給你財富祝福，但你必須要去管理。祂對約書亞說：「我要賜給你們土地。」這也包含了人們在獲得上帝應許的那塊地的同時，所必須要擔負起的責任。有些人身在福中不知福，他們時常抱怨，即使當他們得到祝福，他們還是抱怨未得到更多的福分，就像一群被寵壞的孩子，老是看他們沒有的，卻沒看到他們已經有的。所以大衛才說，讓那些箭暫時先留在箭袋裡吧！等到箭可以被搭起來的時候，他們就可以充滿自信的向前發射出去。

張弓階段

在我們討論發射的威力前，我們必須先了解什麼是張弓階段。一枝箭被搭在弓弦上，你必須要先往後拉才能向前射。當你清楚看見目標，你卻往後退，這到底怎麼回事？當你看見成功在望，卻因周遭環境阻礙你前進，你要如何克服心中沮喪？

我們必須明白，發射前的階段就是「張弓」，要先往後退一步。假想你現在手上拿著一根花園裡澆水的水管，你暫時彎曲水管不讓水流出，等到你鬆手的那刻，水的力道會更強。同樣地，我們在人生中暫時遇到挫折，當我們捲土重來，我們會更有衝勁往前，因爲挫折乃能蓄積我們張弓的力量，使我們待機而發。

愛因斯坦（Albert Einstein）曾被學校退學，美國著名潛能開發演說家及作家萊斯・布朗（Les Brown）曾被認爲具身心障礙問題；百萬富翁可能從破產之家誕生，摩西拙口笨舌卻被呼召成爲領袖，有時候使我們感到最沒有安全感的弱點卻是讓我們前進的動力。被毒蛇咬傷需要的解毒劑乃是從劇毒藥中提煉，那些使你退後的因素同樣可以迫使你前進。我之所以如此相信，乃是因爲我看見那些從第三世界來到我們學校讀書的學生，通常比在美國出生的本地生還優秀。我們這裡的學生將教育機會視爲理所當然，但他們卻不是，他們把握教育機會、力爭上游，當他們挑燈夜戰苦讀時，我們的學生卻在夜總會通宵狂歡。他們幾乎都是雙語流利的孩子，而我們有些學生卻在為使用黑人英語（Ebonics）（首創於一九七三年，是一種源於西非，豐富且具有語法一致性的美國黑人語言）或簡訊寫作法（Text Messaging）的權利而抗爭。這些努力的學生會同時修好幾門他們感興趣的課，而不是只修一個學分最少的學位。這些來自貧困國家的人，他們將經歷過的不幸與痛苦化為向上的動力；我們卻以為勝利的冠冕不需要付出代價，殊不知這與聖經教導背道而馳，事實上，人生正是因為付出代價的痛苦而變為璀璨。

誰能否認六〇年代當時因警察用水柱驅離遊行群眾，進而引發全國轟轟烈烈的民權運動所帶來的影響力？若不是一九六三年在阿拉巴馬州的伯明罕市四四個黑人女孩被炸彈炸死，驚醒了美國南方白人的良心，又何來《民權法案》（Civil Rights Amendments）宣布種族隔離和種族歧視為非法？我並不反對人民集會遊行，如有必要走上街頭，這是一種表達方式。我仍記得示威遊行給人的力量，那時州政府為壓制民權運動，不惜出動催淚彈、水龍頭、警犬等在街頭對民眾進行阻攔，使得人民群情激憤。我們不能否認馬丁．路德．金恩被暗殺後所引起的影響力遠超過眾人的想像。誰能忽視因迫害而產生的力量？基督徒絕對明白，救恩是從十字架上的犧牲而來，我們得救贖並非耶穌在十字架上說的話，乃因祂所受的痛苦。

如果沒有「張弓」階段，那麼「發射」就不會有力量。我們從被囚禁數十年之久的曼德拉（Nelson Mandela）身上也可以清楚看見這個道理。這位前南非總統在他被囚禁期間，已經開始蘊蓄力量，他畢生投入反種族歧視和反種族隔離的抗爭，在他成為總統後，更是不遺餘力的推動黑白種族和解，他一生追求公平公義公正，對於像他這樣的領袖，完全饒恕那些對他不公的人，只為南非全民福祉著想，我由衷感到佩服。雖然我沒有坐過監，但我知道，如果他未經過那段成為階下囚的羞辱，他被釋放後也不會有如此大的影響力。

另一個我想到的例子是諾貝爾和平獎得主埃利．威瑟爾（Elie Wiesel），他也是一名作家、人道主義者，長年推動及促進對全體人類的人權和基本自由的尊重。他和他的家人於二次世界大戰中被囚禁在納粹集中營裡。威瑟爾最後成為整個家族唯一倖存者，逃過納粹的逼迫。集中營裡的生活暗無天日，是外人無法想像的，他在其著作《夜》（Night）有著深刻的描述。也因著那段日子的煎熬，使他養成堅毅的性格，他不屈不撓、充滿韌性，他知道要如何在生命的不同階段裡重新找到定位，他後來成為哲學家、老師、政治運動人士、演說家，甚至也成為埃利．威瑟爾人權基金會的創始人。

在「張弓」階段也是所謂的「瞄準」階段，當箭在弦上，你就要瞄準目標，拉緊箭不讓箭射出去需要力量和稍安勿躁的修鍊。你要有耐心，保持「張弓」的姿勢，直到時機成熟，你才將箭發射出去。你要把箭往後拉緊，直到你清楚瞄準靶心，你才會一舉正中紅心。

發射前要受的痛苦

聖經詩篇大部分都是由大衛所寫的，你讀了之後也許會有一個結論：受折磨是好的。不管是詩篇一一九篇還是七十一篇，你會發現詩人所發出的聲音處處表現了恐懼、憤怒、不安，必須要完全仰賴上帝的力量才能從困境中逃出。

「作惡的人攻擊我、仇敵殺害我的時候，他們都絆跌仆倒。那作惡的就是我的仇敵，前來吃我肉的時候就絆跌仆倒。縱使大軍圍困我，我也不害怕；縱使仇敵襲擊我，我仍然要信靠上帝。雖有軍兵安營攻擊我，我的心也不害怕；雖然興起刀兵攻擊我，我必仍舊安穩。」——詩篇二十七篇二至三節（聖經和合本）

自己因爲張弓拉緊箭所受的壓力，使我不得不更看清目標。我很確定自己過去若無那些悲慘經驗，我今日就不可能如此專注，因我專注的力量來自我過去所受的痛苦。若和那四位因上主日學而被炸死的女孩相比，和曼德拉或是埃利．威瑟爾相比，我的痛苦經驗實在算不了什麼，說出來都覺得有些不好意思。但不管是什麼痛苦，微小或巨大，我們不會白白承受痛苦，因爲經過苦難的磨練，我們將有更強勁的力道往前。

如果我這個箭與弦抽象的比喻仍未讓你更加明白，你何不實際操練？試著拿出一枝箭和一副弓弦，你只要瞄準靶心，不要把箭往後拉，看看你是否可以發射出去？那是絕不可能的事。同樣地，沒有往後拉的力量，也就不會有前進的力量。發射的時候到了，這是令人興奮的一刻！

當你拉緊箭直到再也不能向後拉，在漫長的等待後終於到了發射階段，如曼德拉被釋放後人們歡欣鼓舞，如威瑟爾將過去的痛苦寫成獲得諾貝爾文學獎的著作，發射後所產生的巨大力量，可見一斑。

你預備好了嗎？你什麼時候要射箭出去？你何時能將痛苦化爲力量並勇往直前？被壓抑的將得自由，你必先經過被壓抑的痛苦才會明白自由的眞諦。身心沒有缺陷或疾病的人無法體會那曾失去又復得健康的人內心的喜悅，這就是所謂的「發射」力量，是建立在被牽引拉扯的「張弓」階段。學生必經寫報告、考試的痛苦才能畢業拿學位。持守貞潔的處男在新婚之夜才得以自由享受圓房之樂，我們那一代的教導如此，等待是美好的，夫妻雙方的結合因等待而被祝福。

你呢？你是否曾被壓抑、被禁止、被限制？你是否知道這一切都是暫時的，乃爲了預備你衝刺前進？如果你覺得你被擺的位置不正確，我要告訴你一個好消息，現在開始仍舊不遲，你可以回到第一階段「搭箭前的預備」（花時間去思考新的目標、找出新的想法、建立人脈），再來就是第二階段「張弓」（讓自己冷靜一段時間，學習你要完成夢想所需的技能），然後就能如那等待新婚之夜的新郎，盡情享受婚姻的美好。如此結合並非偶然或一時興起，乃是經過長時間等待和預備。活出新生命是你第二次的機會，使你能夠調整過去不正確的姿勢，重新再出發。

本書第二單元所討論的重點即在自認平庸所帶來的自我貶抑，如一幢古色古香的木造建築被白蟻慢慢蛀食，「平庸」的念頭一旦在你腦海出現，它也會漸漸侵蝕你的性格，如果你願意活出新生命，你將會發現一股新的力量湧出，帶你超越困境。

你若回到第一階段，重新預備你的資源，你將有足夠動力再次前進，你會發現重新調整目標後，拉緊箭、張好弓，專注瞄準靶心，你就會有更好的射擊表現。你也要放棄「平庸」的念頭，你若全力以赴、積極進取，你將會享受精采人生。

別甘願成爲泛泛之輩，過平淡無奇的生活。不管你過去的經歷如何，你只要把握機會，重新調整人生目標，然後加上百分之一百一十的努力，盡情去追求你的目標、完成你的夢想！你預備好了嗎？那麼，請就位——瞄準——發射！

第8章

要不要交易——成本與收支計算

「你們一切乾渴的都當就近水來；沒有銀錢的也可以來。你們都來，買了吃；不用銀錢，不用價值，也來買酒和奶。你們爲何花錢買那不足爲食物的？用勞碌得來的買那不使人飽足的呢？你們要留意聽我的話就能吃那美物，得享肥甘，心中喜樂。」

——以賽亞書五十五章一至二節（聖經和合本）

當我還是年輕的牧師時，生活常常過得捉襟見肘。我記得我會以羨慕的眼光看著我朋友開全新車子從我面前經過，那時心裡常想不知自己何時也能擁有一台，別說有沒有錢買得起新車，要如何存錢都是一個問題。後來我在當地的工廠工作一段時間，也開始有了些積蓄，我知道想要擁有一台車的夢想並非遙不可及。有一天下班後，我仍穿著工作服，頭戴工程帽，腳套長統靴，我停在一家汽車代理公司門前，我第一眼就看上了展示間那台全新發亮的龐帝克火鳥（Trans Am）。我開始在腦子裡盤算起自己的存款是否有機會買下這台美麗尤物，有人站到我身邊告訴我答案。

「小子，你買不起的！」一名老先生輕蔑地笑著告訴我。「這樣吧！我帶你去看看我們車庫後面的二手車好了。」我感到被輕視侮辱，忍著怒氣，我慢慢回答他：「我不覺得你有眼光可以分辨什麼是我負擔得起，什麼又是我負擔不起。我想別的銷售員對我這筆生意可能會感興趣的。」說完之後，我抬頭挺胸踏著大步走出那家汽車代理公司。

幾個星期後，我開著夢想中的那台嶄新敞篷跑車，一九七九年出廠的銀灰色火鳥，新穎的紅外線儀表板，再加上引擎蓋上的火鳥圖案，有一台前輪驅動「鳳凰」效率型的車眞是拉風。那台車是我在鄰近小城一家汽車代理商買的，不消說，先前對我態度不怎麼友善的老先生銷售員看到我時，他瞠目結舌無言以對。

坦白說，我以當時的身分，一位年輕才剛出道的牧師，開著這樣一台拉風的車，好像有些不相稱。但我實在無法遮掩自己對龐帝克火鳥的熱愛，這台跑車不單只是一台昂貴高級的交通工具，我因爲買得起，代表我有能力打破藩籬（如那位老先生銷售員的成見），也呈現我個人的獨特品味。

我記得那時我和一位可愛的女人約會，她後來成爲我的妻子，我開著敞篷跑車，車裡雙喇叭音響放著貝瑞．懷特[28]（Barry White）的情歌，銀色烤漆的車身閃亮如純銀，盡顯華貴。我開著那台車在西維吉尼亞州的貝克里（Beckley）城到處溜達，就怕沒人看見我那台拉風的跑車。那時我才二十三歲，年輕的小夥子，開那種車，若說爲了約會目的也不爲過，因爲我希望被人看成是一個「酷哥」而不是只會禱告的「忠厚老實人」。

現在回想起來，那時候我「未來的岳母」傑米森女士允許她的女兒和我約會，其實也不是因爲我開的車有多名貴。幾個月後，我和莎莉塔（Serita）結婚，那台車感覺也不那麼時髦了，一旦成爲家庭用車後，更是什麼拉風的感覺都消失殆盡，你想想如果車上沾了思樂冰，混合嬰兒紙巾的香味，這一台車原有的高貴價値何在也？

後來車子經過幾次整修，我突然醒悟到一個現實，一台車只是一台車，我仍是我，我仍住原來的地方，我的家人也未改變。

買車容易養車難，跑車名貴，一旦買了也立即成爲負資產，貶值速度比用汽油還快。一天我開車回家時，我體會到我不能以開什麼車來定位一個人成功與否，雖然我希望別人因我開的車來評斷我的地位，也許是賭氣，尤其是給那位有眼不識泰山的老先生銷售員看的。不過我也明白我自己一切都才剛起步，事實也是如此，我還有好長的一段路要走，我必須要學習哪些是金錢買得到的而哪些又是金錢買不到的。之後過沒多久，發生一場車禍，我的愛車連帶遭殃。

後來我被公司裁員沒了收入，開始精打細算每一塊錢，我明白金錢非萬能，沒錢卻是萬萬不能，我絕對不能再隨意浪擲一毛錢在貶值的資產上面。任何投資選擇都有可能賠錢，即使火鳥的光芒也會銳減，我將貝瑞・懷特低沉男音的情歌換成艾瑞莎・弗蘭克林（Aretha Franklin）令人振奮的女高音，她這會兒正唱著〈興奮已逝〉（The Thrill Is Gone）爵士歌曲。我開始了解生命優先順序的重要性，我岳母曾說過一句令人深省的話，她說：「教育是昂貴的，貴就貴在那張小小商標而已。」

錢就是答案

㉘貝瑞・懷特（Barry White, 1944-2003），黑人靈魂樂情歌大師，五度獲得葛萊美獎，聲音低沉性感富磁性，詮釋情歌絲絲入扣，令歌迷沉醉。

我們都聽過金錢無法買快樂，無法買到愛，也不能衡量一個人眞正的富有。我也相信這些說法，然而我們若從聖經的角度來看金錢，你可能會覺得很驚訝。我想各位都聽過「貪財是萬惡之根」這句話（提摩太前書六章十節），的確，貪婪與物質崇拜容易污染我們的心思意念，但如果我們再仔細思考金錢與物質的眞正意義，這兩項不也代表當人們要活出新生命追求成功後的結果嗎？我要鼓勵大家去思考這個很實際的問題，有什麼是金錢可以買到的，有什麼是金錢買不到的？

首先，根據聖經教導，金錢可以解決任何問題，對於這個說法你可能會很驚訝，是的，你沒看錯。傳道書記載的內容乃關於生命的意義何在，傳道者這樣寫著：

「設擺筵席是爲喜笑。酒能使人快活；錢能叫萬事應心。」

——傳道書十章十九節（聖經和合本）

你可能在想，如果貪財是萬惡之根，而聖經上又有許多地方提醒我們要謹慎，不要被金錢的力量所牽引，那麼爲什麼傳道書這裡要寫著「錢能叫萬事應心」呢？請你仔細再想一想，傳道者這裡所寫的意思不是指金錢能使你快樂、使你滿足，或爲你帶來平安與舒適的生活，傳道者只是很簡單的回答你，任何你心裡所想擁有的「物品」，只要有錢，一切都好辦，要買什麼都能。

我之所以說金錢可以解決問題乃是因有了錢，我們能有更多的選擇，這是事實。你要如何去想去的地方、你何時要離開、你將來要住哪裡，金錢都是不可缺的生活決定因素。如果你沒有很多錢，你沒有車，你必須要搭別人的便車才能去你想去的地方，你要配合他們的時間表，他們何時要離開，你也必須一起走。因爲你的經濟狀況，你只能住在你現有的居處，有許多限制，然而你就現有的資源盡量過著自足的生活，如我祖母說的那般：「我什麼東西都不缺，因爲我知道我想要什麼。」

通常越是大筆的金額，金錢所發揮的功能也就越明顯，因爲金錢，我們能有更多選擇權。例如特價航空機票經濟艙座位，因爲超級便宜，所以有諸多限制，你何時出發、要搭哪個航班、途中有多少轉機點，這些都在限制內。如果你幸運的話，你要搭乘的航班機上座位隔間不會太窄，你的手肘或膝蓋不會沒地方放，說不定你還有機會可以享受機上的鹹花生零食包。

然而如果你坐的是頭等艙，那就完全是不同的待遇了。你的機票錢也許稍微貴了些，但你可以選擇要搭乘的航班，起飛時間隨你選擇，座位要靠窗還是靠走道也任君挑選，你還可以選擇自己在機上的餐點飲料，主餐要吃牛肉還是雞肉、飲料要白酒還是紅酒，甜點來個起司蛋糕或布丁，統統隨你挑。機上服務人員甚至還會拿來熱毛巾讓你擦手抹臉提振精神，還會親切問你要看《華爾街日報》還是《華盛頓郵報》。

有人說金錢和物質不能使人快樂，但如果你手頭還算充裕，金錢對你來說不是問題，有錢萬事通，許多問題都能迎刃而解。當一個人有辦法解決問題，心裡就會有安全感。擁有金錢的安全感和自由運用金錢讓你可以不再爲錢煩惱，你也能將心力擺在其他的事上，並且享受你生命中非屬於物質的精神生活。

如果你不用煩惱是否有足夠金錢負擔得起重回校園再讀個學位，那麼你就不需要擔心是否要半工半讀的問題。有了錢，你也不會煩惱車子突然故障需要維修所要負擔的高額維修費用，你也不用在年節或特殊日子時拿信用卡向銀行預支現金去買禮物送給孩子或伴侶。

如果你有了充足的財務自由，你將能舒適的過日子，承認這一點，並沒有什麼不好。然而我們仍要謹慎，別認爲只要有錢，我們生活的品質就會更好，若沒有錢，我們什麼也不是——這樣的想法只會讓自己更消極。我發現人們常拿「生命是不公平的」掛在嘴邊抱怨，卻不起身行動去尋找更多能重新定位自己的機會，我們要拋開這種負面思想。

感激無價

大部分的我們在現實中不會去煩惱有沒有下一餐飯吃的問題，也不會擔心今夜是否會開始無家可歸要露宿街頭的問題。也許吃在嘴裡不是你眞正想吃的東西，但我們絕不會讓自己餓死或受苦。我們很幸運擁有生活的基本需要，大部分的時候健康狀況也很不錯。

但是爲什麼我們仍感到不滿足？當我們看見對街的鄰居有我們所沒有的物品，不管是什麼，我們都想要有最新款、最流行的，這是人類天性，總是羨慕別人的好，認爲「鄰家的草地永遠比較綠」。

原本「勤奮工作、享受生活」是很好的，但有許多人明明知道金錢不能滿足一切，卻還是努力賺錢，以銀行存款數字作爲奮鬥目標。他們沒有機會眞正享受生活，因爲他們總認爲錢沒賺夠就不到時候享清福。傳道者在《傳道書》上這樣說：

「貪愛銀子的，不因得銀子知足；貪愛豐富的，也不因得利益知足。」

——傳道書五章十節（聖經和合本）

從我的經驗和觀察中，我發現唯一能保護你不陷入這種感覺「永遠不夠」的黑洞裡，你必須要一直銘記在心——你要去看你已經擁有的部分。

使徒保羅如此告訴我們，我們必須要對現況感到滿足，不後悔過去，也不對未來失去信心。保羅曾經有過貧困的生活，他也經驗過富足，他提醒我們不管在任何景況，無論好壞，都要保有知足的全觀。

「我並不是因缺乏說這話；我無論在什麼景況都可以知足，這是我已經學會了。我知道怎樣處卑賤，也知道怎樣處豐富；或飽足，或飢餓；或有餘，或缺乏，隨事隨在，我都得了祕訣。我靠著那加給我力量的，凡事都能做。」

——腓立比書四章十一至十三節（聖經和合本）

如保羅所經歷過的，他無論任何情況，缺乏也好，有餘也好，都能夠感到知足。我有幸住過許多高級五星級飯店的頂樓貴賓套房，身爲宣教工作者，我也住過教會的同工宿舍，我也曾躺在祖母家後陽台的帆布床上過夜。不管在何處過夜，我都很感激有個棲身之所，因爲我容易滿足，完全不因環境而受影響。

如此觀念對某些人並不容易，尤其是對我們的下一代灌輸這種價值觀念。家族中第一代受教育的人，那些白手起家事業有成的人士，如何讓他們的子孫輩了解他們的價值觀是一種挑戰。雖然我們的孩子聽見我們說的道理，但他們無法體會，因爲他們沒有如我們有的經歷，他們沒有辦法學到貧窮能教給我們的功課。有一位成功企業家轉過身看著他的妻子說：「我們給孩子所有的東西，卻無法給他們那使我們成功的要素。」她看著他問道：「什麼要素？」他嘆了口氣說：「我們所遇過的一切困難與掙扎！」

常常在過節的時候，我會對孩子感到不耐。對我來說，感恩節和聖誕節是家人可以團聚相處的好時光，大家聚在一起吃特別的食物——祖母做的年節特殊風味蛋糕，母親特製的烤火雞和醬料，嬸嬸的烤甜地瓜，好吃的食物擺一桌，說也說不完。每個人都穿著正式像赴宴一般，聚會中大快朵頤、閒話家常。但因我的孩子們平日就過得豐盛有餘，對於這些節日聚會他們也不認爲有多特別。我永遠不會忘記當我看見我的兒子穿著家居運動衫和牛仔褲，參加感恩節家庭聚會時姍姍來遲，手裡居然還拿著一袋漢堡王的速食餐，我差點沒心臟病發作，他們當然被我訓斥一番。

這也是爲什麼我認爲教導下一代正確的價值觀極爲重要。我們要讓下一代知道何謂責任，我們要讓他們先培養一種觀念，先從擁有感激的心開始，做一個會感恩的人。

資本盈利

我認爲克服自滿心理最好的辦法就是擁有感激之心。如果你知道你自己已擁有的祝福是哪些，那麼你要好好把握這一切，甚至與他人分享你所擁有的祝福。「無論任何景況都感到知足」並不表示你就此認命接受現況，並且要你放棄追求更好的未來，而是你知道無論你家車道上停的是福特水星汽車（Mercury）或賓士汽車（Mercedes），你都感到同樣快樂滿足；即使餐桌上擺著高級瓷器餐具而非紙做的回收餐具，你也不會因這樣而高人一等並感到沾沾自喜。

爲你的現況感到知足，要培養這種感恩的心，你首先必須要明白什麼是金錢買不到的，你要知道何謂無價。每年年底到隔年一月的時候，人們都非常忙碌，他們忙著計算他們投資的資本利得（Capital Gains）要繳多少稅，也就是說在出售一切資產（如股票、債券或房產）時，所得利潤需要繳的稅。但有一種所得是計算機無法算出的，聖經上說：「敬虔加上知足的心便是大利了」，先前我們從保羅寫給腓立比教會的書信中得知他無論有餘或是缺乏，他都能隨事隨在。這並不表示使徒缺乏動機或慾望，保羅清楚知道，如果人生要有所得，一個人就必須經歷過掙扎也經歷過成功。

幾乎我所讀的每本自傳，不管是超級名模寫的，還是企業總裁寫的，他們總是以分享他們所經歷過的掙扎爲開場白，並分享他們的價值觀。然而有種資產無須爲其所得利潤繳稅，那就是你奮發向上的精神，一種求善求美的信念，一種內在心靈的滿足。那些你不需要金錢就可以得到的，孩子的笑聲、壯闊海洋的平靜海面，全是上帝賜予我們免費的禮物。

當你檢視自己所有的資產時，你是否將這些無價的事物包含在內？而會爲了你聚會結束後是否安全到家後才能安穩入睡的朋友，以及缺了兩顆門牙帶著燦爛笑容歌聲五音不全的孩子，這些都是無法用金錢來衡量的資產。看看那熱帶島嶼上瀑布從岩石峭壁上奔瀉而下，沒有電源開關，卻有著充足豐富源源不絕的水力。我曾在阿拉斯加看過快樂玩耍的北極熊，牠們沒有在冰上玩滑冰，只是一再重複簡單的動作跳進冰凍的水中，完全無視於坐在豪華觀光遊艇上看著牠們的滑稽模樣而哈哈大笑的遊客，這些北極熊知道阿拉斯加最好玩的地方就在水中而不是在船上。

當一年一度又到了開始計算稅額時，與其帶著焦慮不安的心情，我們可以將心情做個轉換，視這個季節爲感恩季。事實上，我眞的認識一個家庭，他們在報稅表格塡好寄出後才把烤火雞端上桌大家圍坐吃一頓感恩飯，他們爲一切獻上感恩，母親溫暖的手摸著生病孩子的額頭、父親的手搭在你肩膀上陪你站在戶外數滿天的星星、玩大富翁時打敗你的兄弟姐妹，這些溫暖喜悅的感覺都是無法扣減的稅額，它們是無形又無價的資產，並不像股票或投資那類有所得利潤的有形資產。

你會發現人生最美好的事物都是免費的。如果你有實際的資本盈利，你的精神和心靈卻形同破產，你仍是一無所有。想想一些成功富有又外貌俊美的人嚥下最後一口氣前感到絕望心碎，瑪麗．蓮夢露的死、黛安娜王妃的死、海明威舉槍自殺的死，不免讓人也爲其掬一把同情淚。

如果你感到生活裡所遇到的限制都與金錢有關，那麼在你開始清算要如何減輕債務、檢視你僅剩的資源前，你必須看看你已經擁有的哪些資產是不能買賣的。其實擁有快樂所需花的代價比你想像中的少，試想你最近一次做「購物治療」（Retail Therapy）是什麼時候，這是我從女士們那裡聽到的名詞，她們會去瘋狂採購一番以求短暫的滿足感。然而我想問的是，你知道你爲什麼要藉著買東西才能使你覺得快樂嗎？你眞正想要的到底是什麼呢？你想要的是否只是別人對你的認同？或者你想要感到年輕、性感、能吸引人的目光？你是否想彌補先生不常在身邊的被冷落感？還是想補償你童年沒有的一切？

在你努力奮鬥之後，享受你辛勤工作的美好果實並沒有錯，但如果你不停下腳步感恩的去看你所擁有的一切，如果你找不到人與你分享，那麼你是否能眞正享受你的成就呢？在我們進入下一章之前，讓我們一起思考要如何越過金錢的障礙，你何不現在先暫時放下本書，檢視你的資產清單，想想你對金錢的看法，你是否只想買到物超所值的物品？還是你想尋找那些免費無價、能使你內在心靈滿足的事物？

第9章

獅子、老虎、野熊——打敗使你陷入財務困難的敵人

「咬傷你的豈不忽然起來，擾害你的豈不興起，你就作他們的擄物嗎？」
——哈巴谷書二章七節
（聖經和合本）

沒有一個人願意遇上這種情形：在森林裡遊蕩時突然發現自己被一群殘暴的掠奪者盯上並且跟蹤尾隨你之後。試想當你回頭看到南非五大獸㉙漸漸逼近你，你的心中一定充滿恐懼。爲因應本章的需要，我們姑且就減爲三大獸，分別稱牠們獅子、老虎和野熊。而這三大獸只是一種象徵，代表使我們陷入財務困難窘境的敵人，使我們不斷受到壓迫。如各行各業的專業人士入社會後仍要償還學生時代所欠下的貸款，不只貸款問題，還有高額的醫療帳單、未付清的信用卡款等等，壓得我們喘不過氣，這些難道不會使平日勇敢的你躲在棉被下哭著叫媽媽把牠們趕走？

我向你保證，閱讀本章後，你可以不需要再害怕了。

本章的內容可能會使你讀起來感到不自在，每翻一頁，你都恨不得把眼睛遮住，好像看到驚悚片中可怕的謀殺場面那般令人不舒服。然而在本章，你卻會發現一些實用性的建議，能夠有效的幫助你面對問題，前提是你必須要有意願改變，你要在個人態度、投資方法、買賣行爲各方面做調整和改變。你的經理人曼尼最喜歡本章的內容，他已經不止一次提醒你該注意財務

管理的問題，因爲他看見你先前多次讓機會從你身邊溜過，他覺得你不斷浪費時間懊悔，卻又從未採取改變行動。

請別在意，我這麼說並不是要你有罪惡感，而是給你建議和改進方向；我不想讓你感覺羞愧，我只想提供解決辦法；我更不願你感到恐懼，我希望藉此提振你的信心。當我們學習如何理財，我們就能感到前所未有的釋放與自由。這並不表示你從此就變得富有、再也沒有金錢上的煩惱，而是因你終於肯面對問題並且知道以何種策略對付問題，你會有一種安定的掌控感，不再感到危機臨頭無所適從。

我們先前已經談過，金錢和物質無法帶給你眞正的快樂、平安、喜樂，也沒有辦法使你成爲更好的人。有了金錢，我們只是可以有更多選擇機會，也能夠更有彈性將金錢運用在生活中各個層面。但不管你搭飛機坐的是頭等艙還是經濟艙，你還是你，並沒有因爲艙位等級不同而有什麼改變。許多身穿亞曼尼西裝（Armani）和杜嘉班納名牌服飾（Dolce & Gabbana）的人也沒有因此過得如上流社會人士悠閒的社交生活，他們有的就像憂心煩惱的會計師，成日忙碌緊張、超時加班，在數字堆裡忙著幫那些有錢有名聲的公眾人物計算稅額、財產轉讓等工作，而私下這些上流社會人士卻在所謂的財務操作與做假帳兩者差別一線間賺取豐厚利潤。

如果你對理財沒有計畫，要活出新生命就會非常困難。如果每一次談到消費習慣，你就感

㉙ 著名的南非五大動物（Big Five）分別爲獅子、花豹、大象、野牛和犀牛。

到恐懼、羞愧和內疚，那麼這表示要去你夢想中的巴哈馬群島旅行將成爲艱鉅的計畫。不只在旅行方面，如果你想要到學校夜間部進修，或你想帶你的孩子們去迪士尼樂園，你會因理財不當或缺乏經費而無法如願。理財是個人生活中的必要工作，從一個人的理財態度可以看出這個人的個性與價值觀。的確，金錢不是人體重要器官，沒有錢，生活不會像身體失去器官就產生功能障礙，然金錢卻如養活體內細胞的因子，能提供養分、礦物質和氧氣，是身體能量來源的必要元素。

當你在閱讀本章時，讓我們把恐懼、罪惡、羞愧這些感覺放在一邊，別讓這些負面感覺消耗你的精神，如果我們開始掌握自己的財務管理，爲每一筆消費負起責任，你將能夠活出新生命，擁有更多金錢資源，你可以有計畫的朝你的夢想目標前進。

綠野仙蹤

我希望你能將對理財的恐懼感放一邊，請你別以爲我這麼說表示理財不可怕，當我們看到理財的重要性後，而你也打算要好好著手進行理財工作時，你會發現工程浩大，讓你感到裹足不前。如果我不能存夠孩子上大學的費用怎麼辦？如果我沒有加入退休金計畫（401k是美國於一九八一年創立的一種延後課稅的退休金制度。由於相關規定明訂於國稅條例第401（k）條中，故簡稱爲401（k）計畫），也沒有足夠的退休金可以養老怎麼辦？如果我沒辦法償還卡債怎麼辦？我應該用自己僅剩的所有存款先把卡債還清嗎？我這個月該如何付清所有帳單呢？

我小時候最喜歡聽的童話故事裡，其中之一就是《綠野仙蹤》。你可能覺得自己正像桃樂絲，和她的好朋友們稻草人和錫鐵人踏上尋找回家之路的旅程。他們經過森林時被飛猴捉住並且被載起來飛上天，又遇到想把他們當晚餐吃的熊，所以他們在穿越黑森林時一路哼哼唱唱自編曲「獅子、老虎、熊，唉呀！我的天啊！」以減低他們內心的焦慮。不過最後他們還是遇上了獅子，沒想到卻是一隻膽小的獅子。

雖然桃樂絲一開始很害怕，但她很快地發現獅子更怕她。我很喜歡這一幕，因爲好像是我們生活的寫照，我們怕黑、怕未知的一切、這裡擔心那裡瞎猜的，等到我們眞的遇上了，卻發現我們其實可以輕易解決問題。桃樂絲心中只有一個信念，她知道她必須要勇敢面對挑戰，不只要面對獅子，還要對抗壞女巫和怪獸。她學到要對付未知的方法就是勇敢且不遲疑的前進，只有經歷過後才知道該如何爲下一次做好準備。

桃樂絲讓我想起聖經中的一個人物，他的生命旅程非常奇妙，他不斷克服困難、戰勝恐懼，聖經上描述這位由牧羊人成爲國王的大衛是個「合上帝心意的人」，且「凡事遵行上帝的旨意」（使徒行傳十三章二十二節）。當大衛還是年輕的牧羊人時，上帝揀選他成爲以色列的國王，然而成爲國王前，大衛卻要完成挑戰巨人哥利亞的任務。巨人哥利亞的威名令人聞風喪膽，以色列的整支軍隊沒有一個人不感到害怕，沒有任何人能夠對抗這位巨人。此時一名看似弱不禁風的年輕牧羊人大衛，他是家族裡年紀最小的，正要幫他的兄長們送便當，剛巧遇上與巨人戰鬥的機會。大衛初生之犢不畏虎，志願上陣且有信心能將哥利亞擊敗，首先他還得說服當任國王掃羅讓他上戰場，證明他並非空口說白話。讓我們看看聖經上的這段記載。

大衛對掃羅說：「人都不必因那非利士人膽怯。你的僕人要去與那非利士人戰鬥。」掃羅對大衛說：「你不能去與那非利士人戰鬥；因爲你年紀太輕，他自幼就作戰士。」大衛對掃羅說：「你僕人爲父親放羊，有時來了獅子，有時來了熊，從群中啣一隻羊羔去。我就追趕牠，擊打牠，將羊羔從牠口中救出來。牠起來要害我，我就揪著牠的鬍子，將牠打死。你僕人曾打死獅子和熊，這未受割禮的非利士人向永生神的軍隊罵陣，也必像獅子和熊一般。」大衛又說：「耶和華救我脫離獅子和熊的爪，也必救我脫離這非利士人的手。」掃羅對大衛說：「你可以去吧！耶和華必與你同在。」——撒母耳記上十七章三十一至三十七節（聖經和合本）

大衛有充足信心擊敗令人懼怕的巨人哥利亞乃是因他已經有了擊敗其他威脅的經驗，他將過去所面臨獅子和熊的挑戰視爲上帝給他的訓練機會，一切預備乃爲了今日的戰役，這位未來的以色列君王保護他看管的羊群，從惡獸口中救出每一隻羊，別人眼中視爲不可能的任務，他卻毫無畏懼勇往直前。

我相信這就是我們要活出新生命的精神，我們從檢視自己的財務狀況開始，認清金錢的意義與我們的生活目的，我們必須面對每一天的恐懼與害怕，大衛要先殺死巨人哥利亞才能成爲統管一切的一國之君。我認爲的成功定義並不是只在於擁有財富，還包含了奮鬥的精神，當我們面對生命中的巨人哥利亞，我們要有勇氣挑戰這看似不可能的任務，我們要拋開心中的恐懼不安，進而奮勇迎敵，打敗那些橫亙在我們夢想與目標前的所有障礙。

我永遠不會忘記我輔導過的一位婦女朋友，當時我在路邊看見她坐在自己的車裡啜泣。她的車輪爆胎，車子撞進了路邊的水溝，她感到非常沮喪。她告訴我：「坐在車裡，外頭下著雨，我卻沒有能讓我打電話找幫手的對象。我不知道該怎麼辦？我沒有錢可以買新輪胎或是修車，我越想越難過，然後就開始想我這一生一定找不到一個愛我的人，我永遠也沒辦法還清所有的債務。」

從車子爆胎聯想到將找不到一個可以珍惜愛她的人，這種例子可能很極端，這名婦女朋友自己也知道，相信很多人也有過像她這樣的情緒起伏。我們被小事煩擾，心亂如麻，要如何應付其他的大問題更是一個問號。我認識一些百萬富翁，他們因爲連續幾期錯過房貸和車貸的繳款而被收款公司催繳。爲什麼呢？因爲這些百萬富翁根本沒有打開帳單、計算該繳款金額，把這些貸款編入預算之中，然後每個月定時繳款。他們難道沒有足夠的金錢繳款嗎？並非如此，而是他們沒有預先計畫安排，於是落到這般光景，像這些原本可以預防發生的狀況，如果你要活出新生命過更好的生活，你就要先改正拖延的惡習。

越多越快樂？

你放心，並非只有你如此。我看過一些有錢的生意人，穿著筆挺西裝，應徵高階管理階層的工作，實際上他們過的生活卻不像外人想像的光鮮。現在要在社會上找工作，公司會先查你的信用紀錄，這是徵才必經步驟，你會驚訝的發現這些打扮體面的應徵人員有許多人都是債台高築，他們的信用紀錄坑坑疤疤像染了痲瘋病似的。

從白領階級到藍領階級都是如此，問題就在於有錢人和不怎麼有錢的人都太愛花錢了，以至於花費超支。這些人外在雖然穿得有品味，內心卻爲了花錢無節制將面臨財務危機而感到害怕。我們來看看美國經濟中，有很大一部分國民生產總值是「花掉」的國民消費，過度消費的情況使得許多消費者負債累累。不只個人，國家也面臨高額負債的危機。從各個社會福利措施到社會安全保險方案（Society Security Program），我們看到的都是過度消費的現象。許多公司因財務危機而必須裁員求生，政客們卻不斷增加稅收想藉以減少預算赤字。不管企業主管還是政府官員，他們所採取的行動都是爲了長遠著想，希望能透過預算編列與執行以達成未來的計畫目標。

所以無論是白人、黑人或是西班牙裔、亞裔，我們都要彼此幫助，一起遏止不良的消費習慣以免債務纏身。

身爲非裔美人，我特別擔憂有色人種的消費習慣。非洲裔美國人不良的花錢習慣，甚至比花錢習慣還更糟糕的投資方式就像傳染病一樣蔓延。根據美國一份市場行銷公司專門追蹤黑人族群消費習慣的《目標市場新聞》（Target Market News）報導，我們黑人每年花在折舊項目的消費品如汽車、服飾、酒精性飲料、日用品的錢遠比其他族群來得多。二〇〇一年發生九一一攻擊事件後，美國經濟受到重挫，當時非裔人民仍然花上二百二十九億美元買服飾、一百一十億美元買家具（通常爲了裝飾租屋之用），以及超過三億美元的金額買電子產品與玩具。二〇〇五年我們也花了將近四百七十億美元的金額購買汽車，以致有些汽車製造商如林肯汽車公司視黑人市場如一塊大餅，專門針對我們推出運動型多功能汽車，車內有多種先進設備如電漿顯示器、影音光碟機，甚至還有電動遊戲機（PlayStation）。根據美國《全國都市同盟》（National Urban League）發布的《二〇〇四年美國非裔狀況》報告指出，少於百分之五十的非裔家庭擁有自用住宅，大大不同於百分之七十有自用住宅的白人家庭。

我們非裔族群在哪些方面削減支出？令人難過的是，二〇〇〇年至二〇〇三年間，非裔人民對於買書消費更不踴躍了。根據總部設於底特律（非裔人口在該市佔百分之八十）的《電子文摘》雜誌其中一篇黑人記者的報導[30]：「希望自己的慾望馬上獲得滿足，消費目的在於追求社會認同，這種短視的消費行爲，我們的下一代將爲其付出代價。」阿門！我眞是太贊同這樣的說法，我完全相信我們唯有藉著提高警覺，在消費習慣上做徹底的改變，才能避免將來會面臨的生活危機。

其他人口族群也和我們一樣，在這種令人氣餒的統計數字裡掙扎。我們都有不良消費習慣的問題，少數民族要努力克服自我偏見，然而社會的眼光卻使我們窒礙難行。

問題不在於非裔美人缺乏紀律，通常當人被看輕貶低、遭人排擠，這時候他們反倒羨慕那些壓迫他們的人，所以他們藉由花錢這種捷徑去獲得立即的心理滿足。看到一樣物品就想馬上擁有的衝動會讓人做出不當消費，其實都是由於缺乏理財知識與訓練而產生的錯誤行爲。當我們慾望不止，我們就會不斷的購買我們認爲需要的物品或是我們想得到的東西。我們的祖先剛到這片土地開墾時，他們隨身帶著一塊招牌，上面寫著「我願以勞力換取食物」，他們成爲奴隸出賣勞力以求一頓溫飽，雖然現在已經廢除奴隸制度，但影響力依舊存在。我們的祖先不能教導後代子孫關於理財的觀念，乃因他們從未擁有財富。

---

[30] 此篇報導標題爲〈黑人消費習慣〉，出處網址爲：http://www.amren.com/mtnews/archives/2006/02/black_spending_habits.php。

廣告業者針對非裔人口花了上百萬美元的預算刺激購買慾望，卻很少有人花教育經費教導我們何謂財富原理，且讓我們知道在經濟蓬勃發展時要如何保持管理財產。最近一期的《今日美國》（USA Today）裡的一篇文章就指出，美國因爲經濟成長國民家庭稅後收入即將要達到八千億美元總額。

理財要從家庭做起，然而當一個家庭支離破碎，父母本身也不知道該如何理財，孩子們有樣學樣，同樣也不知道要如何管錢。孩子們看到了什麼？他們只從來家裡的訪客們或是教會裡的牧師們身上看到那些光鮮華麗的行頭，卻沒有人教導他們要如何賺取或管理財富。如果你想要過像那些赫赫名流的生活，你卻不知道要如何以實際的方法達成目標，比如你花太多錢在那些會折舊的商品上，卻忽略投資其他無法很快轉換成現金的固定資產，你充其量就只是過著一種虛有其表的生活方式。

光鮮亮麗的外表卻毫無經濟能力就如同懷孕婦人的假性陣痛，她感覺自己在陣痛好像快要生了，其實肚子裡的小寶寶還沒預備好，她趕到醫院急診室生孩子卻空手而回。同樣地，擁有鑽石和皮草不能代表你有錢，有可能因爲你買了這些東西後就破產了。我會不斷地重複教育這種觀念，直到我不再看見一些人的公寓門口停著保時捷跑車。每當我看到有人把義大利名牌Prada鞋子扔在床鋪下而臥室居然沒有衣櫃的時候，我就感到厭煩不堪。雖然知名品牌如St. John的服飾和Jack McConnell的帽子品質精緻，但等到你爲了買這些名牌商品而把錢花光時，你會恨不得把帽子當麵包吃掉以餵飽肚子。爲什麼空軍一號（Air Force One）限量版的網球球鞋會穿在那些連學校用書都買不起的人腳上？如果我主持一位牧師的喪禮，發現他鞋櫃裡鱷魚皮的鞋子比沼澤裡的鱷魚還多時，而我們卻要向會眾收取特別奉獻贈與他未遺留保險金的遺孀和孩子們，我想我會尖叫大喊「天啊」！

我們國家必須要爲窮人做更多的事，但如果只是靠著熱心的鄰居以及政府的社會福利補助，仍然無法消弭貧窮的問題。若不藉教育理財觀念或了解這些在生活中掙扎的良師指引，任何慈善捐款福利補助就好像把水倒在生鏽漏水的桶子裡。不當的理財方式會讓你不分多寡的收入存款漸漸漏空。

學習正確的理財觀不只爲自己著想也是爲我們的下一代著想，我們要知道如何負起理財責任。記得我小時候，我的祖母把一個舊的咖啡罐當作她的存錢筒，她把存錢筒放在廚房碗櫃最上層。買雜貨剩下的零錢、多餘的零頭、別人送的禮金全都放進那個筒中。她就這樣不斷地存，存到最後居然也有一筆不小的數目，等她覺得有需要汰舊換新一樣廚房用具或是爲她的兒孫們買冬天穿的厚外套，她就會從存款筒中拿出需要的金額。現今社會，不再有許多人像我祖母一樣在咖啡罐裡存零錢；反之，他們不是每天花錢買一杯路口星巴克咖啡店的熱拿鐵，就是買一雙名牌鞋或一瓶紅酒。請別誤解我的用意，我不是反對這些商品或不贊成偶爾花一點小錢犒賞自己。然而當我們一旦養成如此沒有節制的消費習慣，我們有可能會陷入債務問題，甚至終有一天宣告個人破產，因此我們一定要改變我們花錢的習慣。

金錢價值觀

我相信，若我們一旦開始不良習慣，我們就會陷入惡性循環，好似平靜海面下的洶湧暗潮，隨時可能將你吞滅。那麼要如何離開險境呢？我想從本章內容中，提供你一些秘訣與策略，讓你知道要如何擊退快要撲向你的獅子、老虎、野熊。下一章則會更實際的告訴你該如何對付債務問題，尤其是將我們逼得喘不過氣來的房貸問題。

上帝是有條理、有秩序的神。如果你願意讓上帝帶領你的生命，那麼你將會一步一步的邁向目標。一個人的好名聲就是最好的榮譽，沒有個人信用問題就是給自己最好的獎賞。我不知道上帝是否要讓你成為有錢人，但是祂的確教導過我們要保持好名聲，特別是在商業往來的社會裡，好名聲勝過一切。以下是幾道簡單的步驟，可以幫你彌補、挽回、改善你的名譽，只要你按部就班的執行，你就能活出新生命。

看著鏡中的你，告訴自己你是有價值的人

我想表達兩件事，第一、你必須誠實面對自己和對於金錢的態度。我鼓勵你寫下心裡的感受，然後找一個可以分享的人——朋友、家人，或是教會裡的任何一個人一起討論。你對自己和對他們都要誠實，別編謊言或為過去的錯誤找藉口。如果你過去在與人交際和餐廳外食上浪費不少錢，你要坦白承認不要隱藏。你要如何避免重蹈覆轍？這裡並不表示你從此以後再也不能外出交際，而是要如何使你的內在得到滿足，不藉著外在的刺激歡樂得到短暫的慰藉。

第二、我想鼓勵你把關於金錢的問題攤開來明說，就當成是個人查帳的工作，我們對事不對人，你有無財產並不表示你個人價值高低（遺憾的說，在美國文化裡似乎很難將兩者分開而論），我們這裡要看的是你的資產總值。把你所有的債務一條條列出，不只有卡債、汽車貸

款、房屋貸款等。你是否曾經爲了某些因素而向親戚借錢周轉呢？你的學生貸款是否尚未還清？如果要清清楚楚了解自己的帳務，有一種比較殘忍的做法就是你可以申請一份個人信用報告。

你是否知道根據法律規定，你可以每年免費申請一份個人信用報告？沒錯，事實上，美國三大消費者信用調查機構——Experian、Equifax、TransUnion已通力合作設置網頁，你可以隨時上網查詢信用報告（Credit Report）及信用分數（Credit Score），他們的網址是www.annualcreditreport.com。在那個網頁上也清楚說明何謂信用分數，一般來說，分數越高代表你的信用越好。

你會希望讓自己的信用分數能夠在六百分以上，那是非常好的數字，代表你的信用良好，若向銀行貸款也可以得到最佳的利率。要得到好的信用分數，你必須在繳款截止日前繳清每筆款項，若你曾經因某些因素延遲繳款，你或許可以附上說明，比如你因疾病、受傷、失業等等無法準時繳款。而透過信用報告與信用分數，你也有機會發現一些你不知情的問題，例如百貨公司因爲作業疏失問題，你已經在去年底付清百貨公司信用卡款也結清戶頭，但卻出現你的款項尚未繳清的問題，這時你要馬上直接和百貨公司連絡，請其修正錯誤，更正你的信用分數。

很多時候人們認爲使用信用卡不好，所以就不申請任何信用卡。事實上信用卡也不盡然像那些人想像的糟糕，全在於你如何使用它。如果你不斷刷卡消費血拼，你只會陷得越來越深，信用卡變爲一種束縛，最後你因未能還清的卡債而被綁得動彈不得。然而如果你運用得宜，信用卡能帶給你良好的信用紀錄，將有助於你置產投資與銀行的關係往來，最後因你的智慧理財而能為你帶來財富。我們在下一章會討論關於購屋置產等內容，但現在你要試著先改變你對個人信用的看法。

接受改變需要時間，不可能一夕之間達成目標

想想我們若要實行減重計畫需要的是生活型態的改變，而非僅六週的節食計畫就能達成。你不能用過去的那一套方式，三天捕魚、兩天曬網，興致一來你開始運動幾天，你會感覺很不錯，有些時候你卻需要強迫自己到健身房去，該運動而沒運動時，你就找藉口原諒自己。你禁不起誘惑吃了甜點布朗尼蛋糕，上頭還加了好幾球Häagen-Dazs香草冰淇淋，你明明知道這樣做，對你的身體和內心會產生的影響是什麼。同樣地，要脫離債務也是如此，我們每天都需要飲食維持生存基本需要，我們也需要金錢才能過生活。你要改變用錢的態度，雖無法一蹴可幾，但你可以從現在開始有所行動。

不管能存的錢有多少，你要開始存錢

找一個咖啡罐開始每天存一美元，你就要犧牲休息時間買的汽水或咖啡，如果你要這麼做，就從今天開始吧！如果你還沒有一個存款帳戶，那麼去評估附近幾家銀行，看哪家銀行有最高的利息和最低存款金額，別忘了也問清楚服務費用，提前解約的違約金、電子轉帳的手續費等等。如果你已經有存款帳戶，那麼你可以考慮是否要將一些存款拿來投資高獲利的股票或基金，若經濟狀況許可，你也可以藉由投資房市賺取更大利潤。

重點就在於要開始儲蓄的習慣，一旦你有了儲蓄習慣，你會感到安心。若你把買一條新口紅、一份雜誌、一件新衣的錢存進存款帳戶，不管這個存款帳戶是一個空罐、銀行戶頭、櫃子的抽屜或是檔案夾裡，然後腦子裡想著你存這些錢的長遠目標是什麼，你雖得不到花錢消費即時的滿足感，但你已經慢慢地往更大的目標前進。你必須要學著克服自己的衝動，看清楚自己的內在，你在職場上的不安全感是否眞的能藉著名牌服飾得到釋放？你另一半對你的冷淡是否能藉著一件性感睡衣引起他對你的注意？如果你不去了解自己爲什麼要花錢，你就永遠無法學習有效的存錢法。

即使只多繳一美元，也要繳比信用卡最低應繳金額還高的數字

你知道如果你繳信用卡費只繳最低應繳金額，你可能最後要付的金額是你原消費額的兩倍。你想買的那台攜帶型數位多媒體播放器iPod，你願意花比原價多五倍的金額去買，然後分十年來償還嗎？我會建議你從現在開始養成習慣，每次付信用卡費時，繳的金額一定要比最低應繳金額還多，甚至多一美元也沒關係。如果你可以付比最低應繳金額還多十美元，那麼你去多付十美元。即使多付一百美元後，這個月生活會稍微難過些，你還是去做。你要怎麼過生活全在於你自己，下次以信用卡購物簽名前還是三思而行吧！

你要知道如何能付清信用卡債及其他債務，專家們有不同的建議。行銷專家蘇絲・歐曼（Suze Orman）曾在全美最大型基督徒聚會MegaFest的活動中爲我們帶領無數場次的理財講座，她寫過許多關於如何成功脫離債務的書籍，她鼓勵讀者要將債務排定償還優先順序，先把

高利率的債務還清，再逐一還清其他債務。

其他專家也提供各種激勵工具，理財大師戴夫・拉姆西（Dave Ramsey）則是鼓勵讀者要先還清最小金額的債務，因爲你一旦還清一筆債，你會感到自己有能力還債，你再繼續償還下一筆稍高金額的債務，換句話說，他的方法是爬樓梯往上一筆一筆的還清債務。他把這種方法稱作滾雪球，因爲這種方式能增強你的自尊，因爲你能親眼看見你積欠的債慢慢一筆筆被勾銷。

這裡所說的方法並非人人通用，我希望你能自行做些研究，上網、到圖書館，或去書店，找到適合自己且又可行的方法，而這方法對你眞的行得通，那麼你就開始進行還債任務吧！

該用的還是要用，但是哪些地方還可以再省一點？

另一種可以幫助你改善花錢習慣、養成存錢習慣的方法就是讓你不花很多錢就能得到夢寐以求的物品。就如每個人對性和政治的看法不同，人們對於金錢也抱持不同感覺，我們應該要學著如何去管理這些慾望。當我們花錢不正當而產生問題的主要原因乃在於我們沒有看清自己眞正的需要是什麼。你可以嘗試用其他方法去滿足內在需要，而非只有藉著金錢來滿足自己。

你是否需要一個人靜一靜？也許把去海灘度假一星期的計畫改成在家度假，在自己居住的附近找處景點，外出用餐一兩次，爲家人找些好玩的娛樂活動。也許你也可以提早計畫要爲家人準備什麼聖誕禮物，所以不會擠在年底花一大筆錢刷爆信用卡。又或許你可以請自己在安靜的小咖啡店喝一杯咖啡，而不是到星巴克（Starbucks）連鎖店去喝一杯五美元的義式調味咖啡。其實你眞正需要的是休息，你又爲何花錢買拿鐵咖啡呢？也許在附近公園散個步還比咖啡因能讓你提神得多呢！如果你找出自己眞正的需要，那麼你會比較容易知道自己是否眞的需要花錢買東西。

當感到誘惑、害怕、不知所措、難為情時，記得找情緒發洩出口

因我們的感覺常在金錢使用上扮演很重要的角色，因此我們要知道如何適當的處理情緒。要在你的理財生活上活出新生命，你必須要找一位可以諮詢的人幫忙，尤其當你忍不住想要大肆揮霍一番時。就如同成癮者在戒斷過程時需要有人在一旁支持，特別是當那些曾經也是成癮者而以過來人成功戒斷經驗的幫助最爲有效。當你有問題時，你需要有人可以給你答案。

在你又犯癮把持不住時，這位過來人並不是監督你、叨唸你，而讓你感覺羞愧。我會建議你，別找那些會讓你感覺愧疚、羞恥、害怕、不安的人當你的諮詢者。你需要一位能鼓勵你的人，因爲那人曾經也和你相同，所以知道你所面臨的掙扎與痛苦是什麼。也許你可以定期與他會面討論並評估你的進展，此人就像爲富人工作的會計師，幫你查帳、處理稅務問題並提供諮詢服務。你這位朋友可能沒有關於你所有財務上之詳細資料，但他可以在你對「貂皮大衣買一送一」的促銷廣告心動下及時拉你一把、不讓你被誘惑沖昏頭。他們會在重要關頭提醒你：「你買這件貂皮大衣在鳳凰城[31]能派上用場嗎？」或「你不是已經有一個相同顏色的手提包了嗎？」

[31] 鳳凰城（Phoenix）位於美國亞利桑那州，冬日平均氣溫爲攝氏十五、六度。

應當要未雨綢繆

我們最常遇到的麻煩就是無預警的突發狀況，例如車子的變速器故障、電腦硬碟掛掉、本月汽油費突然飆高三倍等，如果你每個月都是月光族，賺的薪水不夠用，你有可能就會使用信用卡預借現金過日子，這是非常可怕的做法，因爲你要付的利息可能遠比你預支的現金還要高，不管是向銀行預借現金還是透過其他管道借錢，你累積要付清的利息最後都是一筆大數字。雖說向朋友、父母或是同事借錢周轉並不爲過，但你應該要把它當作是最後的求助途徑。這種透過親友關係的金錢周轉常會使得雙方關係變爲複雜，更糟糕的是有時候雙方甚至會爲錢翻臉、從此分道揚鑣。

如果平日就未雨綢繆、存小錢做預備以應不時之需該有多好。遇到突發狀況時，你不會措手不及，擔心該如何付一筆額外支出，如果預先做好準備，你會感到安心而不會沮喪著急，甚且你的生活目標不會因這些突發事件而需要改變。

不要消極，要正面思考

正面思考需要有方法，尤其當我們遇上財務危機和任何與金錢有關的問題時，正面思考更不可缺。我們可以採行一種特別的策略——看我們有什麼，而不看我們缺什麼，這種想法和消費時代文化中廣告媒體的觀念背道而馳。我們不斷被灌輸上市的新產品，被吸引去消費購買，廣告說服我們若買了某某產品後，我們的生活會變得更美好。餓了嗎？看看那多汁美味的漢堡廣告或是龍蝦大餐宣傳。寂寞嗎？看看那些在餐廳或俱樂部裡歡樂的人們。緊張嗎？沒有安全感嗎？害怕嗎？覺得自己不夠吸引人嗎？這種情感上缺乏的感覺多得不勝枚舉。

然而一旦你有正面思考，帶著感恩的心過每一天，你看到的是自己已經擁有的部分，而不是缺乏的部分，你就會發現那些要你消費花錢的廣告沒有機會滲透到你的生活中。你心裡知道一條新項鍊不會使你變得更美麗，你會知道不是到餐廳消費就能夠克服寂寞。要證明你的才能或地位不是只有藉著一款新的公事包或一台賓士。如果你已經知道你並沒有缺乏什麼，你購物消費時就會非常節制，你必須認清：金錢無法彌補一切。

我們將繼續談到更多關於理財會遇到的障礙，尤其是房貸問題，在下一章會提到要如何克服這些問題，同時我們也會談到退休計畫、房貸選擇、節稅致富等主題。但我要鼓勵你，在此先停下來好好想想你目前的財務情形。你是否有目標計畫呢？你是否希望明年此時和現在的情形有所不同呢？

很多人喜歡做一夕致富的白日夢，幻想自己有機會中樂透或收到姑姥姥還是嬸祖母的巨額遺產，但你是否知道即使你眞的突然成爲大富翁，你對於金錢的觀念和做法並不會一朝改變。理財上的活出新生命不是讓我們賺更多的錢，而是讓我們知道如何做計畫、做預算，讓我們爲明日做好預備。富人也需要計畫，即使他們請專人幫忙，也不見得能管理好所有財產。我眞希望你有機會和哈默（MC Hammer）[32]聊聊，他個人有親身體驗能告訴你錢財如何不可靠，

[32] 哈默（MC Hammer），美國九〇年代初期經典饒舌歌手和舞者，曾擁有三千三百萬美元的資產，卻因揮霍過度、花錢不當，舉債一千多萬美元後因無力償還而宣告破產。

他的故事讓我們體會到世上許多事都是轉眼成空，每個人的生命中都可能遇到損失。我個人猜想，這也是爲什麼當我們聽到惠妮．休斯頓（Whitney Houston）唱的那首歌〈我們曾經擁有〉（Didn't we almost have it all?）時會有感同身受的感覺——「幸福曾近在咫尺，我們卻只能眼睜睜看它離開……」

親愛的朋友，你應該要爲你自己好好的打算，你要爲你的生命負責，你要過得充實滿足，不是只有藉著銀行存款的增加才能快樂。如果你已經有計畫，那麼你可以重新檢視你的計畫，看看哪裡需要改變。捫心自問你的計畫是否行得通？是否在達到目標的過程中有其他選擇？如果你沒有理財方法或其他可行的計畫，那麼我鼓勵你從今天開始吧！就是現在，刻不容緩。如果我告訴你，你罹患絕症，你一定會馬上去就醫看診做立即的治療。同樣地，債務和理財方法錯誤就如同癌細胞一樣會蔓延，如果不處理的話，就會威脅生命，破壞我們的生活，毀損我們的夢想。千萬不要讓這種情形發生，你可以讓自己活得很健康、很美好。曼尼經理人相信你可以做得到，我也是。

我想以這個簡單的禱告作爲本章的結束，我希望在我們進入到理財的奧茲國前，能以這個禱告當作保護，免得那些小侏儒破壞我們的計畫。

「親愛的上帝祢賜予我們這個居住的星球，已經有幾千萬年，甚至幾億萬年之久。請讓我知道該如何緊握祢賜予我的這一切。如同祢救贖我，請祢幫助我也度過財務難關。賜給我方法，讓我知道該如何活出新生命，重新有機會。幫助我在讀了這些建議後，能夠知道要如何應用在我的生活中，讓我能享受豐盛的生命。我知道祢是一位願意給第二次、第三次機會的上帝，我現在就需要一個機會，我要棄絕過去的錯誤，棄絕那些使我陷入難關的不正確消費習慣和資訊。謝謝祢成爲我的幫助，謝謝祢再次給我機會重新開始！阿門。」

第10章

面對巨人

「這樣，大衛用機弦甩石，勝了那非利士人，打死他；大衛手中卻沒有刀。大衛跑去，站在非利士人身旁，將他的刀從鞘中拔出來，殺死他，割了他的頭。非利士眾人看見他們討戰的勇士死了，就都逃跑。」

——撒母耳記上十七章五十至五十一節（聖經和合本）

如同大衛一般，我們曾經也面對過巨人，那些高額的負債如雪球般越滾越大，使得我們招架不住、無法應付。事實上，每個月我們都會和債務巨人打照面，只是因為距離的關係，這位債務巨人看起來並不那麼可怕。相反的，它面帶微笑，還對我們眨眼睛，它肩上扛著凡娜·懷特（Vanna White）所主持節目「幸運輪」（Wheel of Fortune）中的那塊字牌，不管是我們夢想中的一幢房子或是一台讓我們可通勤的車子，也許是能載我們週末休閒時到湖邊或海邊度假的一艘新遊艇還是一輛拖車，債務巨人總是站在一旁為我們把關，它遠比我們還了解我們內心所想要的這些物質享受。

我們先前提過，這些外在的物質不只會控制我們的情緒，也會影響我們的自我價值、自我形象與自信心。債務巨人知道當我們住進有管理員的高級住宅，或是出入開著一台豪華房車，手鍊上的鑲鑽比夜晚的星空還閃亮時，它完全清楚知道我們內心的想法，因為這些物質代表著我們不同的身價，使我們的身分越顯高貴。

在我們更進一步了解要如何避免積欠債務和克服物質誘惑前，我想聲明一點，我並不認爲擁有房產、汽車和個人物品是件壞事，想居住在治安良好閑靜的高級住宅區也並非壞事；想擁有一輛新款的昂貴跑車或是一只經典的卡地亞（Cartier）骨董名錶並不表示你是一個貪圖享樂或自私自利的人。我想說的是，除非你看這些物質高過一切，以外在所有來衡量一個人的價值，否則物質本身並不是一個罪過。

若你以精力、時間和金錢去換取那些你以爲能爲你帶來生活品質的物品，卻買不到平安、滿足和愛，基本上就等於和撒旦達成一種交易。我並不認爲一個人負債就是違反聖經原則或被魔鬼所牽引致使的結果。事實上，我反倒認爲一個人能利用負債爲未來積蓄財富且增加消費能力。我想表達的是，當你賣命工作賺取薪資收入，卻用來買那些無法滿足你內心需要的外在物質，那麼你的人生就出現了問題。

諷刺的是，你擁有了那些物品，內心卻感到更多擔憂、恐懼和焦慮，那種感覺就好像冰箱裡放了一條腐敗的魚所散發出來的臭味，久久揮之不去。你我皆知那種感覺，當我們每個月收到信用卡帳單看見繳款金額又增加，或是不得不爲車子換新輪胎卻不知道是否能在該月十五號前繳一筆貸款，還是你花了大錢買遊艇卻沒時間出海享受乘風破浪的愜意時，特別當我們以信用卡付款後，我們都應該知道在物質背後所付出的無形代價有多大。

這也是我們餵養債務巨人的方式，我們自食其果，使債務如滾雪球般越積越多，到一個地步，雪球滾成了一個大雪人，若是突然崩塌的話，後果可不堪想像。不管是先試用後購買的設備，還是無須付頭期款的分期貸款、純付息貸款或延期付款，債務巨人知道要如何讓自己長得又強又大，它所需要的養分就是我們的慾望，我們想擁有更多物質卻同時擔心要如何支付的問題，債務巨人樂於見到這種內心掙扎，於是它讓滿足慾望的管道變得更爲通暢，我們多借貸，它就多長大一呎。

很快地，我們就成爲債務巨人所逼迫的奴隸，我不喜歡使用這個譬喻，我知道我們的祖字輩甚至他們的上一輩能完全了解成爲奴隸的感受，然而我之所以用這個詞彙乃是因爲債務逼迫得我們如奴隸般，將我們的精力壓榨得一乾二淨。我們在半夜驚醒，爲那些已經消費購買的產品（有些甚至已經不堪使用被丟棄）擔憂要如何還清借款，是否付得出信用卡最低繳款金額？當我們回想起當初衝動購買時，更讓我們覺得當初自己是否吃錯了什麼藥！如同一個無法自拔的成癮者，因爲對自己戒不掉的習慣感到羞愧，我們並不想讓別人知道我們的問題，所以拒絕把自己面臨的財務難題攤開來說，導致旁人想幫也幫不上忙。

但是我們必須認清一個事實，因爲債務困難將導致我們無法活出新生命，我們若負擔不起還款的責任，我們的財務將因此陷入癱瘓狀態，我們也將活在恐懼和焦慮的陰影中，成爲一個富有的人是其次，最重要的是要如何管理我們的資源，掌握身邊的機會以及掌控我們的情緒。

品質管理

你可能會質疑，爲什麼我自己夠資格和你說這些？畢竟我只是一位牧師而不是一位會計師。沒錯，事實的確如此。但容我提醒你兩件事，我完全了解面對債務巨人有什麼感覺，如同大衛對抗巨人哥利亞，我也曾經挺直腰桿，無懼的面對挑戰且成功對付我的債務。

我曾擔心害怕我那輛上班通勤的轎車會因未如期付款被車商收回，甚至擔心到可以看見我自己站在家門口的車道上，忍住要奪眶而出的眼淚，心中充滿憤怒不平，看著陌生人冷酷無情無視我的懇求並將車開走。我的妻子曾將一個豬肉罐頭混合豆子再加上隔夜殘羹撒上香辛料變成一道大鍋菜，餵飽全家五口的肚子。

我親身體驗過這位債務巨人的逼迫，但我打敗了它。我知道它的弱點、它的致命傷在哪裡，我知道要如何讓它重重倒下。我很樂意與你分享對付債務巨人的方法，讓你也能掙脫它的控制，克服它帶給你的所有威脅，使你的財務狀況不再像被人掐住脖子那般令人窒息。我希望你也能戰勝你的債務巨人，得到完全的釋放與自由。我更希望你能因不再被債主催逼，而不再有內心的恐懼，你將能清楚看見未來的方向。

我也想以多年來身爲慈善工作者及商人的經驗和你分享打敗債務巨人的方法。上帝清楚呼召我成爲一位牧師，祂同時也給我一些恩賜，讓我在理財方面有熱情與毅力多做研究分析並參與投資。當我小時候住在西維吉尼亞州時，我幫一位鄰居婦人米奈瓦・柯爾女士割草，她給了我一張八元美金的支票當工資，當時我可是很努力，幾乎把她院子裡的草皮割到光禿禿，我知道錢不好賺，所以我很珍惜每一塊錢。我父親有一台紅色小貨車用來賣新鮮的魚貨，我曾幫忙賣過魚，也曾早起送過報紙。我做過挖水溝的粗工，也曾在聯合碳化物公司的工廠值大夜班。

這些都是勞力的工作，卻能使人鍛鍊不同的心志。上帝教導我雖然人的天資各異，爲人處事還需要良好的態度和感恩的心。我明白自己要做的事不只有挖水溝而已，我學到唯有透過勞力的磨練，才有將來的成就和滿足。在我人生的前二十五年，我兢兢業業工作，流血流汗，雙手磨出水泡，但我卻從工作中學習紀律生活、預算規劃、時間管理與成本分析等這些在工商管理碩士課程（MBA）與《財富》全球五百強企業中所能學到的課程，我覺得非常值得。

我學到工作所需的技巧，上帝也恩待我，讓我有機會繼續追求我創作的喜好，如音樂、戲劇、電影、寫書，這些副業也爲我帶來不少財富。因上帝的祝福，我身旁有一群朋友當他們知道最好的投資時間點，也不吝給我建議。事實上，當一位熟識的友人或記者問我，如果我不從事基督教事工，我會做什麼行業，我告訴他們我應該仍會在慈善事業盡我一番心力，雖然我現在也花不少時間在這方面，但如果我沒有牧師職分，我想我會花更多時間投身公益。

請你明白，我與你分享並不是在炫耀或誇口，更不希望你信心受到打擊或是有相形見絀的感覺。我之所以分享我的經驗，不是只因身爲上帝的僕人，我覺得祂要我告訴人們，若要成爲更好的管家必須先脫離債務（雖然事實也是如此，當你不陷於債務之中你可以成爲神國更好的管家）；而是我相信你會因此學到不積欠任何債務所帶給我們的好處，更且上帝也不斷透過聖經話語告誡我們要避免積欠債務。你想想，上帝根本不需要我們的錢啊！祂創造世界，祂擁有世上一切的資源，祂什麼也不缺。祂不需要藉著你我給的小小奉獻來完成祂偉大的計畫，祂要我們得自由，沒有抵押或債務的負擔，因爲只有如此，我們才能賣力奔跑天路，跑得更快又更遠。

當我們開始正視自己負債的問題時，我們要爲自己的信用負責，別人對我們的觀感或限制都無法影響我們。如果你眞心希望活出新生命邁向成功，你就要拋開那些阻止你成長的枷鎖，那麼你必須要先做的事就是開始債務管理計畫。我是否已經說服你要勇敢面對巨人了呢？如果你已經打算要迎戰，我們現在就一起去爲你找彈弓要用的光滑石子吧！

彈弓與石子

債務巨人之所以強大，最主要乃是兩方面的問題：卡債與房貸。我想針對這兩個問題發展一套對付策略以打倒勢力強大的巨人。上一章我們已經討論過卡債問題，我特別指出個人情緒因素的問題會直接影響消費行爲，尤其是信用卡使用方面，有些人更會毫無節制使用國際信用卡Visa卡、MasterCard、Discover卡或是美國運通卡，這還沒有包括百貨公司、電子產品專賣店、家具店或雜貨店能使用的信用卡分期付款呢！

非營利組織美國負責任借貸中心（Center for Responsible Lending）最新研究發現指出，非營利機構與無黨派團體皆致力公平借貸和消費者信用的觀念推廣，他們發現中產階級和低收入階級的人平均信用卡負債大約爲美金八千六百五十元，其中尤以非洲裔美人的情況更爲嚴重。根據美國聯邦儲備委員會（Federal Reserve Board）的最新研究，非裔美人通常負擔的債務幾乎佔去個人資產淨值的百分之十左右，而白人負債只佔個人資產淨值的百分之五。

不只如此，許多的研究報告也指出非裔美人甚至以信用卡支付平日生活費用，而這些費用原本應該由個人的月收入中扣除。作者阿薩圖·西德麥（Aissatou Sidime）在《黑人企業雜誌》（Black Enterprise）最新的一篇報導中寫下他的觀察㉝：「信用卡債使許多非裔美人的家庭用原

㉝原文刊載於二〇〇四年十一月份的雜誌上，文章標題爲Credit Use Strangles Wealth: African American Debt Is Increasing Faster Than Income。

本已入不敷出的有限收入支付每個月的高額利息，以至於沒有儲蓄或投資房地產的機會。」

美聯儲的研究也發現越來越多的少數族裔面臨相同的卡債問題，他們每個月只支付信用卡帳單上的最低繳款金額。我在上一章提到，如果你每個月只付信用卡最低繳款金額，那麼你基本上就是同意支付遠比你消費購買的商品多出兩倍以上的金額，並且當你延長繳款期限，許多時候你尚未還清繳款時，你先前買的商品早已跌價貶值甚至損壞。你眞的願意花二十元美金買一杯拿鐵咖啡和一塊蛋糕嗎？那件襯衫眞的值得你花等同於汽車貸款月付額去買嗎？小數字變大數字，這就是當你刷卡後卻又無力付清每個月的帳單所造成的問題。

我知道信用卡消費在美國已經是無法避免的消費方式，如果我再繼續說下去，你們可能覺得厭煩，但是我還是得說。你或許聽過信用卡本身並不是萬惡之事，端看人們如何使用之，如同其他許多資源，運用得宜時會利大於弊。任何資源運用都需要小心謹慎，例如火源可以提供溫暖，烹飪時少不了用火，然而火也可能因使用不當導致火災吞噬你的房子，讓你多年的積蓄付之一炬。

同樣地，你可以使用信用卡建立良好的信用紀錄，在緊急狀況時可以多一層保護，例如車子突然拋錨或被竊；你也可以透過信用卡上的消費紀錄管理費用支出。不管如何，美國的信用卡消費文化已經氾濫成災，許多人也因爲避免積欠卡債問題，把信用卡剪成兩半，不再成爲被綑綁的奴隸。

你有幾張信用卡？

有一次我在家把銀行寄來的信用卡申請書的廣告信數了一數，結果總共有十七封「預先核准」的信用卡，其中一些卡更有高達一萬美金的信用額度。顯然銀行和借款公司認爲找到新客戶願意使用該行的信用卡是有利可圖的業務，所以也難怪他們盡一切可能將門檻放低以吸引客戶上門。有些發卡銀行甚至提供航空公司累積飛行里程數，送你一台全新微波爐或是你最喜歡的球隊連帽運動衣，他們挖空心思想各種各樣的獎勵辦法，爲的就是要你辦他們那家銀行的信用卡。雖然這些免費的贈品看起來非常吸引人，但是你得小心背後所藏的風險，你一旦申辦新的信用卡，你就會開始使用該信用卡消費買一些你不需要的物品。如果你知道你很難控制自己以信用卡購物的習慣，你就別爲這些免費贈品所矇騙，否則最後損失慘重的可是你自己，或許還得賠上好多錢。

我鼓勵你手上只要擁有三張信用卡就好。第一張用來當作日常生活消費使用，而你收到對帳單後也會立即繳清這些帳款；第二張用來爲大筆消費金額或緊急狀況時使用，因爲你有最好的可用利率；另一張則是每月規定必須繳清所有帳款的信用卡，如美國運通卡。許多專家建議你只要一張卡，我也同意這樣的理論，雖然這是很不實際的，因爲不是所有的商品都接受同一家信用卡。有時候錯開繳款日也是不錯的選擇，這樣你較可以靈活運用你的月薪。不管如何，你要知道信用卡雖然方便，但千萬別爲了方便的緣故而斷送你的理財之路，看著他人攢了不少積蓄過著優渥舒適的生活，而你卻爲了高額的卡債自掘墳墓越陷越深。

小心信用額度的陷阱

你是否注意到信用卡公司如何作業？通常他們會給你一個信用額度，等到你越來越接近所定額度，他們又會突然幫你調高額度，增加持卡人在帳戶中所能透支的最高額度。他們這種釋出善意的服務看起來似乎很替你著想，是嗎？錯！我想你不需要我提醒你，這種漸進式的調高額度其實是一種陷阱，讓你不知不覺欠下更多的卡債。從一開始兩千美金的信用額度到後來調高為五千美金，等到特別節日假期時，為了不讓親友和孩子們失望，你更無法控制消費的慾望大肆採購禮品。很快地，五千美金的信用額度又被調高至一萬美金。

你平日可能沒有注意到，等到你發現為時已晚，一點一滴的累積下你居然欠了兩萬美金的帳款，基本上你的欠款足以買一輛車或是付房子的頭期款。我想沒有人願意讓自己未來的薪資收入只是拿來買消耗性產品或貶值的商品吧！所以你一定要監督你自己的信用額度，你自己能夠決定最高額度是多少，而不是在某家庭式辦公室裡的會計人員用公式幫你計算出來的信用額度。

改變你對預算的看法

一個人若要改變信用卡使用方式，那麼就要有新的觀念和想法。我們不但要自我教育，了解借款優惠利率和信貸消費兩者的不同處，有時候更要讓自己熟悉一些金融專有名詞。

我認識一對夫婦經常為金錢起爭執，先生有自己的想法，他乃享樂主義者，認為及時享受生活的樂趣才是享受人生，所以他想買什麼就買什麼。而他的妻子卻完全不同，她認爲人生要好好規劃，買房子和儲蓄都是不可不做的，她甚至希望存夠錢後，有了孩子，她就能當全職家庭主婦好好的理家。雖然他們爲錢爭執時不斷提到「預算」這個字，兩人的爭執內容卻似乎完全沒有交集，誰也聽不進去對方所說的話。先生認爲預算控制好像手銬一樣，使他沒有自由、感到非常拘束。妻子卻認爲預算控制能夠幫助達成未來目標，她也從中得到不少成就感。

他們一同來找我諮商協談，顯然地他們需要重新學習理財術語的字義。我們把「預算」這個字換成「策略」，結果他們才開始明白「預算」的意義是什麼，他們兩人因爲對於這個字有不同的認知，所以才產生誤會發生爭執。他們願意使用所謂的「策略」來幫助他們做好理財規劃。先生開始看到自己及時享樂的結果，未來將因債務問題而痛苦不堪。妻子也開始不再事事擔憂將來，現在也能夠和先生一起享受生活的樂趣。

哪些理財行話令你感到頭大呢？也許就從「預算」這個字開始，花幾分鐘時間描述你對「預算」的想法和感受，你是否感到愧疚、焦慮、害怕、失望、氣憤或是激動興奮呢？還是你另有別的感覺呢？你要描述得越詳細越好，尤其要把情緒和感受清楚的表達出來。爲了避免有些人不知道該如何表達複雜的情緒而過於簡化自己對「預算」產生的感受，以下我再與你分享另一種方法。

我們都知道一種叫做「延遲享樂」（delaying gratification）的理論，可是你知道「延遲享樂」的同時也可以「立即滿足」（immediate gratification）嗎？我知道這麼說聽起來很誇張，但如果你有一個更大的目標、想花一大筆錢購物或是你心裡有更大的夢想，那麼你可以專注在這樣一個大方向上，不要受情緒的影響或是週末大拍賣的吸引。使用預算控制並非要你綁手綁腳的沒有自由，相反地卻是讓你有更多的自由可以運用金錢，你若控制一時的忍耐和衝動不隨便亂買，你將更有機會把錢花在你設定的未來目標上面。你想要拿到學位嗎？那麼就要好好計畫如何支付學費。你想要擁有自己的一棟房子嗎？那麼當你走過名師設計的鞋店櫥窗前也要不爲所動，知道你忍下購買的衝動，你就離買房子的夢想更近一步，有那麼一天你會走進自己的房子，那種感覺將遠比你穿著品牌名鞋更爽快也更有價值。

避免使用現金卡

千萬別認爲現金卡（Debit Cards）可以幫助你克服刷信用卡消費的不良習慣，因爲使用現金卡消費等同於現金消費，你一旦刷卡，錢馬上從你帳戶裡流出。如果你帳戶裡頭沒有錢，你就無法買東西。同樣地，這個概念理論上說得過去，但我從身邊友人們和教會朋友們的經驗聽到的是現金卡用起來的感覺很像用信用卡，當他們購物時，很自然的用現金卡刷卡，結果帳戶裡頭的錢刷得一毛不剩。也許你認爲使用現金卡買一台新的電漿電視不像使用信用卡會有欠卡債的問題，因爲現金卡就如同現金交易啊！可是如果你快要付不出房租或是車子貸款，那麼你覺得問題有改善嗎？

如果你已經有信用卡預借現金的問題，那麼使用現金卡也許可以是一種幫助你克服問題的策略。若你使用現金卡來應付日常生活開銷，你就必須事先做好計畫，保證你有錢能夠繳所有的帳單。還有別忘記那種年繳一次或年繳兩次的帳單，如壽險、汽車險、房屋險、雜誌訂閱費還有稅款等。

現金卡使用起來很便利，比起寫一張支票或使用現金都還省時。然而你的現金卡使用策略仍要像使用信用卡，你要詳細記錄每一筆花費，如果商家扣錯金額你也會及時發現。但更重要的是你可以掌握你的現金流向，清楚知道你的錢花在哪裡。

有一名參加非裔美國人成功理財研討會（BEST: Black Economic Success Training Seminar）的婦人與我分享她的經驗，她認爲使用信用卡購物很沒有實際感，因爲在她消費後，一直要等到月底才會結帳，所以她從不煩惱要如何繳清卡費。等到她發現應繳金額數字超出她的想像時，她才注意到問題的嚴重性。她承認使用信用卡對她產生不好的影響，爲了解決這個問題，她開始使用現金卡，也就是每一次消費，商家就會直接從她的帳戶中扣款。她感到這種方式對她而言比較實際，因爲她可以掌握現金流向。

勤做算術

如果你想要得到財務上的自由，唯一能做的重要步驟就是購屋。我先前提過，非裔美人與他們的白人同儕比較起來，對於購屋總是慢半拍。但是成爲房屋所有人絕對能夠累積財富，我們從兩方面來看，第一、房屋是一種會增值的資產，基本上購買有地房產多年後房價會隨著物價上漲而增值，當然房價會起起伏伏，但總括來說，房地產是最有利可圖的投資。買賣房子的獲利也能爲你的子女們存上大學的基金或是足夠讓你再購買其他房地產。

不只如此，成爲房屋所有人還能有機會貸款，你若養成按時繳房貸的好習慣，你也會有好的信用聲譽，當然你的信用分數也會提高。當你的信用分數很高時，你未來若要購屋貸款就會保證你有最好的優惠利率。

在你決定投資房地產前，何不到附近房屋仲介公司的房地產經紀人所開放的參觀日去看屋？以下是我從非營利組織美國負責任借貸中心學到的申請房屋貸款的訣竅。

要小心針對特定對象所提供之貸款

通常野心很大的債款機構，尤其是那些利用一般民眾無知的心理，不懂何謂金融信用法律，在沒有知識又沒有保護下，任憑貸款公司宰割。其中又以針對包含銀髮族、單親家庭和非洲裔家庭這些低收入家庭所提供的房屋貸款最容易被剝削。大部分的房貸次級抵押債款（指銀行或債款機構向信用程度較差的借款人提供相對較高利息的債款）在貸款公司的操弄下，最後會讓抵押人沒有回贖權。如果你聽到債款機構告訴你，你過去的信用紀錄即使有過破產也沒關係，你就要注意了，因爲這可能是請君入甕的陷阱。任何有聲譽的貸款機構會在乎你過去的信用紀錄，你要確定貸款機構的費用收取是否含有一些隱藏費用，例如房貸交易手續費等。債款機構會透過華而不實的推銷進行掠奪性貸款（Predatory Lending），極盡欺騙之能事爲的就是要賺取佣金，表面上看似寬鬆的貸款條件，實際上殺傷力十足，非法的高利率使得借款人根本無力償還貸款，財務困境更爲嚴重。

貸款申請前記住：貨比三家不吃虧

所謂次級房貸（Subprime Loans）是指一些貸款機構向信用程度較差和收入不高的借款人提供的貸款，掠奪性貸款機構通常推銷此類商品給有色人種，他們看準少數族裔因爲歧視現象或申請流程中被刁難較不容易申請傳統房貸，所以定會轉而申請成本較高的次級房貸。爲了確保你能拿到房貸最好的利率，你應該至少比較三家貸款機構後才做決定。你要向貸款機構要求費用清單，所有的服務費用或隱藏費用都要詳細列出，如果你不謹愼，也許會計師天花亂墜的保證給你絕佳利率方案，最後簽約完成才發現將會是你的夢魘。

想清楚自己能夠負擔的期限

大部分的貸款機構不在乎他們的客戶未來會如何，他們只在乎你現在會不會簽約。千萬別被他們牽著鼻子走，一旦簽約後才發現利率不像他們當初的保證，反而像失業率年年攀升一樣，利率也是每年不斷調高。還有一種所謂氣球貸款（Balloon Loans）要求貸款人在一定時間內（通常是三年、五年或七年）全部付清貸款餘額，這類貸款的利率可固定或變化，全看你的選擇。也許他們會將門檻放低，給你一開始能負擔的利率讓你能馬上購屋，但後來利率調升之速度快到你無法招架負擔。根據我認識的一位金融專家建議，購屋利率絕對要先看清楚，你要比較第一年和第五年每個月的房貸繳款差別有多少。你也要考量薪水上漲的幅度能否跟得上升息速度，如果薪水無法跟著利息升幅增加，購屋族就得思考是否須延後買屋，否則未來房貸壓力會愈加沉重。一般而言，你每個月房貸繳款不應該高於月薪資所得的百分之四十到五十。

確定你能重新貸款且不須繳違約罰金

購屋族若以次級房貸的高利率買屋，當信用紀錄變好，他們就有可能找到一家好的貸款公司重新貸款。這也難怪掠奪性貸款機構定出高額的處罰性違約金，如果你提前還款或是將貸款轉到另一家貸款公司，你就得繳罰金。最近報導指出，非裔美人和其他族裔相較起來比較容易被收這類的罰金，因為他們完全不知道有違約罰金的條款，直到他們簽完約後才發現。

不管你再如何不喜歡，你還是要做算術

你也許討厭數學，因為你感性多於理性、創意多於邏輯思考能力，無論你是不是喜歡數學，無論你的代數成績有多糟糕，你都還是要乖乖的做算術。你要申請貸款，你就得把貸款公司所有的服務費用加起來，看看是否真如貸款公司所說的最佳利率房貸。貸款公司賺取的就是這些服務費用，其他產權公司、仲介公司或貸款銀行等所謂的「點數」（「點數」是銀行及貸款商在發放貸款時對借貸人先行徵收的費用）並不直接包括在你的利率裡面。有聲譽的貸款公司大概會就整筆貸款數目收百分之一上下的「點數」，而掠奪性貸款機構則隨他們開價，有時甚至收百分之五的「點數」。你必須事先研究這些數字以防要簽約時問題才突然浮上檯面，被掠奪性貸款機構強行收取高額服務費用。有任何問題也別猶豫發問，千萬別讓別人牽著鼻子走，要你趕緊簽約。隨身攜帶計算機，如果可能的話，邀請一名比你有金融常識和經驗的友人

或親戚陪同前往貸款公司洽談。

貸款經紀人會給你最好的利率嗎？

掠奪性貸款公司通常會找房貸經紀人成爲你和他們的中間人。這類的房貸經紀人沒有義務要提供你最好的房貸選擇；相反的，如果你的貸款越高，他們賺取的利潤也就越多。如果你的貸款公司建議或要求你用某一特定的房貸經紀人，你就必須更詳細了解服務費用會增加多少。最好的策略就是當你使用次級房貸時，就應避免此類房貸經紀人的服務，貸款公司之間競爭激烈，要記住貨比三家不吃虧，你一定可以找到比最優惠利率還低的利率。

重新貸款前請三思

各家銀行的競爭越來越白熱化，他們用盡花招使盡手段提出「最優惠」利率以吸引貸款客戶。然而這種看似令人心動的超低利率並不代表你應該考慮重新貸款。就長遠來看，短期的利多仍然不比所有的費用的總和有利。大部分的購屋族最大的資產就是不再有房貸壓力的資產淨值，重新貸款的後果有可能讓我們減輕每個月房貸的壓力，但是整體收益卻比我們原先預估的還要低。如果你很想重新貸款，你一定也要貨比三家的愼選房貸商品，並且確定你已經試過其他方法如二次房貸或短期貸款才考慮重新貸款。

必要時上法院以維護你的權益

那些掠奪性貸款機構或較沒有信譽的貸款公司通常會要求你同意一項「強制仲裁」條款，這乃存有潛在風險，因爲這項條款規定借款人無權以貸款不公平爲由將貸款商告上法庭。購屋族要小心千萬別被矇騙，一旦你簽下同意約定，你可能會喪失你到法院申訴的權益。基本上所有的金融專家都會提醒一般民眾不要簽「強制仲裁」的同意書，寧願保留必要時上法院調解的機會。

小心合約內容突然改變

要注意貸款公司慣用的伎倆，他們會因爲「無心的疏忽」在買賣房屋的最後階段，也就是房屋過戶時做突然的契約內容變更，你絕不能因此上當，因貸款公司施壓而接受你不完全明白或未過目的合約條款。如果合約細目改變讓你產生疑慮，你一定要先清楚變更的目的與內容，否則千萬不要隨便簽名。

要生養眾多

理財最激勵人的原因其中之一就是你能夠將這良好的習慣傳給子孫們，爲他們積攢眞正的財富。我這裡所言並不是關於發財或買信託基金，而是藉著理財養成一種對人生平衡安定的負責態度。

如果你的父母沒有讓你繼承一筆可觀的財富或股金，別心懷怨恨不平，只想著你該用什麼傳承給你的後代，你要記住上帝願意救贖祂的子女，爲一切失喪者、揮霍者、背叛者和被貶視者付出任何代價。你看上帝如何格外開恩使希伯來人得到財富，祂藉著那些壓迫他們最甚的埃及人，藉著他們過去所忍受的不平待遇完成這項祝福的計畫。

「我知道雖用大能的手，埃及王也不容你們去。我必伸手在埃及中間施行我一切的奇事，攻擊那地，然後他才容你們去。我必叫你們在埃及人眼前蒙恩，你們去的時候就不至於空手而去。但各婦女必向她的鄰舍，並居住在她家裡的女人，要金器銀器和衣裳，好給你們的兒女穿戴。這樣你們就把埃及人的財物奪去了。」——出埃及記三章十九至二十二節

希伯來人爲奴四百年之久，他們終於得到報酬了。上帝將希伯來人過去的痛苦化爲祝福，逼迫者成了祝福者，將埃及之地的財物拱手讓出來給他們。

我們可以從希伯來人的經歷得知，良善的人不一定給你祝福，有時候意象和祝福反而來自那些逼迫者。如果我們了解這個道理，我們就會體會上帝許多時候藉著苦難祝福我們，我們遇到的任何環境或人都是上帝用來磨練祝福我們的，爲的是給我們更豐盛的生命，讓你絕不會毫無收穫白走人生一遭。

上帝會補償被掠奪者，祂看見樹長出果子而心生歡喜，事實上，舊約和新約都提到上帝最憎惡的就是不長果子沒有收成的樹。何謂收穫成就？我們可以這麼想，當我們完成一筆交易，無論是商業交易或是農業收成，上帝會讓你豐富有餘，這就是收穫。祂對以色列民族說「我絕不會讓你們空手而去」，我們有多少人會願意入寶山空手而回呢？你生命中所經歷的一切苦痛

背後都藏有寶藏。不要空手而回，寶藏並不一定是金錢，也許是智慧的增長或關係的建立，如果你正經歷痛苦，你要相信苦痛背後都有來自神的祝福。

希伯來人雖以奴隸的身分逃離法老王的統治，可是他們離開時卻帶著滿滿的財富。對他們而言，脫離統治可能遠比拋棄奴隸的身分還來得容易，過去的身心壓迫需要時間醫治，有人認爲幾年時間就可以使受欺壓的心靈得到醫治是不實際的想法，這段復元之路是很漫長的。對希伯來人而言，重新獲得生活物質不難，難的是自尊的建立，他們離開埃及，過去的陰影仍然難以拋去；他們雖得到一大筆金錢，可是他們卻把錢拿去製作了一頭金牛犢。

如果不謹慎安排的話，一筆天外飛來的財富很容易使人揮霍濫用。從一個人的花錢習慣可以看出其價值觀，若過去沒有正確的理財觀，即使突然成爲有錢人也不會使你的自尊人格因財富變得較爲高尚。也許我們從大衛面對巨人的故事以及希伯來人逃離法老王的故事中學到一個重要的功課，我們做任何事不只是爲了自己，還要爲了我們周遭親近的人。我們不但要教導下一代何謂祝福、感恩，也要教導他們正確的理財觀念與方法。爲你的子女們活出新生命、使他們在富足的環境中重新調適，將可能是你最大的挑戰。活出新生命後，我們不只有財富增加的變化，我們也要全面提升自我素質，加強道德觀念、提升社會地位，使我們能夠名副其實，有全面性的改變。我們的改變也意味著我們的子女們將擔起更重的責任，所以我們必須爲他們預備大學教育基金，從知識與教育上扎根，而非買時下最流行最酷炫的玩具或電子產品給予他們物質上的滿足。

你可以傳承給你子女們最大的財富就是生活智慧與人生目標，這也是你爲何要打敗巨人活出新生命的主要原因。你要爲下一代預備新的方向，你不想再有負擔，你不想讓過去的債務巨人哥利亞繼續威脅你的生活。不只爲你、也爲你的下一代，你要拿起彈弓，瞄準巨人的眉心，用力的射出去打敗它，你將擊敗債務敵人重獲自由！

REPOSITION YOURSELF

第三單元

成功背後

前言

「耶穌進耶利哥城，正要從那城經過。當地有一個稅務長，名叫撒該，是個很有錢的人。撒該很想看看耶穌是怎樣的一個人，可是他身材矮小，在人群中無法看到耶穌。於是他跑在大家前頭，爬上一棵桑樹，要看看耶穌，因爲耶穌就要從這條路經過。耶穌走到那地方，抬頭看撒該，對他說：『撒該，快下來！今天我必須住在你家裡。』撒該急忙下來，非常高興地接待耶穌。大家看見都埋怨說：『這個人居然到罪人家裡作客！』撒該站起來對主說：『主啊，我要把我財產的一半分給窮人；如果我欺詐過誰，我就還他四倍。』耶穌對他說：『今天救恩來到這一家了，因爲這個人同樣是亞伯拉罕的子孫。人子來是要尋找和拯救迷失的人。』」——路加福音十九章一至十節（英皇欽定本）

如果你發現我寫本書主要的靈感啓發乃來自聖經撒該的故事，我想你也不會感到太驚訝。我們都知道這名身材矮小的人如何費盡心思想要見耶穌一面的故事，當我在預備講道的信息時，再一次讀到這章節頓時感到靈光乍現，有如暴風雲層中的雷電交加，我領悟了兩個眞理。

第一、撒該是一名頭腦清楚的人，他知道他要什麼。他唯一的目的就是想見耶穌，但他也知道憑他的短小身材很難有機會擠過一群人接近耶穌。於是他跑在大家前面，爲了完成他的目標，他很快找到一個好位置，居然是爬到樹上去！你可以想像一名成年人爲了很想見一個人，竟出現如一個十歲孩子般的舉動嗎？你要知道撒該是一名有錢人，大部分的有錢人穿著與人不同，行爲舉止當然也有所分寸，一個大財主竟不顧面子爬到桑樹上去，卻不管旁人的指指點點，爲的就是要達成他想見耶穌的心願。

你是否願意爲了成功達成目標而暫時委曲求全呢？你是否願意讓自己再一次有孩童般的心志，爲了心目中的偶像而做出瘋狂的舉動呢？我們通常給自己太多限制，尤其是事業有成後，我們又給自己設定了新的標準，因爲身分不同要求也更高了；有些人則認爲既然可以穿得起亞曼尼西裝、開得起賓士汽車，我們就不需要爲將來設立目標繼續奮鬥，其實兩者都過猶不及。

許多人成功後發現自己過得不快樂，和過去爲了生活掙扎奮鬥的日子沒什麼兩樣。事實上，許多人認爲在攀登頂峰的一剎那才是最快樂的。撒該的例子讓我們不禁自問，爲了達成我們心中的夢想，我們願意做什麼改變？

第二、撒該願意活出新生命，他也經歷了生命的改變。就過去和現在的社會眼光來看，撒該已是成功之士，他在當地不只是財主，也擁有具影響力的地位，他想得到什麼應該都不是難事。雖然有些人不以爲然，但我們可以從撒該的身上看見一種特質，那就是他的決心。撒該過著外人看似富足的生活，實際上他仍然有所缺乏。他心中的空虛無法用金錢買到或要求別人塡補，他心想也許耶穌可以幫他看見那缺乏的部分是什麼，正因爲如此，他不計一切形象跑在別人前面爬到樹上想向耶穌一探究竟。

雖然聖經上並未記載，我猜想撒該也許正經歷所謂的中年危機，也就是你已經有某種程度上的成就，卻又覺得空虛不滿足，如果你已功成名就，卻把你內在的眞我隱藏起來，那又有什麼意義呢？

撒該的人生因爲和彌賽亞會面而有了改變。用餐飽足後與耶穌的一席談話，這位稅吏徹徹底底改變了，他願意給予付出，將他的所得一半全部捐出給窮人，他還說如果他曾經欺騙過誰，他願意用四倍來還。從這處經節裡也可以看出一個人對金錢的想法，不管是揮霍無度還是小氣吝嗇，均反映出一個人自私自利的內心狀態。然而撒該改變之後，他不再只顧自己的利益，他開始在乎身旁的人他們的需要。

我並不是指你一旦有所成就後應該捐獻一定百分比的捐款給他人才會獲得心靈快樂，撒該和耶穌會談後得到滿足和自由，他變得慷慨只是附帶產生的結果。我不在乎你現在是否常常上教會，你是否參與哪些教會事工或慈善工作，你尊敬的屬靈領袖是哪位，這些都是其次，重點是如果你還沒有遇見耶穌，與祂一同坐席用餐，接受祂成爲你的朋友，你仍舊會感覺空虛，生命中似乎缺少什麼。如果你已經有一定的成就，但卻發現你生命中仍有不滿足，那麼你也許需要再次邀請耶穌到你的心中，我想你應該不必像撒該一樣爬到桑樹上才能邀請耶穌到你心裡作客。

救贖你一切

耶穌和撒該的會談最後說了一句非常令人感動的話——「人子來是要尋找和拯救迷失的人。」一個人活出新生命代表得到救贖，這個意思是被贖回或重新評價。我們通往成功的路上會有得有失，爲了達成目標，也許我們會犧牲某些機會或關係，對於這些損失我們會感到失落與無力。

不管如何，每一個贏家應該要有受損失的心理準備。我對於現在一些教會教導感到有些失望，我們沒有預備我們的信眾，讓他們知道有信心固然很重要，但並不表示你努力禱告就會很快找到工作，這種「你禱告上帝必成就」的想法很危險，因為這樣會使人認為成功是可以透過禱告求來，殊不知人生原本就會有失有得。就像小小孩需要透過跌跌撞撞學會走路，成功並非一蹴可幾，偉人也會遇到失敗挫折。

你是否能想像小鷹學飛時險象橫生的情景？小鷹被母鷹從巢中推出來，一開始倒栽蔥的垂直掉落，小鷹試圖振翅飛起，卻仍然無法飛起來，學飛的過程就在掉落、飛起之間不斷摸索以求找到平衡展翅的秘訣，最後終能展翅上騰飛向廣闊天際、翱翔無邊雲端間。這讓我想起一些還沒有經驗過掉落就飛行的人。

你也許已經有過一些失敗的人際關係，或者你此刻已經修復一些你認為很重要的關係。也許你和子女不再有聯繫，他們不尊重你。也許你的前妻、和你感情疏遠的友人、你的情人已不能再忍受你的工作狂熱。也許他們對你在餐桌上的心不在焉感到厭煩，他們已不想再隔著你面前的報紙和你說話。好消息是沒有人一生不犯過錯，我們不需要因為犯錯而過多苛責自己，勇於認錯、知過能改才是最重要的，犯錯後毫無悔意最具傷害力。如果你不斷重蹈覆轍卻沒有學到教訓，可以說是愚蠢至極。

你必須要認眞看待錯誤和失敗，也許你有信用修復問題，或是損失了工作機會，你簽不到客戶或合約，在我們的生活中不免都會遇上一些挫折。教育是昂貴的，我們不只繳學費給大學還是學院，每天我們都在爲人生挫折這門課繳學費，爲我們所經歷的人生經驗、承擔的一切痛苦和傷心繳學費。

我們每天都在爲我們的學習付代價，成功來自於我們生活中不斷的學習。每當我聽到有人說要對上帝有信心才能確保成功，或捐多少奉獻才能保證得到祝福之類的話，我都不禁感到憂心。事實上信心沒有行爲是死的，我們要有信心也要有行動，深知成功不免也會遇上挫折，失敗也能激發堅忍力量，我們的信心要經過各種試煉，才能成爲傳承後代子孫的精神財富。最重要的不是我們留給他們多少外在物質，而是我們能留予他們多少心靈力量。唯有經過衝擊受過失敗的人才有這種堅定的內心力量，這也是一份能永存人心的豐富遺產。

一般人有種錯覺，認爲眞正蒙受祝福的人不會失敗，凡你所做的盡都順利。他們以爲你的人生不會有痛苦，不知道他們那樣的想法是否出於忌妒？他們認爲你無法體會他們的痛苦，然而他們卻不知道你們所面對的問題或許本質不同，但實際上你的問題比他們的還嚴重。

世界上每一個人都會經歷失敗，你知道爲什麼嗎？因爲生命在很多方面來說就是一場戰爭。而我從來沒有見過戰爭不留下任何損傷，不管是企業、個人都有可能經歷失敗，沒有人能在戰爭中全身而退。無論你用的戰爭策略是什麼，或多或少一定會面臨失敗。你爲失敗找藉口，其實你何不承認你就是輸了？認輸並不表示你沒努力嘗試過，外在環境影響、人的自由意志、突發的狀況都有可能讓你失敗。

在你要開始做生意前，你會預期自己完全沒有失敗損失嗎？有多少餐館老闆沒有心理預備自己餐廳烹調食物會燒焦、有些食物會發餿、一些不誠實的員工或顧客偷偷帶走食物？尤其在世風日下的社會，說不定你還有可能收到空頭支票等等，這些都是做生意要冒的風險。同樣地，銀行行員也一定想過貸款借出收不回，如果他認爲所有的房子都不可能走上房屋拍賣的地步，他就太天眞了，因爲那是不切實際的想法。如此一來，我們要如何避免損失？我可以肯定的說，我們可以將損失減到最小，卻不可能完全避免。「你要警醒，堅固那剩下將要衰微（原文是死）的。」（啓示錄三章二節，英皇欽定本）

我記得好幾年前參加過一個銷售訓練研討會，我永遠不會忘記有一堂課的講員說的一席話。他說：「我不需要教你贏的策略，我只想讓你知道要如何面對拒絕且不放棄任何可能成功的機會。」那些業績頂尖的超級業務員也曾經被客戶拒絕過，他們不因客戶嘴裡說出的「不」字而自我宣判死刑，超級業務員不會讓「不」字決定他們的前途，因爲他們知道挫折失敗是成功的必經之路。

不管你如何努力，時間會流逝、員工會離職、客戶會流失；如果你是牧師，你也會面臨教會信眾離開的問題。雖然我們何等不願面臨殘酷的事實，但也許我們也會遇上白髮人送黑髮人的景況。我們的子女即使有好的學習榜樣，他們也可能因爲做了錯誤的選擇而犯下大錯。無論是成功或挫敗，所有的關係都將面臨挑戰。有些人失去住所，有些人丟掉工作，但我們必須要記住一件重要的事，一次的失敗並不代表你永遠失敗。贏家也會有輸的時候，他們爲何最後還是被稱爲贏家？因爲他們專注在想還有什麼贏的機會，而不是怨嘆自己爲什麼會輸。失敗是過去式，你要把成功當作未來式，在你面前仍有大贏的機會。

那麼你要如何面對失敗呢？

1. 盡可能將傷害減至最低。
2. 沉著冷靜面對，找出失敗的原因。
3. 將失敗的原因列出一份清單，找出哪些是你所能控制的因素，爲避免再犯相同過錯擬出對策。
4. 找出哪些是你不能控制的因素，將它們當作是你成功必須付出的代價。
5. 不責怪任何人。原諒你自己和他人，人生苦短，你毋須再堆積更多的怨恨苦惱。
6. 明白遲來並不代表永遠不來。
7. 把失敗當作是成功的籌碼。

十二呎高

阻擋成功最大的障礙就是停滯不前。一支訓練精良的足球隊要如何在去年贏得超級盃大賽後保持同樣的水準呢？一名贏得奧斯卡金像獎最佳女主角獎的女演員要如何在下一部電影中維持最佳的演技呢？一位暢銷小說家要如何保證他的下一本書也同樣好看且賣座呢？大部分的時候，這類成功的故事不會在同一人身上一再發生，因爲他們已經到達成功頂峰的最高點，之後會如何呢？如果他們願意冒險再度出發，再次活出新生命，他們就有機會繼續成長不斷超越，成爲眞正成功的人。

在最後的單元中，我想和各位一起探索阻礙我們成功、使我們失去活力的原因。前兩章我專門寫給女性朋友，這並不代表我把男性朋友排除在外，而是因我相信女性朋友們在我們的文化中已經有一定的自由與影響力，正因爲此，所以也產生了成功之後帶來的一些障礙。現代社會中，女人可以成爲眾議院的議長，能競選總統，成爲賽車選手，搭太空梭到月球或到中東地區打仗。但這些成功背後也出現新的挑戰，要如何克服這些挑戰就成爲前兩章的主軸，於是才有了所謂的「女士專區」想法。

接下來其餘的章節會討論成功之後要如何面對複雜的人際關係，我會說到如何在爲生涯奮鬥的同時不犧牲個人與家庭生活；我也會談到如何不讓別人爲我們貼標籤以阻礙我們繼續前進。最後我會提到要如何享受成功人生，我們要數算恩典並且負起教育下一代的重任。

眞正的成功需要不斷成長、不斷超越自己。橡樹挺拔的往上生長，難道它會長到十二呎（約三・七公尺）高時覺得已經夠高就自動停止不再長了嗎？當然不會！如同撒該，我們要往前看，預備自己人生的下一階段，我們要爲活出新生命感到快樂喜悅，我們要盡力過一個富足美好的人生，這才是成功者的生活態度。

第11章

打破隱形障礙——成為成功女人的秘訣

「才德的女子很多，惟獨你超過一切。豔麗是虛假的，美容是虛浮的；惟敬畏耶和華的婦女必得稱讚。願她享受操作所得的；願她的工作在城門口榮耀她。」——箴言三十一章二十九、三十節（聖經和合本）

美國社會已經為女人們打開大門釋出機會，讓許多婦女得以進入職場開始工作生涯，這可是她們的祖先無法想像的世界。過去諸多限制使得婦女們無法在社會上發揮長才，而今日她們有了機會，於是她們辛勤工作且打破隱形障礙，在各工作領域表現傑出。我不敢想像，如果我們的社會沒有婦女朋友在各工作崗位上的智慧貢獻將會是什麼情況啊！

從前只有男性可以當醫生，現在許多女性外科醫生高超的外科手術也不遑多讓，真多虧了這群女性生力軍拯救許多人的性命。環顧現代都市景觀，許多美麗的建築設計均出自女建築師之手。過去只能玩扮家家酒長大的女性如今也可以參與太空總署的太空梭設計製造。玩跳房子遊戲長大的女生們如今為企業設計研發電腦軟體，以增加產業競爭力。

當然仍有許多偉大且有聲望的婦女仍扮演相當成功為人妻、為人母的傳統角色，她們獲得社會大眾的欽羨與認同。不管女性朋友選擇的方向是什麼，重點是她們自己能夠做決定。不再像過去只有陪審團給的判定，現在的女人可以有絕對的選擇權，這種社會現象的改變雖然很緩慢，但仍持續不斷的有所變化。

一個人不需要成爲歷史學者才知道過去婦女的地位有多麼不受到尊重。雖然今日對女性的性別歧視和種族歧視依然存在，我們卻不能否認大環境已經改變，女性的機會和人們對女性的態度已和從前大相逕庭。

從過去到現在，我們看見一個國家社會風氣的演變，美國歷史的確在過去有一些污點，例如建國之初即存在的男性沙文主義思想，當時社會觀點將女性視爲男性的私有財產，女人只有等著被男人挑選的份，那些沒有被選上的女人只能被嘲笑爲老處女，甚至被別的女人所鄙視。

婦女投票權得來不易，全是因女權運動推動者努力不懈的奮鬥爭取獲得，這些鬥士如蘇珊・安東尼（Susan B. Anthony）和伊麗莎白・凱迪・斯坦頓（Elizabeth Cady Stanton）爲婦女同胞力爭遲來的權利，其中以有權參加投票在當時最具爭議性。她們爭取能夠在政府部門發聲，在當時的狀況，婦女更不可能有機會角逐任何公部門的職位。雖然當時有許多男人把妻子當孩子一樣的教訓處罰，可是家暴這個名詞也沒聽人說過。婦女沒有任何權利，她們找不到人訴苦，當時許多婦女甚至不能考駕照開車，自食其力工作的人更是少之又少。

對某些人而言，金錢、權力與性已經成爲男權意識下對女性身心束縛與禁錮的交易工具。當貝琪・羅斯女士[34]（Betsy Ross）拿起針線縫製了第一面美國國旗，那時婦女仍無投票權，她仍一針一線縫出她的愛國心。

---

[34] 貝琪・羅斯（Betsy Ross, 1752-1836），美國裁縫師，也是美國獨立戰爭期間的愛國志士。

如果成為女人是一種磨難，當我們回顧歷史便可以發現許多事實確據，更遑論有色人種的婦女同胞們過去所受的痛苦有多大了。瑪麗・貝舒[35]（Mary McLeod Bethune）和其他黑人女性是勇氣的象徵，她們既是黑人也是女人，即使有著雙重不利條件也無法阻擋她們為女性同胞們爭取基本權益，也許有些權益在今日看起來乃屬理所當然。經過長久以來的努力，婦女們終於得到社會定位，並且在工作職場、政治舞台、金融服務以及各項專業領域中受到尊重，然而我們不能忘記在爭取女性權益的過程中所付出的所有代價。

全世界的女人

並不只有我們國家的婦女同胞為了爭取基本人權而奮鬥不懈，過去日本古代藝妓若未得到男主人的允許而私自離家會活活被燒死，印地安婦人在男人離家狩獵時要留在家裡照顧孩子與農地，不同國家的文化，鮮少給予女性應得的權益。中國女人被當作郵購新娘賣到其他國家，東歐的少女被賣往他國成為性奴隸，許多國家根本無視女性的基本人權，對女性極盡一切凌辱。非洲甚至有不文明的習俗規條，女人被迫施予生殖器官毀損（Female Genital Mutilation）的殘忍手術；猶太女人在二次大戰期間被納粹俘虜慘遭姦淫，女性佔了總人口數的一半，卻不斷被迫活出新生命只求生存。

我永遠不會忘記我第一次看到女性生殖器官被強行毀損殘酷的影像。那是我第一次旅行到非洲肯亞，我們到了波哥特（West Pokot），在那裡當地人安排一場由孩童主演的表演節目，至今我仍難以忘卻當時的情景。我們坐在布簾下面，為遮蔽非洲炎炎太陽的照射。村子裡的首領們齊聚，男人聚一處，孩子聚一處，女人另聚一處。

我在多所學校和教會看過不少孩童表演，但是那天的表演著實令我相當震驚。孩子們各個穿著他們父母親的衣服，表演一幕雙方交涉協商的戲，戲中有一幕是一名父親和其他的男人（這些角色都是由小男孩所飾演）正在爲一頭羊討價還價。我不懂他們說的語言，但是透過翻譯在我耳邊說明，我才了解這些小演員台詞的內容，他們正在拍賣一頭生得俊美的小山羊。

到了下一幕，飾演父親的那位男孩回到家裡，由小女孩扮演的妻子在家等候。他們不知道爲什麼起了爭執，透過我的翻譯，我才明白這名母親正試圖說服父親不要將他們的小女兒帶走。這名父親演員竟開始對他的妻子拳打腳踢起來，拿起鞋子丟向她，她害怕得跑出家門，小女兒正要上學，就被父親強行拖離家帶到市場去。父親將小女兒抱起像抱著一捆大麥，把她交給了陌生人，因爲父親已經賣掉她，換來一頭山羊。

我問我的翻譯員，他翻譯描述的內容是否屬實，他肯定的回答我「是的」。他向我解釋那名買少女的男人大約五、六十歲左右。通常女孩的母親在女兒被賣之後，會開始爲她女兒的新婚之夜做預備，也就是切除女孩的陰蒂，再將會陰以線縫合㊱，美其名稱爲成年禮，但在我看過恐怖至極的照片後，我覺得這種習俗簡直就是女版的「去勢」，非常不人道。

㉟ 瑪麗・貝舒（Mary McLeod Bethune，1875-1955），知名黑人女性教育家。

㊱ 此種割禮稱爲FGM（Female Genital Mutilation），盛行於許多非洲和中東國家。割禮在當地國家被視爲成年禮的習俗，女子做過手術後，只在新婚之夜才又被割開以便與丈夫性交，性交後又縫合，以保證她的貞潔。割禮手法慘烈，許多婦女因此面臨感染、失血過多甚至死亡的威脅。

我自己有兩名女兒，身爲維護女權與心靈醫治的倡導者，我爲所聽聞的事感到震驚，爲什麼年輕的女孩要這樣被糟蹋，連基本的人權也沒有，這種不人道且欺虐的做法不僅殘害她們的器官也傷害她們的心靈。和我同行的醫生團隊，他們爲當地提供欠缺的醫療資源和服務，他們告訴我這種「割禮」對於女性身體有多大的傷害，是非常不健康的做法。我後來才知道通常因所使用的刀具不潔，如未經消毒的山羊角，有許多女孩在割禮過程中會因失血過多而死亡。

我承認我來自不同的文化背景，不能了解這種複雜的習俗儀式，雖然得知不是所有的儀式都使用不潔的山羊角，但根據我的觀察研究和積極拜訪不同部落的非洲人，我依然對於這種傷害婦女的習俗感到痛心，這種落後原始的陋習不只使女人因感染而死亡，也因殘害生殖器而使性交疼痛，增加分娩過程中發生出血和感染的風險。

最令我難過的是，我看見大部分割禮對象都還只是年輕小女孩，竟爲了滿足老男人的性慾，如此控制操縱買來的新娘。我更吃驚的是部落裡的老女人竟然放任這種惡習，還將其視爲部落的特色民風。在我離開前，我鼓勵部落的首領們用不同面向思考如何讓女孩們有更美好的生活，我挑戰他們能夠想出一種既能夠尊重文化遺產但又不傷害人身的方法，幫助他們部落那群善良女性能夠活出新生命並找到生活的盼望。

那次到訪非洲，回國後仍記憶猶新。後來我得知在我離開不久後，有一個非洲國家選出了第一位女總統，我知道這並不是我的功勞，但聽到這個消息後我雀躍不已，又感到充滿希望，因爲我看見一旦人們被給予機會，就會有改變的力量。當愛倫・強森・希爾麗夫（Ellen Johnson Sirleaf）被選爲利比亞的新領導人那一刻起，所有傳統的限制和障礙就被打破了，我不禁想到或許現在正有一位年輕女孩在非洲灌木叢玩耍，如果她被好好栽培，給予受教育的機會，也許她將會是非洲某個國家下一任的總統呢！現在，許多國家的女性朋友已經能夠不再受到性別歧視也能享有階級平等，男人與女人間的隔閡在利比亞女總統上任成爲領袖後已經被徹底拆毀，我相信這位女總統能帶領人民走向更美好的未來。

平等機會

要爭取平等，應在沒有歧視和機會均等的條件下享有受教育的權利，這是必要的先決條件。當一個人受教育且擁有經濟自主權，就能夠更理性的面對眞理。知識就是力量，運用知識能夠使我們掌握、溝通以及解決問題。

我明白這段話可能會使一些傳講「地獄與毀滅」信息的牧師皺起眉頭。但我相信福音不是只有所謂的三點式大綱講道，最後再加上一段聖經經節作爲結尾，福音也不是只有靠回應卡或宣教旅行來點算信主決志人數。當保羅在哥林多前書說道「像什麼樣的人，我就做什麼樣的人」，他指的是他希望能入境隨俗了解文化，且與當地人建立朋友關係之後再進而分享他個人的信仰，我們不能改變我們不了解的部分。我個人亦是如此，我認爲先完全了解文化差異後再與他人分享耶穌的眞理，使對方仍能保有文化傳統且不至於被破壞踐踏，我相信藉著主的恩典，福音仍能傳播出去。

一個正派的宗教有責任做得更多，而不只是讓人閒坐在座椅上聽道、由牧師帶領人做認罪禱告罷了。我很樂於見到人們得救，但很多時候我們注重個人是否得救，似乎只在乎他有沒有認罪禱告。眞正的救贖，不只有社會經濟、倫理與教育方面的改變，還包含上帝對全人類的計畫。

我仍然記得自己年幼的時候，當時擔任教會招待的婦女們不能走上講道台，她們若拿水杯給牧師，牧師會走到台前將水杯接過去。我也記得當時女人不能上台講道或讀經，因那是「神聖的祭壇」，女人不能踏入。當時只有男人可以講道或成爲牧師，無論他們的品格或操守是否受到質疑。

雖然許多教會的會眾成員大半是女性，可是她們卻從未得到應有的尊重。她們被排擠忽視，等待終有一天能受到平等待遇，然而很多人未等到這一天，她們直到死去時仍然被以二等公民對待，沒有機會走到神聖的講台上。我知道在某些教派裡，婦女是否能講道仍是受爭議的話題，我雖不同意他們反對女性的看法，但那是他們的權利，我不能干涉。但問題並不只是在於女人是否能講道而已，在我成長的過程中，我不記得在教會裡看過婦女們擔任領袖的角色或從事其他要職。

那個年代婦女的打扮穿著若要體面得戴上手套，我知道這麼一說顯然洩漏了我的年齡，但有些人可能記得當時若一到春天仍然戴毛帽的話可幾乎會被視爲違反禮節，或是過了九月的勞工節還戴草帽的話，更會被認爲行徑荒唐。當時黑人民權鬧得沸沸揚揚，一些頗負盛名的黑人出版刊物如《Jet & Ebony》雜誌封面都以民權爲主題，那時候時髦女人的頭上會戴著形狀如圓形藥丸盒的帽子（Pillbox Hat），臉上塗胭紅，身上聞起來有鄉芳忍冬花香的香水味道，那是令我印象深刻非常特別的一個時代，走筆至此，我甚至好像聞到那個年代流行的佛手柑髮乳淡淡的味道，看見記憶裡廚房爐台上正預熱著整理黑人頭髮必用的電熱棒。

所謂「純黑人教會」（那個年代的名詞）對於女人的態度也不很尊重，當時教會沒有空調，到了夏天熱氣逼人，每扇窗戶大開，教會座椅上堆著詩歌本，馬丁・路德・金恩博士的仰慕者聽道時合掌禱告，教會男性會眾聚集禱告，邊禱告邊搧風，熱得汗流浹背仍不斷禱告，他們卻忽視那些爲詩班清洗白色椅罩、爲支持牧師事工烘焙地瓜派義賣的一群婦女們其他的能力，她們可以做的事還很多，但教會並沒有給予婦女們這些機會，她們無法參與行政事工，更別說上台講道了。

上帝介入

當時教會普遍歧視女性的情形雖然後來有了改善，但現今社會裡某些地方仍然存在無形的歧視態度。我們要追求全民福祉，爲共同的目標和夢想而努力，我知道雖然並不是所有教會都像我童年時那樣不重視女性，但現在仍有一些團體因爲聖經經文的記載而限制歧視女性，使兩性問題成爲極大爭議。

記得聖經人物西羅非哈的女兒們嗎？她們的父親沒有兒子，乃由她們帶領以色列子民首創女子承繼產業的律法，爲以色列婦女爭取公平的遺產（民數記二十七章一至十一節）。甚至當時的領袖摩西也覺得有些不妥，因爲當時的律法只有將遺產傳給兒子。聖經記載耶和華上帝後來曉諭摩西這位偉大的領袖，讓他明白上帝鍾愛這些女兒們，人若死了沒有兒子，就要把他的產業歸給他的女兒，於是這才作爲以色列人的律例典章。西羅非哈的女兒們不願被不公平的對待，在上帝介入後得到應有的待遇。上帝的介入導引和人們不屈不撓的奮鬥精神可爲受壓迫者帶來自由。摩西是一名偉大的領袖也是神的子民，但他本身對女人的態度是大錯特錯啊！

耶穌時代也有男女不平等的問題，當猶太人的宗教領袖帶著行淫的婦人到耶路撒冷的街道上打算用石頭砸死她時，雖然她和男人行淫，其他男人也有分，但男人卻未受到處罰。有時候宗教會有雙重標準，當男人違反上帝聖潔的標準，卻因文化偏見與對聖經的誤解而只對女人做出懲處，這是極不公平的事。大眾盲從且不分是非，男人總是會找聖經經節以規範教條支持他們已存在的主觀想法。我的問題不在於他們是否有權利以石頭砸死那女人，但當女人被抓到行淫時，旁邊的男人卻無罪，這要如何說得過去？如果她在行淫時被抓，那麼她絕不是一個人，而是還有另一人。然而當男人審判此例，卻以雙重標準行之，如果男人犯錯，只是被打手心，但女人犯錯，她卻要背著可恥罪名且公開接受懲罰。

許多時候公共制度，包含教會和政治團體，喜愛制定規範多過於愛護人民，在乎形式多過於服事，並且責難批評多過於安慰鼓勵，結果當然是亂成一團，吵得無法開交。女人被宗教控制，還不僅止於用頭巾遮住她們的臉，有些宗教領袖甚至剝奪女人受教育的權利以阻擋她們學習知識。在哥林多前書十一章十三節至十六節中，保羅提到關於女人禱告要蒙著頭的說法，在一些公開集會場合，男人和女人的行爲舉止有不同要求。保羅的想法就如今日許多的領袖，當時的民風如何，保羅也順應而行。坦白說，當你和其他人對某些議題有不同想法，而那些人都是受尊重的人士，你將很難表達個人意見。我知道這種感覺，因我和其他牧者也會有同樣的心理掙扎，什麼時候該提出女權問題，什麼時候又不該提出女權問題，這中間需要考慮到許多因素，一旦文化與宗教、政治與信仰結合，問題就更複雜了。

願上帝今日賜給我們勇氣，讓我們不隨波逐流，且回歸到眞理。當男性領袖們倡導女權和其他議題，他們往往要考量文化與政治的因素，而少以基督的心爲心釋放被擄者。有些文化教導女人走路要走在男人的背後，否定女人受教育的機會，對待我們的女兒與姐妹們比對待其他男性還不如，無論你遭受的是哪種不平等待遇，你要知道，基本上這些都是要讓女人覺得自卑、低人一等的情緒迫害。

反對婦女解放背後強大的力量更迫使今日女性了解抓住機會的重要性，一旦你把握機會勇往直前，你將開始嶄新的生活。相信今日的女人可以擺脫過去宗教與歷史加諸在女人身上的一切枷鎖，你們會走出困境且能有一番新作爲。

所有的搖擺仍然持續（Whole Lotta Shakin' Going On）[37]

你現在有機會找到目標活出新生命，你必須要注意別走回頭路；並且你也要繼續保持動力，別讓旁人的譏笑影響你奮鬥的心志。很多時候你可能心裡會有所抱怨不滿，爲什麼過去必須忍受長久痛苦到現在才脫離苦海？但一個人心中若有苦惱，就會扼殺其創造力，且怨恨會像毒藥一般破壞你的身心系統、殘害你的靈魂。

[37] 一首藍調搖滾樂曲，主唱者是一位白人搖滾樂手傑利・李・路易斯（Jerry Lee Lewis），一九三五年出生於美國路易斯安那州，和貓王艾維斯・普里斯萊（Elvis Aron Presley）同年出生。

如果貓王艾維斯仍活著，他看到今日社會的變化大概會以爲發生大地震，與過去的時代大大不同了，我自己甚至覺得仍有餘震，有不斷搖晃的感覺。我想和你們分享一次親身的經歷與感受。

幾年前我受邀到達拉斯的美航球館（American Airlines Arena）看籃球賽。當時湖人隊與達拉斯小牛隊交手，比賽精采萬分。我帶著我家人一同前往，全家共度歡樂時光。比賽結束後我朋友邀請我去休息室見見湖人隊的球員，我必須先說，我自己雖不是什麼超級運動愛好者，但說什麼我也不想錯過這難得的機會，想想看，自己可以看見大力神歐尼爾（Shaquille O'Neal）還有羅德曼（Dennis Rodman）這些明星球員耶！即使去臭汗酸味瀰漫的休息室我也不在乎啊！所以我很興奮的跟著朋友一同到了休息室去拜訪這些明星球員。球賽過後，這群滿身大汗的男人已經把上半身脫得精光，汗水仍不斷從頭髮上滴下。我們簡短的聊了一下，球員輪流到澡間沖澡，教練低聲嘀咕剛才誰的表現不錯誰又表現不好云云，我心裡也在盤算該用什麼方式幫我的女兒們要一張簽名照片，我發誓眞的是爲我女兒要的！我還在那兒躊躇沒勇氣開口問，因我不想被人看成是少男少女追星族，或是一個愛跟蹤人的怪咖，就在那時候，休息室的門突然被打開，衝進來一群帶著相機要進行訪問的記者先生小姐們。我愣在那裡感到十分驚訝，女生耶！就這樣衝進男生休息間，更何況一群大男人幾乎是一絲不掛。

他們開始進行訪問時我就閃開了，我朋友帶我離開跟我一起走去找我的家人。我問他那群女人爲什麼不顧禮節跑進休息間，這位小牛隊的高階主管說道，那些媒體女記者還是費勁爭取機會最後才終於被放行進去，因爲她們問爲什麼男記者可以進去而女記者卻不行。眞是風水輪流轉，如果男記者進到女士休息間，鐵定被逮捕，要不至少被呼個巴掌，反之你可以想像女人被半裸男人摑巴掌的場面嗎？

我之所以提起這件事是想要強調女權運動仍餘波蕩漾，這個世界對於許多事物的看法已經轉變，我也相信轉變仍會繼續，眞不知道未來世界會是什麼情形。那天晚上球賽結束後當我開車回家，我心想自己雖不像桃樂絲活在觀念保守的堪薩斯農場，但我確定若是我父親見到女記者衝進休息室的情形大概會頻頻搖頭且嘖嘖稱奇吧！

做暖身活動

男人和女人的角色已和過去有所不同，你可能會自問你在當中扮演何種角色。爲迎接下一個階段人生的改變，你願意放下哪些主觀意識？這些問題沒有所謂對或錯的答案，但絕對值得我們好好深思，因爲我們都在爲自己生活的時代寫歷史。

當時代改變，人們需要時間調適，你的思想觀念若能活出新生命也會大大影響你的家庭與生活、影響你的孩子們。人們通常會問道：要如何對待女性？什麼是尊重？什麼又是屈就？你如何知道男性是眞有紳士風度還是一副要你領情的態度？這些都不是容易回答的問題，你必須要仔細觀察了解對方並且清楚知道你們的關係本質。如今的現象是當男人和女人一同站在大門口，兩人都在暗忖誰應該先開門。

禮儀規範一章也重新改寫，辦公室禮節因「騷擾」這個字有新的定義，於是有新的一套訓練手冊。一名女人說：「我可以自己開門，謝謝你！」另一名女人說：「我雖然是職業婦女，但也希望受到女人應有的尊崇待遇。」男人們對此感到無所適從。親愛的姐妹們，多少對弟兄們有點慈悲心吧！你們可以給他們一點機會，讓他們知道怎麼做，是要像紳士般殷勤對待你？還是把你視爲平等卻被你詛咒去死？當你們一起出外用餐，他應該是要顧慮你的感受，對你格外有禮？還是要把你當作他的哥兒們隨性所致？因女人對於禮節想法也不一，也難怪男人常常不知該如何是好。世界在改變，因爲人的想法不同，很多時候我們的處事方法落得像被人抓住把柄似的。也許在變化中，我們會得到前所未有的觀點，卻可能失去我們日後會感到懊悔的觀念型態。

最重要的是，你要明白革命無時無刻不在進行，你必須要重新定位自己，你得到機會也代表你有新的責任與義務。迎接新世界的到來，你得訓練你的兒女們，讓他們知道要在未來扮演何種角色。我個人認爲，許多男人其實也爲自己的身分認同感到迷惑，過去男人的角色是一家之主，今日因爲女人也和男人一樣在各樣事上競爭，男人女人之間的關係因此變得緊繃，男人的價值與重要性似乎不如從前。

不管你已婚或是單身，年輕人還是老年人，你可以在瞬息萬變的大環境中預備自己迎接未來。你前面的跑道變得更寬了，你也要做好跑前的暖身預備，伸展活動你的四肢以準備上場好好表現。以下是一些在你上路前的提醒：

1.根據女人比男人長壽的事實，並且越來越多女人到三十歲以後才想結婚，女人需要爲自己的經濟獨立做好打算。爲了預備你的將來，買名牌包穿名牌衣都沒有比找一個正確投資標的來得重要。你要開始爲退休做計畫，別期待你可以找一個男人當長期飯票倚賴對方。

2.明白你可能在中途必須要換另一匹馬才能跑完終點。我的意思是你要給自己彈性空間，也許你會轉換職場跑道，如果你現在的工作無法讓你在未來二十年有什麼進展空間，依你的年齡和能力，你可以選擇何時重新開始。這些機會在過去二十年是不可能有的，而今你卻能夠對自己的工作有選擇權。

3.在購物前先了解你是否能得到應有的尊重。當你想買一輛車，你要知道哪家信譽良好的汽車經銷商對待女性客戶和男性客戶一樣尊重。與其花你寶貴的時間和把你當成《草原木屋》㊳裡「小女人」角色的銷售員爭論，不如找一個不會污辱你聰明才智和剝削你金錢的業務員做你的生意。

4.你要發展一些嗜好，和一群你願意來往的共同愛好者做朋友。大部分的男人生意成交場合不在辦公室內，只有在會議室談生意是不夠的。女性朋友或許得學學如何打高爾夫球，在友誼賽中也可談成生意。

5.要確定你的保險契約是否有理賠代償，當你生病、發生事故或失能時，保險金將優先償還銀行房貸債務。若你沒有婚姻伴侶，你就必須有備用方案。千萬別等到危機發生才發現自己完全沒有保護傘遮蔽。把眼光放遠一點，預備一個在你身心俱疲時能夠休憩的避風港。

㊳童書《小木屋》系列其中之一，作者爲蘿拉．英格斯．懷德（Laura Ingalls Wilder, 1867-1957），是講一個小女孩羅蘭跟著家人們從威斯康辛州到堪薩斯大草原建立家園的故事。

6.你無須追隨潮流，別人如何趕流行是他家的事。固守那些你認爲重要的傳統價值沒有什麼過錯。你不需要爲了求新求變而去改變，有了更多新的選擇並不表示你一定要選其中一項。打開衣櫥，你可以選你合身的衣服穿，不需要爲了趕流行而覺得你的衣櫥總是少了一件。你也不需要爲了多吃一塊蛋糕而感到罪惡萬分，你要好好享受你擁有的一切。

7.教你的女兒們使用電腦現代科技，讓她們有機會和現代社會接軌（說不定你還得請她們教你如何使用電腦呢！通常孩子們總是比大人學得快，他們有時候比你還懂現代科技的趨勢，如果你需要請他們幫忙就開口，千萬別害羞）。學習和教導何謂果斷力、溝通力，做生意的倫理原則和手腕技巧，這些都是成功與活出新生命必要的知識與工具。

過去的時代已不復存在，現在你面前有大好的機會，你要昂首闊步往前走。過去傳統的束縛、性別歧視的障礙已經漸漸消弭，你要爲新的時代奮鬥，因爲這是你的時代，若你做好預備，你將散發耀眼光芒。在創新中你不忘傳統價值，在求變中你以身爲女人感到驕傲。女人們！我知道你們準備好了，因我可以聽見你們齊聲歡呼、大步向前的聲音。加油吧！

第12章

敲碎玻璃舞鞋——更多成功女人的秘訣

「智慧婦人建立家室；愚妄婦人親手拆毀。」——箴言十四章一節（聖經和合本）

最近這陣子選美皇后的新聞獨佔頭條，因爲有一名美少女和一群姐妹淘在聚會上玩瘋了，涉及未成年飲酒、拍半裸性感照甚至和另一名選美佳麗大玩親親，這些醜聞讓她幾乎要失去后冠和獎金，雖然選美協會後來並未摘走她的后冠，但她的故事讓人想起灰姑娘仙度瑞拉整晚在宮廷跳舞，卻幾乎因掉了一隻玻璃鞋而節外生枝。選美皇后原有優雅的形象，美國人爲其感到驕傲，可是她卻狼狽的掉了一隻玻璃鞋，還差點兒被絆倒，她的南瓜馬車因爲醜聞不斷已經臭氣沖天。儘管選美協會大家長川普（Donald Trump）後來像白馬王子拯救落難公主一樣跳出來幫她說話，甚至力挺她保住后冠，但這件新聞已經成爲社會大眾茶餘飯後的話題。

不消說媒體是嗜血的，知道這則消息後當然鍥而不捨的追蹤報導。有一名記者特別以選美皇后做專題報導，指出人們多半記得昨日午餐服務自己那名女服務生的名字，卻不記得誰得到選美皇后的稱謂。那些大眾記得的選美皇后竟是負面新聞居多，也許是爲男性雜誌拍攝不雅照片或是造假個人履歷等，舞台上短暫的風光和美名變成永久的污點。不幸的是這位記者所觀察的現象的確屬實，這些女孩的故事可以作爲教育我們後生晚輩的借鏡。

名流人士和你我一樣都是凡人，他們若犯下無恥可憎的過錯絕不會特別有所寬容或有免責權，我們都需要爲自己所犯的錯誤承擔後果。不只選美皇后的新聞，我們不也曾聽過某個奧斯卡金像獎得主因酒駕被捕，某個喜劇演員說了帶有種族歧視性的話或某個名人涉及股票內線交易。社會大眾其實很有仁慈心，多半選擇原諒這些名人犯的過錯，並且給他們第二次機會。

我相信我們可以從這些人身上學到，只要你已經具有某些知名度，這些醜聞不會傷害你太深。他們有沒有學到教訓我不知道（或許他們更加小心不讓狗仔跟拍到），但他們在醜聞之後也必須活出新生命。如同美麗的女人穿著一雙設計獨特的義大利細跟高跟鞋從洗手間走出來，發現鞋跟黏住衛生紙，她們若無其事的把衛生紙拿起來丟掉後，又搖曳生姿繼續走。

我們可以從這種尷尬場面學到兩個教訓。我們似乎對於名人做壞事和教友犯錯有雙重的審核標準。聖經上有許多不錯的名詞，如救贖、和好、重建、復興、更新等，但當名流聞人或稍微有些知名度的人犯錯，我們卻排擠他們。也許要看他們犯的是什麼錯，但犯錯後馬上升他們當高官絕對是不智的。但爲什麼我們不給他們機會被救贖重建或活出新生命呢？我們不僅沒有這樣做，反而還將他們推向媒體界那群飢餓獅子的口中，帶有偏見的世界可是隨時預備好將那些失敗的屬靈領袖當作新鮮菜色吞下。你可以發現，「屬世」之人總是等著挑剔批判「屬靈」之人所犯的過錯，有時候我們的確也是自取其辱。金飾珠寶在容易氧化的環境下會失去光澤，宗教領袖頭上所戴的金冠冕難道就永遠閃亮嗎？當屬世的領袖或名人、顧問和專家犯了令人感覺難堪的過錯，他們似乎毫髮無傷，活出新生命後，他們努力再度出發。相反的，教會的領袖若有相同的處境，我們絕對招致千夫所指，被萬民所唾棄。

就算有時候教會中眞的發生令人髮指的醜事，我們也絕不縱容，且有必要採取行動將某人罷職。例如教會領袖中若有變童癖者或某些個人不願棄惡從善，他們必須被禁止留在教會崗位上，以免孩童或會友受到傷害。

我們必須分清軟弱和邪惡之間的不同，前者可以藉由上帝救贖的恩典和寶血遮蓋加添能力；後者將透過上帝的審判彰顯公義，兩者都能看見上帝的本質與作爲。有一個例子就是最好的說明，耶穌的門徒彼得因軟弱而三次不認主，然而耶穌卻原諒他，甚至賜予彼得更多能力去服事教會，這就是神的恩典。

如果你曾經因所犯過錯而令人不齒，你因羞愧感到無地自容，也許彼得的例子能給你安慰，若你願活出新生命，你就會得到再生。一個人犯錯有了污點並不代表人沒有改過自新的機會。如同那些自認爲正直的人想要拿石頭砸死行淫的婦人，我們應該要了解其實我們也沒有比自己所批評的對象更好或更壞，我們深知自己沒有權利丟石頭。但若我們否定自己，不願成長或改變且拒絕別人的幫助，我們就沒有機會走出困境獲得新生。

我們要學的第一個教訓就是要如何從錯誤中站起來？要如何從痛苦中走出來？民間一些戒酒團體如戒酒無名會（Alcoholics Anonymous）和福特康復中心（Betty Ford Clinic）有不少康復計畫和治療措施，他們給人第二次機會幫助人徹底戒酒，因爲有這些民間團體的積極投入，那些在角落旁觀的人當終有一天願意改變時，他們知道在哪裡可以找到幫助。坦白說，教會團體在輔導協助這方面還有待加強，聖經上說道：「因爲今世之子，在世事之上，較比光明之子更加聰明。」（路加福音十六章八節，聖經和合本）

其次我們要學的就是人的一生不免會犯錯，我們要如何面對這個事實？選擇原諒是對自己和他人一種仁慈的方法。川普先生選擇原諒那位犯錯的選美皇后，不管世人想法如何，我們可以看到仁慈的表現，人能藉著原諒而重新得力、重新站起，你絕對有重新開始的機會。

我常在教會的事工研討會和「女人，你自由了！」（Woman, Thou Art Loosed!）的演講活動中遇到不少女性朋友，她們身上扛著重擔，因過去的傷害而感到罪惡、羞愧、憤怒、恐懼、焦慮，這種情緒不斷侵蝕她們的身心，讓她們非常痛苦。許多女性有成功的事業和美滿的家庭，她們寧願將自己視爲受害者、失敗者而不是奮鬥者和生存者。無情的世界已經讓人很不容易找到生存的力量，她們爲何還要加諸生存的負擔，讓自己背負更多的自責、羞愧和罪惡感呢？

因爲她們無法超越自我侷限的痛苦，她們不知道其實她們可以放掉過去的包袱以減輕負擔，開始人生新的旅程。「因爲我的軛是容易的，我的擔子是輕省的。」（馬太福音十一章三十節，和合本）她們顯然還不了解耶穌說這話的意義。

眞理可以讓你得自由。我想說的是——不管你過去做了什麼，誰傷害過你或你傷害過誰，一切都不晚。我不在乎你做了什麼或沒做什麼，你和誰在一起，你和誰分手了，只要你現在活出新生命，就是新的開始。我知道不容易，但你絕對可以做得到。

對於無法放掉過去的包袱，女性朋友最常掛在嘴邊的理由就是：「這就是我。」但我通常和她們說，沒有一位眞正的贏家會讓自己所犯的一些過錯定義自己的未來。你不需要藉著你做了什麼來定義你自己。我們是誰、我們做了什麼事，這中間有很大的分野。她們或者會說：「別人都是這麼看我，他們不會突然改變對我的看法。」的確，別人對我們的想法和態度會影響我們重新定位自己，但是你可能會驚訝的發現在你周遭的人多麼樂見你的改變啊！

如果我們讓別人看到自己眞正的改變，不是因我們說什麼或做什麼這些外在的表徵，而是發自內心的誠意，別人也將對我們重拾信心。我們或許還是需要向對方道歉，和人重建關係，認眞的彌補一切缺失，但我們若眞心願意改變，他人自然而然會看見。我們不需要敲鑼打鼓大喊我們改變了多少，說太多沒有什麼益處，行動能證明一切。

也許有些人對你過去的既定印象侷限在你的過錯上面，他們不願看到你的改變是因爲他們自己感到沒有安全感。他們對任何事情都抱持否定的態度，凡事見不得別人好，可是畢竟這些人是少數，所以別浪費你的時間和這些人爭論或解釋。你應該將所有精力放在定位自己，過去的悲慘已經成爲過去式，你的未來將如二十四克拉鑽石一樣熠熠發亮！

心想事成

我的一位朋友是專門談兩性關係的知名作家，她的著作在暢銷排行榜上高居不下有數月之久，她是美國長春藤名校畢業生，她有深愛她的先生、兩名健康美麗的子女，她演講的行程排得滿檔，要邀請她還得一年半前事先預約，她是人們眼中成功的現代女性代表。

我們最近共同在一場會議受邀成爲講員，席間有機會閒聊時，她向我透露秘密。她說她其實過得非常不好，她的生活失去平衡，她不確定要如何找回生活目標，於是我們的閒談圍繞著這個話題。

因爲她的工作，她一週要飛行二到四次，其餘時間她大半花在寫書和專欄文章、做研究，雖然她手下的員工人數不多，她仍要擔任管理工作。工作之餘仍要擠出時間陪先生和孩子。她的忙碌生活，讓我這個一天睡五小時的人都懷疑自己是否過於懶惰。她如陀螺似不停的轉動，整個人看起來非常無精打采，她的疲態使她的笑容看起來像在敷衍人。

許多女人可能像她一樣，似乎心想事成，所有好的際遇都被她碰上了。然而她的身心卻需要時間休息復元，就如許多養家活口的職業男女，她的壓力已經大到無法再撐下去，隨時可能病倒或猝死。她的職位與薪水和男人不相上下，就連承受的壓力也比男人有過之無不及。過去因女人沒有太多工作壓力以至於平均壽命比男人長，而今已不是如此，壓力成爲無形的殺手，造成許多身心問題如飲食失調症、憂鬱症、與人關係無法維持且外遇婚變不斷。

我想提醒各位，心想事成的背後其實有隱藏的危險，人們容易陷入忙碌不堪的生活，而忙碌的現代生活帶來內心的混亂與焦躁，所以你要讓自己有時間停下腳步，讓心情平靜安穩，獨處是最好的方法，當你照顧自己，你的身心靈方能休憩復甦。當我們調整自己，我們就更能原諒自己、寬恕他人，找到內心的平靜和眞實的快樂。如果你有活出新生命的能力，你就如同有一張安全網，萬一你的家庭生活、財務狀況或職場工作突然發生任何變化，你不會陣腳大亂，因你早有萬全準備，安全網即是你在跌倒後仍有學習定位自己的能力。

選美皇后在醜聞後重新站起並往演藝圈發展，前饒舌歌手轉型成爲脫口秀主持人，前脫口秀主持人變成演員，演員則成了政客，這類活出新生命的例子不勝枚舉。當你知道自己有活出新生命的可能，在你必須轉換跑道時，你不會感到過多壓力，相反的，你會得到力量再度出發。也許環境逼迫得你狼狽不堪，打擊使你痛苦萬分，但若你知道如何活出新生命，即使情勢內外交迫，你也會感到沉著冷靜。即使必須跛著腳、瘸著腿，在跌倒後你重新站起，優雅的對著觀眾微笑，你會聽見他們爲你勇氣可嘉的精神而喜樂歡呼！

所謂「不怕一萬，只怕萬一」，安全網可以是一個替代計畫，發生緊急狀況時的應變計畫。我母親有一個習慣，她會固定把盆栽從這一處移到另一處，她這麼做乃是因有些盆栽長得不如她預期的好，她知道如果不採取行動，光是自己生悶氣也沒什麼用。有時她甚至會把那些長不好的植物移株到不同的盆器中，有時只是很簡單地把盆栽從房子東面窗移到西面窗，只是做了小小的調整，卻有很大的差別。我母親對於植物的生長很敏感，她知道哪些盆栽長不好或是照不到足夠陽光，她的應變計畫就是搬動這些植物爲其改變環境。我們都說她有綠手指，其實她只是有很好的直覺，知道什麼時候該做什麼。你呢？你要如何運用你的直覺找到未來的目標呢？

我從女人身上學到一樣功課，那就是你們都有與生俱來的敏感能力。別因事實的限制而忽視你的直覺，事實有時候並不一定正確。例如犯罪現場所蒐集的證物不一定能夠當作起訴證據，有時你無法光靠事實做決定，你必須傾聽內在的聲音、你的直覺，別忽略這份特殊能力，你在詳查事實根據時也要將直覺能力派上用場。

我母親綠手指的名號就是這樣來的，那些行將枯萎的植物，因我母親的直覺和敏感，在她及時的幫助下又長成綠油油的模樣，生機盎然又繽紛燦爛！換作是我，我可能早就將快枯掉的植物丟棄，但我母親將它活出新生命，於是它起死回生，又開始旺盛的生長起來。如果你知道你有一張安全網，即使你突然失利、遭到他人陷害，你知道你不會因此一蹶不振，因爲你有支撐，你知道要如何活出新生命。就如同聖經所言：「他雖失腳也不致全身仆倒！」懂了嗎？當你知道人生如走鋼索，要如何避免跌落後無法再度爬起，那張安全網的重要性可想而知。那麼讓我們現在繼續再談其他秘訣。

平衡之美

我想與你分享我對於美的觀感。對於女人而言，如果她能知道如何維持心理平衡又不走極端，對己對人都是有益的。我們在聖經裡可以看到這種成功女性的模範。箴言三十一章提到擁有無數美德的才德婦人，讓我們來看看以下的經文。

她尋找羊羢和麻，甘心用手做工。
她好像商船從遠方運糧來，未到黎明她就起來，把食物分給家中的人，將當做的工分派婢女。
她想得田地就買來；用手所得之利栽種葡萄園。
她以能力束腰，使膀臂有力。
她覺得所經營的有利；她的燈終夜不滅。
她手拿撚線竿，手把紡線車。
她張手賙濟困苦人，伸手幫補窮乏之人。
她不因下雪為家裡的人擔心，因為全家都穿著朱紅衣服。
她為自己製作繡花毯子；她的衣服是細麻和紫色布做的。
她丈夫在城門口與本地的長老同坐，為眾人所認識。

她做細麻布衣裳出賣，又將腰帶賣與商家。
能力和威儀是她的衣服；她想到日後的景況就喜笑。
她開口就發智慧；她舌上有仁慈的法則。
她觀察家務，並不吃閒飯。
她的兒女起來稱她有福；她的丈夫也稱讚她，
說：才德的女子很多，惟獨你超過一切。
（箴言三十一章十三節至二十九節，聖經和合本）

這一段是利慕伊勒王的母親對王的訓言，我們對利慕伊勒王可能不太熟悉，可是對於王的母親所設定的媳婦標準卻耳熟能詳。也許這段經文讓你讀起來感到頗具威脅性，但你要知道這段話已經有兩千年的歷史了，卻仍然適用於現代。就如我那位朋友，既是成功的作家也是受歡迎的演講人，她的故事讓我們知道即使你心想事成，看似滿意幸福的生活，不只背後要付出極高的代價，也可能增加許多壓力和憂慮。

但我在這段經文中看不到這些，這段經文描述的婦女的確非常成功，她身兼數職，每樣事情都做得非常完美。但你有沒有發現這裡少了什麼描述？她花多久時間才找到一個丈夫？她有沒有失敗的經驗？她從失敗中學到什麼教訓？我們在箴言三十一章看到的是一份履歷表，極盡所能地描寫這名婦女的優點與特質，老實說，有誰會在履歷表中寫出自己的缺點呢？

從這段經文我們可以列出一張清單，這名婦女顯然非常認真努力，她辛勤地用羊毛和麻紗製成衣服；她用自己賺來的錢購置田地，經營葡萄園；她縫製衣服和腰帶賣給商人；她照顧一家人——她的先生、孩子和員工（女僕）。她既懂得投資房地產也樂意賙濟窮苦人。四季要穿什麼都不須擔心，因為她已做好預備，並且她也將自己裝扮得很美麗。她深受眾人愛戴，人緣極佳。整體而言，我想強調的就是她有一個平衡和諧的人生。

此處的「平衡和諧」另有一意，也就是「完整、完善」（integrate）之意，和「正直、完全」（integrity）有同樣的英文字根，從拉丁文integrare一字衍生而來，即有「使完整」的意思，我認為也就是「平衡和諧」的意思。這就是我那位成功的女性友人生活中所缺乏的部分。她成功的職業生涯和專業身分已經使她產生心理飽和的現象，因心理的壓力已到了不能再承受的程度，這些負面感受使她無法享受個人生活。她用單腳站在高高的鋼索上跳舞，她的成功不再為她帶來任何滿足，因為要維持成功，她必須要犧牲讓她成功的因素——她的健康自我。

那些在我們眼中看似非常成功的女性，那些能使利慕伊勒王的母親引以為傲的才德女子，那些兼顧事業與家庭生活看似如魚得水的職業婦女，幾乎都有一個共同點，她們有「平衡和諧」的內在。她們有正向的自我認知，不管她們做什麼，她們知道自己是誰，想要完成什麼目標。無論她是國際部門的主席，負責主持一場與企業主管的電話會議，或是她要為家人親戚準備假期豐盛大餐，她有一種特質使她不疾不徐的完成工作，我們可以稱這種特質為「優雅」、「平衡」或「魅力」，不管如何，她有她的獨特風格，她從未迷失自己。

成功的女演員通常會嘗試演出各種不同的角色，從化妝、道具服裝到聲音腔調的變化，她將這些在戲劇演出中重要的元素整合出一種特色融合在她的表演裡。你可以發現這些才華出眾的女演員不斷在舞台或大銀幕上演出，因為她們能詮釋各種角色，從女僕到女主人，從海盜到公主，這些演員能將一些複雜角色演得非常逼眞，令人嘖嘖稱奇。我認爲一位女演員能夠透過她在某齣戲中的角色說服觀眾，她就有本事在其他的表演中創造同樣成功的演出。

同樣地，成功的畫家也是有一種特質，如可親的素人藝術家祖母摩西（Grandma Moses）純樸的畫風和美國現代女畫家喬治亞・艾琪芙（Georgia O'Keeffe）明亮的風格，她們也有相同點，那就是她們畫出自己。陶藝家有不同的藝術風格，從不同的作品中我們可以辨認這是誰的創作，珠寶設計師和女裁縫設計師也是如此，我們每一個人都是生活藝術家，不斷地淬鍊我們的能力且整合出個人特色，以創造出最美最獨特的作品。人類是慈愛上帝的創作品，要過一個成功的生活，我們要有平衡和諧的樣式，專注和不放棄，內心充滿平安，如此我們才能釋放更多的才華、發揮更大的潛能。

人生調味料

當女人找到內在心靈的平衡和諧之後，我認爲箴言三十一章還提到女人的另一特質，那就是女人屬靈的「衝勁」。我此刻正如犯罪現場的調查員在蒐集各樣證據，我猜測箴言這裡提到的婦女一定知道如何運用她的時間和精力，才能對任何事物保持高度的興趣並且在事業上小有成就。她知道何時播種、何時收割；她也知道何時找羊毛、何時紡線；她知道何時該製衣、何時可以賣掉；她知道何時賺錢、何時賙濟。

她不只有內心的平衡和諧，她對於外在的環境變化也有敏銳觀察的能力。她讓我想起一名表演獨人舞的舞者，在舞台上她的身體和感情與音樂合爲一體，她並非在搶某人的鏡頭，她沒有共舞的舞伴，她可能已婚也可能是單身，也許已爲人母或是他人的姐妹，她有許多不同的角色，但她隨著音樂起舞的時刻，就只有自己。

我的兩位朋友是美式足球運動員，艾文（Michael Irvin）和史密斯（Emmitt Smith）會稱這種獨舞爲「一氣呵成」或是「流暢貫通」。事實上，我相信史密斯雖出身於運動選手，卻能夠將出神入化的球技轉化成「星隨舞動」中完美的舞蹈表演，主要原因乃在於他知道如何找到韻律節奏，經過訓練後也能跳出曼妙舞步。橄欖球場上也是如此，如果史密斯在最後關頭必須要想出防守對策，我相信他也能馬上調整節奏應對。同樣地，他能從探戈跳至兩步舞曲，從慢狐步也能跳到華爾滋，他非常有彈性，能夠隨著音樂節奏變化而改變舞步。

你是什麼樣的舞者？你是否知道自己的角色和舞步？你現在的定位爲何？你的生活中有什麼阻礙令你無法保持平衡？這也帶出了一個核心問題，你要如何描述你自己目前的生活型態？你的生命是否如春天新生的兔子一樣充滿新生命？還是你目前正在爲工作升遷絞盡腦汁思考要如何比別人強？也許你現在正處於中壯年時期，回顧過去展望未來思索下一步的人生要怎麼走？無論如何，你要找到成功的平衡點，也要好好照顧自己的需要。花一晚上的時間逛逛博物館或是洗三溫暖吧！爲生活找到平衡點可以使你得到全人關顧，也許你覺得自己正遭受冷酷無情的打擊而無法動彈，這可能是上帝對你的警訊，要你別忘記人需要爲自己找出口，生命多樣性，你若豐富自己的心靈，即使獨舞，也能行雲流水般的飄灑自然、無拘無束。

若你要爲下一個階段的人生活出新生命，你需要知道自己目前處在什麼位置。自然四季變化有其順序——冬、春、夏、秋，人生也是如此，每一個人的生命變化有所不同，我曾經爲冷酷的霜害扼殺許多才冒出芽的機會而感到難過，然而我也體驗過秋日大豐收的喜悅。

找出生命的節奏，知道你現在的位置，爲下一階段的人生預備，並不代表你要忘卻過去。當機會來臨的時候你要把握，也許你要有更長的冬眠以避免春芽遭受霜凍，你也要知道何時出擊攻佔更多的領土。你要自問是否值得爲某樣收成花費你全部的精力投資耕耘。要注意何時須休息、何時值得你爲達成目標盡全力衝刺。

藉著自我察覺與自我反省檢討，我們能檢視自我的內在狀態，明白自己的情緒、強弱處、需要及內驅力。如果你決定要成爲全職母親在家照顧教養孩子，那麼現階段可能不適合開始你自己的生意。當孩子還小的時候，你或許可以先做預備，等到他們上學而你的時間又比較彈性時，你可以再創業。或許你的工作年資已爲你累積了一個月的假期，那麼你何不放自己一個月的假呢？你上司會知道爲了避免你工作勞心勞力產生倦怠，你需要休息才能再出發。

我和許多人談關於如何掌握生活態度與節奏，女人尤其對此類話題有更深的認知，人們告訴我其實不難發現生命四季的徵象，但是許多人不是選擇忽略就是否認，或者依舊按照自己的既定想法行事。難道你可以不去理會生命中即將襲來的風暴、挾帶著強風暴雨甚至有致死可能的閃電嗎？你不可能對現實生活所產生的一切漠不關心又一無所知吧？

別害怕擁抱你現在的處境，即使你不喜歡或不想承認，也許你正因痛苦而憂傷，與其否認，何不從另一個角度看你可能得到什麼收穫？也許你必須要通過這個階段，才能到達下一階段的豐富人生，就是農地也需要經過休耕才能長出更好的作物。

在我們要結束本章前，我想讓你知道，如利慕伊勒王，我正在尋找，尋找已經做好準備迎接新人生的女子，她已經備好成功所需的用具；她明白自己的位置；她必須要知道目前所處的位置；她明白自己的優缺點；她生命有彈性，即使遭受挫敗也不會被打垮；如果你就是這樣的女子，或是你認識這樣的女人，還是你是娶了這樣女人的幸運男人，你一定要讓她知道，她所處的時代已經沒有像過去有所謂的隱形障礙，玻璃天花板已經成爲一雙玻璃鞋。如果她有勇氣相信，有毅力追求，對她來說就沒有難成的事。我想讓她知道，即使過去做錯了什麼，也不會有阻礙或限制，因爲每一天都有新的機會。她要讓自己有時間休息、禱告，她要原諒自己和他人，她也要爲自己奮鬥。就像灰姑娘仙度瑞拉，如果鞋子合腳，那就穿上它吧！

第13章

誰是耶差？——活在成功標籤下

「耶穌到了凱撒利亞・腓立比的境內；在那裡他問門徒：『一般人說人子是誰？』他們回答：『有的說是施洗者約翰；有的說是以利亞；也有的說是耶利米或其他先知中的一位。』」——馬太福音十六章十三至十四節（英皇欽定本）

名稱很重要，對我來說，為這本書命名就好像一個驕傲的父親為他頭胎的孩子取名字一樣，意義重大。你一定不會相信現在你手中的這本書，當初我要命名時可是費了多大的工夫。本書中有些書寫內容是我曾講道過的講章內容，那是「豐盛生命的定位」系列主題。為本書命名時，當時我很自然的以為相同的主題名稱可能會比較適合，後來我很快地發現這個名稱會引起爭論甚或反彈，因為「豐盛」背後所代表的意義，每個人想法不同。

我把「豐盛」（prosperity）這個字又叫做P字，也就是以P為開頭的字，因為我的宗教背景，我覺得這個名稱沒有什麼不妥，反之，我還認為這個字清楚表達我想要談的主題。不管有沒有言外之意、特殊涵義還是其他令人反感之意，總之我不想造成太多困擾，將本書定位是教會牧師傳福音的工具，甚至被冠上一個大帽子說是宣傳資本主義的理想國，於是書就改名字了。

這類談「豐盛」主題的講員、牧師或運動都被標籤化，他們也就人云亦云，沒有特別為自己反駁。說實在的，身爲公眾人物，我們很難避免被標籤化，很多人藉著電視節目的系列演講認識我們、研究我們。有些人可能某個晚上無聊的轉著電視台發現我們講道的那個頻道，然後就主觀的幫我們歸類貼標籤。

耶穌基督也沒有逃過被貼標籤，就如我在本章一開始選用的經文，耶穌的門徒描述別人眼中的耶穌是誰，我頗爲訝異耶穌必須活在別人的猜測中。耶穌和你我一樣，別人對我們有想法、批評，但其實他們的說法也莫衷一是，並不完全了解我們。因爲他們的想法大部分也是依據別人的說法、他們所讀的報導以及單一事件來評估我們。認識人需要花時間（不信去問問已經結過婚的人），人們多半道聽塗說，寧願把聽到的閒言閒語拼湊起來，也不願下工夫親自了解一個人。

我完全了解被貼標籤的感覺，我自己被貼上的標籤比從遙遠中國寄來的包裹上蓋的郵戳還多。人們稱我是「下一個葛理翰（Billy Graham）[39]」，或稱我爲「下一位傑西·傑克森（Jesse Jackson）[40]」，你從這兩樣標籤就可看見完全不同類型的人。有些人讚譽我，然而也有些人威脅我，因爲我曾邀請前副總統到教會獻堂禮拜中演講而遭受抨擊，因爲有些人認爲上帝的僕人不應該允許政治自由派的人到教會講道，更不應該和他們有所往來。然而之後也有一次有人簽名連署提議我不應該接受布希政府的邀請，因爲他們覺得小布希總統作風過於保守。附帶一提，小布希總統後來因伊拉克戰爭和卡崔娜風災時政府拙劣的善後工作被大肆批評。

我想針對以上我說的做一番解釋，身爲上帝的僕人，我厭惡戰爭；坦白說，我對於卡崔娜風災後救援工作與善後處理也感到非常不滿。但是身爲上帝的僕人，我應當要有所行動而並非只是打口水戰，我必須要連結立場不同的兩方使其有良性的對話。要我選邊站，對解決事情沒有任何益處。我相信人民選出政黨乃因多數人的決定，那麼我們就要給予政黨空間，並盡我們力量協助使他們能做好分內工作。當危機發生，行動應該要替代憤怒，我們要把不滿的情緒先擱置一旁，一同扛起救災責任，將受困者救離淹水的家園，而不是對著攝影機鏡頭大聲批評政府應該還要做什麼。

不同政治立場造成的兩極對立問題已存在許久，我也不止一次陷入兩難局面。然而在人的一生中，你必須經常面對和你意見不同的人，尤其是當你想要遵行上帝的話盡力成爲和平使者，你必須要和立場相異的人建立關係。即使你因爲自己的強烈信念而選邊站，你也會發現同一黨的人也會持不同意見。相信我，浸信會教友的理念也不盡相同，大型教會的會友也並非千篇一律都是一個模樣。人們不會因爲有相同的信念就都有一致的想法或做法，每個人的出發點也不完全相似。

如此概括他人，將產生所謂的刻板印象、偏見與歧視，這也就是爲何標籤化會成爲成功的絆腳石，而在成功之後也難免會被貼上更多的標籤。成功也可以是一面標籤，不見得是你願意自己貼上的，人們樂意幫你貼上，表明你是成功俱樂部的一員，或者讓他們有足夠的理由對你

❸❾ 葛理翰（Billy Graham），享譽盛名的國際級佈道家，於全球拓展事工並且超越文化的限制，被評爲半世紀以來卓有成效的總裁。

❹⓿ 傑西・傑克森（Jesse Jackson），美國黑人民權運動牧師，一九八〇年代曾經參選美國總統大選。

進行人身攻擊。

一個簡單的字也會被貼上標籤、掛上包袱，例如福音派、靈恩派、五旬節教派、保守派、溫和派、女性主義者，甚至「傳講豐盛信息的牧師」等等，你大概已經可以從這些名稱上看出一些端倪，我在一般人眼中的形象爲何。毫無疑問的，我相信在你的生活中也有過被人貼標籤的經驗，但你要知道我們無法控制別人怎麼說我們，只要你認識自己、活出自我，別人要如何定位你是他人的事。

撕下標籤

既然我無法控制別人將我貼上「P字」的祖師標籤，我也不想因爲這樣的標籤阻止我達成人生目標。這個標籤不會成爲我很大的困擾，主要原因也是因根本沒有所謂的「豐盛福音」。首先我們要知道，豐盛之路不是由那些激勵派大師、商業成功領袖或人生導師幫你畫在人生地圖上指引你如何去走，也不是由書店裡開架式心理類自助叢書爲你指點迷津就會找到。其次，我個人相信「福音」在信仰上只有一個意義，對於基督徒來說，福音只有一個，那就是上帝透過耶穌受死、被埋葬以及復活的恩典。我們千萬不要以爲有了福音就能保證每日生活能得到所需，上帝賜予我們永生，並不代表承諾賜給你一輛勞斯萊斯。

我想說的是豐盛本身不是福音，聖經上或教會中並沒有教導我們如何到達一個資本主義租稅庇護的天堂，沒有所謂的「豐盛福音」，許多傳道者被貼上「傳講豐盛信息的牧師」是不公平的說法，他們所說的信息不只被極端主義者過度簡化，也被危言聳聽者過於誇大的言詞而扭曲。我個人的情況也是如此，在我過去近三十年傳福音的工作上，旁人的一兩個評論並不足以讓我擔起「傳講豐盛信息的牧師」的名號，這不就類似做了份漢堡餐就把我稱作大廚，過度恭維我了。

過去這些年來，了解我服事工作的人知道我的目標專注於幫助心靈受傷者，尤以《女人，你自由了》系列信息爲主，頗受肯定。我寫了不少書，銷售成績也不錯，我謹慎投資買賣房地產、寫詞作曲製作音樂、寫劇本拍電影，我承認我的確過得非常豐盛。但我的方法並沒有什麼訣竅，就是靠著努力與上帝的恩典，智慧的運用我的時間精力做一切工作。在我的教會事工裡，我不斷鼓勵那些被情緒虐待、社會歧視甚或遭受性虐待的人，只有一小部分教導著重在金錢與理財方面。當我談到金錢與理財，我告訴會眾，上帝不管過去我的才能有多麼不足，祂賜福給我、給我能力和資源，同樣地，祂也能幫助每一個人，即使一個有犯罪前科的人也能變爲企業總裁，上帝能改變更新每個人的生命。

我覺得那些教導者告訴人們，若要在財務方面得富足，唯一或主要的方式乃透過給予及付出，他們好像在變戲法，令人感到失望和沮喪。要從貧窮中脫困不容易，我們要知道一個人若要脫離困境與不公的待遇需要的不只是信心（當然信心是必要的，但信心沒有行爲是死的），只靠信心不夠，你要透過行爲讓你所信的成真。

唯有透過努力工作、不斷堅持、減輕債務、小額投資、購屋置產以及教育訓練才能創造長遠穩定的財富。我深信詩篇第一篇提到的「凡他所做的盡都順利」，當我們奉獻捐款給慈善機構，上帝當然樂見我們慷慨，祂不只賜福我們，當我們人生有所計畫，祂也會賜福我們。慈善工作既可助人也能帶來祝福，但長久的豐盛需要的不單只是信心和等待，我們還需要投入全力完成各樣目標。

要擁有一個豐盛的人生沒有唯一的方法，歐普拉（Oprah）成功了，迪迪康布斯（Diddy）成功了，比爾・蓋茲（Bill Gates）成功了，他們各有成功的方法，第一位黑人女性美國國務卿萊斯（Condoleezza Rice）在政壇表現優秀，從安東尼・羅賓斯（Tony Robbins）（美國著名自我激勵、潛能開發演說家）到全球最大的冰淇淋連鎖店Baskin-Robbins（即引進冰淇淋），有誰能說成功只有一種方法？以上每一位成功人士都有不同的成功故事，你若學習他們的成功方法，不能擔保你也會有相同的成功，你要找尋最適合自己的方法。

成功的方法很多，但你要找對方法，每一個人都是獨一無二的個體，眞正的豐盛不是來自外在的成功，而是內心的豐富狀態。豐盛不是只有錢財富足，豐盛是不斷堅持進步的決心。豐盛是平衡不失焦的生活，是上帝賜予的豐富人生，如基督徒常說的，成爲神恩賜的好管家，各人需要負起責任，運用神所賜給我們的各樣潛能。

不斷發掘且發揮個人恩賜才能對我們來說是一種挑戰，或許我們身邊的人視我們努力和創意的想法爲陳腔濫調，將我們貼上標籤。我們可能避免這種情形嗎？就我個人經驗及觀察，還有和數百位不同背景的成功人士討論的結果，我們的結論是——很難避免別人爲我們貼標籤。然而我們可能避免讓這些標籤阻礙我們成功嗎？結論是——絕對可以！

資訊管理

我的朋友約翰・麥斯威爾（John Maxwell）[41]提到領袖眞正的定義是「影響力」。如果的確是如此，那麼一個人若有豐盛生命也會帶來相對的影響力。你周遭的人能看到你的影響力，影響力和權力乃一體兩面相互爲用，有影響力也就代表有更多的權力。一旦人們擁有影響力和權力，是很難不去運用的。如果你有影響力，別人也看見你的影響力，他們會想知道如何也擁有你的影響力，想從你身上獲得或利用這份影響力，如果沒辦法做到，他們就會從中破壞它。

如果你有影響力，別人會看見。如果你在工作上具有某種程度影響力，旁人會利用它。如果你對上司有影響力，旁人會希望藉你當傳聲筒將訊息傳給你的上司。成爲成功好管家最困難的部分不在於得到影響力而在於如何避免被別人操縱你的影響力。

一旦你疏忽，你會發現和你有往來的朋友或開始和你熟識的人，他們會希望藉著你的才能和影響力完成他們的工作。不管是哪個團體、哪群朋友，你會成爲他們的傀儡，我說這話並非想中傷誰，我只想舉例說明一個成爲傀儡的人，就好像腹語表演者，腿上擺一隻嘴巴動呀動說話的大型布偶，其實眞正說話的是那名表演者。你是否也像這隻布偶，你的嘴巴出聲，說的卻是別人要你說的話？大部分的人都不喜歡被人利用的感覺，但當我們變得越來越成功，別人代替我們說話的可能性也將大增。

所以你好好思考這個問題：誰代替你說話？你必須要知道答案。另外一個同樣重要的問題

[41] 約翰・麥斯威爾（John Maxwell），暢銷作家和領導力專家，榮登二〇〇七年領導力大師榜首。

是：誰向你說話？不管是誰代替你或是誰向你說話，說話的人有可能幫助你或毀滅你。那位代替你說話的人通常有他們的工作時間表，他們樂意代你發聲，因爲他們需要藉助你的影響力傳遞他們的訊息，並且達成他們個人的工作目標。

我們每個人都有那些代替我們說話的人。忙碌的母親要她的孩子代接電話或傳遞訊息給老師；你的秘書或助理根據某對話或電話內容代你擬草稿或寫信；通常商界的高階主管也有中階管理團隊人員向基層工作人員或部門主管傳遞董事會的訊息，無法避免的，你會有人代替你說話發言。

你是否注意過一個角色——代替總統專門針對媒體的新聞發言人？我對於白宮發言人傅萊契爾（Ari Fleischer）印象非常深刻，他在小布希總統第一任期內非常勝任該職；而柯林頓總統時代的白宮新聞秘書邁爾斯（Dee Dee Myers）也表現不俗，當時媒體記者的任何問題都難不倒她。你可以想像那份工作所承受的壓力嗎？有誰願意扛起這份舉足輕重的工作、冒著被人誤解扭曲說話內容的風險？話說回來，誰沒有總統那份影響力？某種程度上來說，我們每一個人都是總統，誰是你的發言人？你能夠相信他們會適任的傳達你的訊息嗎？

關於別人誤解你意思卻又代替你說話的後果，我有切身體驗。曾經有記者專訪我，會面後我感到十分滿意，覺得受訪過程一切順利，也有很好的意見交流，結果第二天卻發現記者不知道是有心還是無意曲解我說話的內容，報導中只見到記者個人的主觀想法，完全不是我的初衷。

我也不止一次喝咖啡差點兒嗆到，因爲報紙上寫我說了什麼話，可是我卻根本沒這麼說過。因爲有人代替我說話，他們以自己爲出發點，於是我失去了自我主權。記者的報導也許沒有什麼新聞價值，然而他們透過人物專訪，擷取他們所要的新聞點，那就比較有看頭了。他們會加油添醋或刪除削減訪談內容，結果一年後你還在爲記者先生小姐們捅出的樓子收拾善後，因爲他們當初歪曲誤傳關於你的消息。

讓我舉一些更明顯的例子。你是否請人幫你報稅過？如果是，他們就是代替你說話的人。你是否請過律師幫你打官司或是代表你承辦其他法律事務？你是否請過房屋仲介幫你買賣房地產？如果有的話，他們就是代替你說話的人。你的成功與失敗全在於他們的專業與誠信，你信賴他們嗎？

如果你是生意人，我想要提出讓你思考的問題，做生意最難的不在於資金周轉調度、爲公司打廣告或是購買設備等，而是那些你派出去談生意的代表是否夠格？他們會不會給你惹麻煩？不管你做的是什麼生意，如果做得不錯，業績成長，你免不了需要聘請員工幫你，這時候你的挑戰是要能找到了解你創業理念並能勝任工作的員工，不過事實是公司願景到了倉儲單位多已消失殆盡、不復提起。

問題出在哪裡呢？因爲那些替你執行計畫的員工可能對概念構想、計畫進行與完成、公司負責人的風格與態度等攙入他們個人的想法，於是企業觀念產生變化。事實上，許多時候這些計畫執行者不但沒有按照指示執行，他們還徹底的毀滅了計畫！許多很好的想法、完善的教會和優秀的企業失敗原因就在於具有遠見和理想的創始者與執行者之間產生了脫節與誤解。

隔夜交貨

你若臨時要寄送一件包裹，卻又不想讓繁瑣冗長的郵政業務拖延時間，你該怎麼辦？如果真是這樣，你可以多付一些郵資以隔夜交貨方式快遞送達。同樣地，當人們要盡快把事情辦好，他們通常會利用你的影響力使他們想要傳遞的訊息更快速的傳送出去。利用關係辦事，大部分的人都心照不宣。

母親可能會對孩子說：「你爸爸要你現在上床睡覺！」她正在使用父親一家之主的角色，試圖以權威方式將她的訊息表達出來。也許在不同的家庭裡，這種角色會互換。「如果你不快點把洗碗機裡乾淨的碗盤拿出來歸定位，你媽媽會生氣的！」這類帶有一點威脅成分的話就如冬季患感冒一樣普遍。這些都是借用別人影響力來達成自己目標的例子。

我以上所舉的例子其實都是家庭裡面會發生的瑣事，不痛不癢、無傷大雅。只是你會發現當你或另一人的名字被提出來，就好像是說了什麼密碼，還是變了什麼魔術，一切任務使命必達凡事通關順利。但是並非所有的孩子都吃這一套，他們才不管父母有多累，說不做就是不做。工作職場上也有類似的情況，別人會利用你的名字完成一件企劃，就好像說：「芝麻開門！」使用一位具有影響力的人的名號能使你辦事如虎添翼。「我現在就在參議員的辦公室內。」這句話可能是來自官方發言人的口中，也可能來自工友的嘴裡，總之是套交情辦事的利器。在我的機構裡，我常面對最大的挑戰就是人們似乎偏愛拿我的名字當作是所向無敵的武器，我的職員若利用我的名字，他們就似乎有了我的權力完成我交辦的工作，但有時候我知道他們爲飽私慾而擅用我的名字去完成他們個人的工作。

我也發現有些人會和你攀關係，藉此利用你的影響力。很特別的是，有些人更會藉著搭你的便車和你閒談，天知道他們是否眞的順路?!通常你對他們可能一點也不熟悉，但他們卻知道如何把握機會鋪路。他們會這樣告訴人：「你看！我是重要人物！」或說：「你可知道我認識誰?!」

你兢兢業業維護名節，但一些做人不實在的人想和你掛上鉤，像汽車後面接了個拖車想跟著你去兜風，不幸的是，這種人還不在少數。有時候當別人利用你的影響力去有求必應，你根本無法爲你自己辯駁你和他們其實沒什麼相干。

不管如何，你千萬要將這種隔夜交貨的情形減至最低，如果你已盡量避免別人幫你貼標籤，你也必須要注意他人是否用你的名辦他們的事。當你的名未經你允許而被這些權力玩家盜用，你多年經營的聲譽可能會因此毀於一旦。

廣告夾頁與傳單

你必須知道他人並不一定要得到你的允許才能代替你說話，我驚訝的發現許多人會自以爲他們和你有交情而代替你說話。這些人可能和你只是點頭之交，但卻給旁人一種錯覺以爲他們非常了解你。我必須要警告你，眼見爲憑的力量足以勝過事實的眞相，形象的好壞取決於當事人給外界的印象，和事實如何沒有太大關係。人們對你的印象和看法乃從你的交友情形來斷定你的爲人，於是在你想要活出新生命時，交友就成了重要的課題。

你是否相信人們看到你和誰往來，他們就把你歸類爲同類型的人？如果你被看到和某一政黨人物在一起，人們就會以爲你是支持該黨理念的樁腳，如果你參加一個活動恰巧有某位影視明星也出席會場，媒體就會開始大做文章說你如何包容這位公眾人物的私生活。你要有智慧的愼選往來對象，那些和你做朋友的人通常會利用你們的關係爲他自己拓展影響力，不管他是有意或無意，簡言之，你就是被利用了。就如滲漏式經濟學（Trickle-down Economics）的理論，位於最高地表的水，最終會慢慢的滲漏進各個地層，你的影響力最後會因爲他人的利用而變得越來越小、所剩無幾。

那些想接近你的人無非是想利用你，要你支持他們那一邊的立場。當他們和你往來一段時日，突然變得不太熱絡，那是他們發現你老是和他們唱反調，所以他們也就懶得和你囉唆。有些人甚至會因你交往的朋友而評斷責難你或干涉你，通常他們說出來的話會很難聽。

這樣說來，有些關係就好像廣告夾頁和傳單，夾帶在你想看的報紙、雜誌、個人郵件裡，因爲如果你只有收到廣告單張，你會連看一眼都不想看。個人電腦也會出現類似的情況，那些小廣告像國外派來的秘密間諜以彈出式視窗忽地閃現在螢幕上實在讓人感到厭煩。也許你只是想在網路上買只手錶，結果推銷威而鋼的廣告突然彈出在網頁上，這種置入性行銷實在防不勝防。

雖然這些網路小廣告讓人討厭，但你不能否認它們已經達到廣告效果了。如果廣告沒有效果，公司爲何還用這種方式推銷產品呢？根據美國在線（American Online）一家著名的網際網路服務提供商指出，每一季統計出來的彈出式視窗廣告共有五十億個之多，這也代表一年累積加起來共有兩百億次的干擾！

同樣地，有些人也像這些彈出式視窗廣告，想盡辦法滲透到你的生活中，榨乾你的精力、注意力和影響力。這些人際關係令人感到無力，他們出現在你也在的場合，你的生活、你的家庭全部被他們滲透了，他們並不眞的想要和你交朋友，而是想借用你的影響力罷了。

結果你發現自己怎麼突然和某些人物掛名在一塊兒，其實你們之間根本沒什麼關係，他們只想搭順風車，但這還是其次，最糟糕的是他們所帶給你的包袱，因他們的關係讓你樹立了不少敵人，你實在百口莫辯。和你不相干的關係、事件全因他人介入而扯到你頭上，你卻仍被蒙在鼓裡，什麼事都是最後才知道。

快遞郵件標籤

我第一次得知自己受到總統欽點賞賜被聘任爲他的個人靈命顧問是從報紙上看到的消息。消息一見報，我馬上接到一堆張三李四王老五打來的電話，說是要請我代傳重要民意給總統。我原本還不明白，後來才知道人們眞的以爲總統先生和我沒事就聚在一塊兒上溫蒂餐廳點漢堡餐呢！

有幾次我參加午餐會，聚會內容大同小異，只是由不同政黨舉辦，結果後來被繪聲繪影編出了故事，說我和某位政府官員常聚在一起上鄉村俱樂部打高爾夫球，也一同乘坐遊艇出海共享歡樂。眞是太誇張好笑了吧！當我搬到德州後，我才在某午餐會上認識這位官員，就如一般人聚會，同桌吃過一次飯、開過幾次會並不表示你和他從此建立很深厚的交情。

和布希總統或其他政治人物建立友誼沒什麼不好，我也常覺得備感榮幸能受邀參加不同政黨舉辦的宴會活動。但人們卻不了解雖然我和他們一同聚會用餐，不一定代表我同意或不同意他們的政策主張，雖然我可能會有機會提出我的看法，對此我感到十分感激。我仍會繼續不斷發揮我的影響力，我也會將從官方得來的訊息帶回社區與居民分享並且利他助人。我相信改變要更有效力，你必須要從宏觀面著手，讓主事官員們有機會聽見老百姓的問題和意見。

當媒體針對某主題大肆渲染，他們不會問你哪些是事實、哪些是個人看法。他們只是寫稿交差，在截稿期前完成故事，之後他們就會再去獵取下一個故事。舉例來說，媒體和大眾所關心的議題如移民問題，一時之間許多相關報導出現，突然好幾百名拉丁美洲裔牧師全將目光轉到我的教會，因爲他們以爲我有權力影響總統，能代爲關說發給每位移民一張綠卡。同時間我正在行政區辦公室試著處理違規罰單降低罰金的問題（我必須附帶說明，可惜後來並沒有成功）。我不禁懷疑自己眞有那麼大的本事能影響自由世界的領袖嗎？我靠的是什麼？簡單的說，就是「標籤」。

在你的生活裡，標籤可能是別人對你的印象，但我先前說過，眼所見的和事實的眞相是兩回事。我們都曾有過這種經驗，別人對我們的批評不見得完全正確，即使確有其事，他人看法也不盡然完全客觀。從小到大，你在學校裡聽人批評過：「她以爲她了不起啊?!」辦公室裡你背後的閒言閒語：「你知道他們兩個已經開始約會了耶！」雖然我們知道許多批評都是空穴來風，但我們不得不仍要適應別人爲我們所貼的標籤和看法。

如同小包裹上的郵戳標明「優先郵件」（Priority Mail）或「一級郵件」（First Class），

標籤的作用在於分類，讓人較容易處理郵件。人們也會將你分類，「他會是下一位葛理翰牧師嗎？」「她讓我想起年輕時的歐普拉。」「他看起來有點像丹佐‧華盛頓。」這種例子屢見不鮮，標籤能讓人知道如何描述你，但他們也因此抹殺了上帝創造你的獨特性，並且因人們依他們的聯想對你做假設，你甚至有可能被分類錯誤、冤枉一輩子。

當這類標籤貼在你身上，不管是好是壞，你的名聲會被傳開來，人們也會斷下定論，對你產生偏愛或偏見，負面的情形可能就是歧視。種族歧視、性別歧視，這些刻板印象好像標籤一層又一層的貼在人身上，然而層層標籤和郵票黏貼下的包裹，當你打開後才發現和你想像完全不同。

所有人身上都有標籤，也許標籤不能說明我們眞正的爲人，但卻爲我們製造了外在印象。從宣教士到同性戀人權鬥士，沒有任何團體可以用一個簡化的名稱就能說明一切，但只用兩三句話形容一個人卻很容易。使用種族、社會、性別與政治的標籤好像郵遞區號將人區分開來，用這種方法評斷人的好壞是不正確的。只是因爲交友圈的朋友觀念和旁人不同，許多人竟受到不公平對待。如果你想要準時抵達目的地，那麼你可能要確定爲包裹貼上讓人一眼就先看到的適當標籤。

郵件處理者與郵差

當你小有成就後，你必須要對付別人幫你貼標籤的問題。因爲你的成功，你不只得到地位與財富，你也會提升知名度，因此你無法避免別人對你的評語。當然你必須盡全力維護你的名譽，你要確定你所說的話或想做的事沒有被扭曲誤解。

當你越來越成功，你一個人無力擔負所有責任，你會需要依賴他人的幫助，讓你能夠維持成功甚至讓事業更上層樓。你可能需要會計師、律師、員工、託運人、裝潢師、宴會籌備企劃還有其他專責的人幫你達成各種工作目標。你無法將所有工作一肩扛起，你需要你能信賴的人一起完成工作。你的用人方法是什麼？你要如何分辨哪些是你能交付任務的人？你要如何避免以錯誤的外在印象和不正確的標籤評定人？

本章已近尾聲，我想要爲兩組人員的工作做一番解釋，他們分別是郵件處理者（Mail Handlers）和郵差（Mail Carriers）。有些人像郵局裡的郵件處理者，他們的例行工作就是將郵件分類，有時他們按照自己的假設將你分類。無可避免的，我們每一個人都會遇到這種郵件處理者。但如果有太多人七手八腳做分類工作，卻沒有人當郵差送件，這樣一來，一件包裹被胡亂貼完標籤最後仍舊躺在郵局裡。

郵件處理者在郵局內工作，他們拿起包裹、貼標籤、分類整理後再扔進郵袋裡。郵差則是在外頭送信的人。我鼓勵你多與那些能送信的人在一起，注意那些只貼標籤將你分類的人。別讓人操縱你和影響你。你要記住，你的律師不能替你做決定，他只是提供你資訊和選擇，他可能會提出建議或勸告，但最後決定權仍在你！

別讓你身邊的人主導你的方向，我自己曾經因爲讓人替我做決定而吃足苦頭。他們不了解我、欠缺智慧、對我設立的目標也缺乏認同，或者他們純粹就是想操縱我。遇到這種狀況，你要聚集一組能認同你又不反客爲主的夥伴，你成爲召集人，他們幫你送信，你不必擔心他們竄改內容，也無須擔心被送到無法投遞的郵件部門。當你選定目標，你就能活出新生命，而不是讓旁人定位你。

當你成功後，你會遇到許多挑戰，千萬別訝異，旁人會滲透到你的生活裡，甚至改變你成爲他們要的樣子。有些人可能會折磨你至死，或榨乾你的精力；有些人則會助你一臂之力，鼓勵你保持原來的樣子。和這些郵差們做朋友吧！如果機會允許，你也能成爲別人的郵差、他人的鼓勵。

保持你的動力與衝勁，成功之路在你眼前，千萬別慢慢吞吞！

第14章

飛行手冊——翱翔天空與安全返家

「耶穌走到那地方，抬頭看撒該，對他說：『撒該，快下來！今天我必須住在你家裡。』」

——路加福音十九章五節（英皇欽定本）

我在第三單元的前言已經提過，我寫本書的靈感乃來自於聖經裡撒該的故事，這名深謀遠慮、不輕言放棄的稅吏長，不顧身量矮小，硬是跑在眾人前頭爬到樹上想要看見耶穌。他想活出新生命的毅力也讓耶穌看見了。他雖然擁有眾人汲汲追求的財與勢，但他卻希望能超越成功所帶來的限制，從耶穌和他的對話中，我們看見當時圍在撒該身邊的人如何大吃一驚，耶穌說的這段話才是本故事的主旨。

當耶穌說：「撒該，快下來！今天我必住在你家裡。」祂好像丟了一塊石頭出去，在撒該平靜規律的生活中引起陣陣漣漪。雖然耶穌忙於傳道，可是祂並沒有隨便應付撒該，祂願意撥出一段時間來認識這位爲了見祂而爬到樹上舉止奇怪的稅吏。

耶穌對撒該說的這段話，其實可和之前提到箴言三十一章我們所敬佩的才德婦人那段經文對照。要有成功的整合觀，我們必須思考下面的問題。如果我們心靈疲憊、生活沒有目標，外在一切名聲與財富又有何用處呢？如果我們家庭沒有和諧，商場上驍勇善戰、所向無敵又有何用處呢？如果我們生活失去意義、失去自我，外在一切成就也算不了什麼。

撒該的故事是一個很好的提醒，他在大庭廣眾下展現他的決心，耶穌回報以到他家作客，讓撒該有和耶穌獨處互動的機會，於是撒該的內心改變了。當耶穌進到人的心裡面，貧窮的心得以富足，人也會有所改變。

家庭作業

眞正的信心是讓上帝有機會進入你的內心和你的家庭生活。做一個表裡如一的人對很多人來說不是容易的事，有些人內心裡好像住著一對異卵雙胞胎，其長相和性格完全不同，其中一個是「理想我」，是我們想成爲的那種人，同時也希望是別人眼中看到的我們；另一個是「眞實我」，沒有掩飾或僞裝，也許缺乏社交技能，無法和人建立關係。「眞實我」可能存在我們不想面對的缺點。像聖經中的雅各和以掃，他們彼此爭鬥，我們的「理想我」和「眞實我」也會產生衝突。這兩個內在的「自我」經常爲了爭奪控制權而吵鬧不休，直到雙方痛苦不堪，同時也傷害了那些愛我們的人。

許多時候我們爲了想要達到「理想我」的標準而對「眞實我」產生不滿，這種內心不一致的感覺和情緒會表現出來，尤其每天見面的家人會有更深刻的感受。有時因爲自己內心的衝突和掙扎，而造成和家人之間的摩擦與爭執。

我們要認清一個事實：人種的是什麼、收的也是什麼。我們若在家庭生活上下工夫，一家就會變得更團結。我們若在事業上下工夫，我們就能看到努力成果。你該如何做到家庭和事業都能成功呢？如果你只有事業得意但家庭失意，那麼事業成功不算什麼。反之，如果你家庭生活幸福美滿，可是只有愛情沒有麵包，喝白開水的日子你能忍受多久？

有一個解決辦法，那就是在兩者間找到平衡點，雖不容易做到，但如果我們知道如何平衡家庭與事業，我們的生活也就能面面俱到。的確，要如何平衡的運用時間與心力達成兩邊的要求，完成需要我們親自投入的每件工作是一大挑戰。人們很容易失去平衡走向極端，唯有在理想和現實中找到平衡點，我們的生活才能幸福。

大體而言，大部分的人會比較注重能爲家庭爭取什麼，而不是從家庭獲得什麼。是否事業的成功所要付出的代價是犧牲掉家庭？許多事業有成的人不是那些傍晚五點就能下班回家的人，或是能帶著家人到熱帶島嶼享受陽光沙灘與天倫之樂的人。他們通常工作得很晚，回到家裡，家人早已吃完晚飯，他們辛苦工作，家人卻將他們的付出視爲理所當然。另一方面，我也見過許多足球媽媽（soccer moms）[42]看球賽時臉上表情幸福洋溢，內心卻煩惱著該如何調度家用預算支出。

讓我們面對問題吧！那些看起來事業有成的人通常以犧牲家庭的利益換取事業的成就，不僅如此，他們連自己的生活與休閒時間都賠上了。我們不也常看見企業主管、政治領袖、銀行經理和教會牧師帶著文件坐在法庭等離婚判決，他們通常會保持低調盡量不讓家醜外揚。

你可能還記得第一章關於模擬介入會談的內容，我寫到的其中一個角色是情人羅羅，他／她是一個對關係感到冷淡失望的人。通常人際關係疏離是一種逃避，我們不再對人感興趣，對人際互動提不起勁。當我們對一個人產生感情，我們很難不去在乎對方，然而如果我們愛的是一個對關係感到冷淡的人，愛情也會慢慢因沒有互動的灌溉而產生枯竭。

通常這種枯竭的感覺不是因我們對關係感到興趣缺缺，而是爲了追求事業成就，維繫家庭關係變成次要的工作。一些人以爲給予物質上的資源就可以替代感情上的缺席，要維持一個家，不只需要投入時間經營，也需要投注精神與心力。人在心不在，有些人雖然在家，心卻不知跑到幾里外去。我知道你的感覺，因我曾經也是如此，有時我們愛工作到一種程度，忙到無法分身陪伴家人。

原因正是大部分的人缺乏平衡，如果我們找到平衡點，我們就能兼顧事業與家庭。因成功需要付出相對的代價，許多人付出的代價就是與家人共處的時間，或是不被黑莓機所干擾的放鬆片刻。舉例來說，百分之二十四的美國人一星期花至少五十小時或更多的時間工作；百分之二十二的人則說他們一星期工作有六、七天之久。根據美國有線電視台CNN的報導，美國人勞動工作者因爲太注重工作，不只忽略健康、人際關係，其實工作成效並不彰，原因就在於過長的工時與來自工作的壓力。

成功不一定表示你要犧牲個人與家庭，我們必須要學習找到平衡點，所以我認爲我們應該花一點時間了解該如何增進家庭關係。絕大部分企業已學到教訓，不快樂的家庭生活絕對會影響到一個人的工作表現，尤以那些爲家庭失和關係感到痛苦的人最沒有生產力。事實上研究報告發現，因家庭與工作之間的衝突與壓力導致國家社會每年要付出一千億元的社會成本。人們

⓬ Soccer moms（足球媽媽），一般指家住郊區、已婚，並且家中有學齡兒童的中產階級女性，開車接送自己的孩子參加社區足球隊練習。

因婚姻失和、孩子照顧教養，和個人生活適應等問題所產生的心理壓力會讓人工作較無效率，且請病假的情形也會增多，與同事之間產生更多摩擦。

如果想要事業與家庭成功，我們就要找出平衡的方法，免得顧此失彼，感到有所遺憾。當然要做到不是很容易，我們必須有意圖也要有決心。那些兼顧事業和家庭的人，他們能成功絕非偶然，如果我們沒有計畫目標，我們不去修正調整，到頭來會發現我們不斷努力買屋置產卻失去了一個眞正的家。如果我們沒有決心維繫一個家庭，找們等於傷害自己承諾婚姻的信用，最後只會落到支付子女撫養費的地步。

追求事業成功的同時，你也要不忘家庭。任何的成功都無法彌補家庭的失敗。我輔導過許多家庭，夫妻兩人均事業成功，他們卻漸行漸遠貌合神離。過去十年，美國共有一千萬個離婚家庭，統計數字之高眞令人難以想像。根據美國商務部人口普查局（U.S. Census Bureau）的資料，從一九六〇年到二〇〇〇年之間，單親家庭成長超過百分之兩百，大概有百分之七十五的孩子和母親同住[43]。夫妻感情變淡，彼此間沒有交流，最後通常會走向離婚一途。

一個事業成功的人要如何避免步其後塵呢？我相信只要你努力在事業上好好衝刺起飛，同時你也有一個能安穩降落的家作爲後盾，追求事業和家庭的兼顧與平衡將能使你人生圓滿。無論你的事業有多麼成功，若沒有你所愛的人陪伴在你身邊，沒有家庭溫暖的支持，你不會眞正感到快樂。

起飛階段

一九〇三年，美國萊特兄弟威爾伯（Wilbur Wright）和奧維爾（Orville Wright）成功試飛第一架動力飛機。他們發明建造世界上第一架動力驅動、比空氣重、人造自由飛行、可控制並持續滯空的飛行器，稱之爲「飛鳥一號」，一九〇三年十二月十七日他們駕駛此機在北卡羅萊納州小鷹鎮飛行，航距達一百二十英尺（約三十七公尺）。

經過無數先驅者的不懈努力，人們搭乘飛機自由飛行旅行世界各地不再是夢想。然而飛機要飛上青天需要一條起飛跑道。波音七四七飛機有強大的渦輪推進力，能平穩航行在四萬英尺的高空中。雖然機上可載客數百人，也能裝運噸數極重的貨物，但飛機仍能不受地心引力的影響而飛行，這是前人無法想像的。然而飛機起飛需要較快的速度，若沒有寬敞起飛跑道的助力，不管機身如何龐大，渦輪推進力有多強，要飛上青天可是一大挑戰。

同樣地，想要一飛沖天的人，我們也會遇到空中亂流，比如因偏見和歧視而定的公司政策或不平等待遇、外在有限的資源、家人的反對或嘲弄等，然而如果我們想爲下一代創造豐盛的生活，我們就必須要克服一切阻礙。其實很多時候愛我們、支持我們的人會成爲機上的組員與空服人員，他們也會成爲那讓我們能發揮動力的飛行跑道，助我們飛上藍天看見新的視野與地平線。

我將它稱之爲起飛階段，在這個階段，全家人有相同的目標與方向，每個人扮演不同的角

⓭ 本資料來自美國商務部人口普查局的調查報告《Living Arrangements of Children Under 18 Years Old: 1960 to Present》（2000）。

色，對夢想有相同的熱情，如同聖經中約瑟的夢想深深影響整個家族成員，我們的夢想若要得到家人的支持，我們需要讓家人參與其中。我們可以邀請周遭所有的人和我們一起做夢，在成功的初期階段，我們要整個家庭成員知道我們奮鬥的目標何在。例如爸爸回到夜間推廣部上課進修，媽媽多接一份工作增加收入，孩子們知道爸爸讀書的時候要保持安靜不吵鬧，每一個人做自己該做的事，爲的就是完成爸爸拿到學位的夢想，這個成果是屬於全家的。

我有一位朋友的母親爲了成爲一名護士而決定重拾書本回到學校讀書，全家人同心齊力幫忙她，除了幫她複習功課、針對她上課抄的筆記抽問她問題外，還爲了多得作業分數幫她收集相關資料。媽媽拿手的家常菜暫時不能上桌了，全家人改吃速食快餐和微波冷凍食品。洗衣籃的髒衣服通常一堆就是好幾天。整個家庭原本的生活步調全被打亂，轉了個大方向。雖然他們全家人常穿皺巴巴的衣服，但因爲他們的母親想追尋夢想成爲醫護人員，他們完全配合。在她完成學業後，全家人的醫藥常識也更豐富了。他們是她的飛行跑道，給予她足夠的空間使她動力十足的起飛，爲了她的夢想，一家人義無反顧全力支持。雖然犧牲不少，學雜費和書本費也是一筆大開銷，可是全家人得到無形的資產無法衡量，有了家人對你的愛與支持，你的夢想方得以完成。

我聽過不少像這樣的故事，一些社經地位不錯的人士，因爲有向心力強的家人或親戚成爲支持才能有現在的成就。我有一位好友的妻子，她在我好友回學校進修時一肩扛起經濟擔子，天天工作累得像狗，幸好她有支持她的家人幫她分憂解勞，助她走過這段過渡時期。

同樣地，對一位患有肥胖症的人，當他決定要減肥，爲了使他能達成減肥目標，一家人決定配合他只吃低卡路里的食物。如果沒有家人支持鼓勵，他一個人是很難做到的。當一個人在職場上打拚多年後決心再重回學校讀書，或想考一張房地產經理人證照還是會計師證照，不管是什麼目標，家人是最重要的精神支柱。

一旦目標達成，夢想實現，兼顧事業與家庭的均衡生活仍舊是一種挑戰，家人要如何繼續維持先前的那股向心力呢？沒有了共同目標，一家人也許各自忙碌，漸漸失去親密感，雖家人關係仍舊存在，卻因彼此的疏離而越來越沒有交集。沒有人能說明原因，沒有人知道何時開始變得如此？有如河岸被水流慢慢侵蝕退後，也如含有番木鱉鹼（Strychnine）的致命有毒植物，親密關係的變化是漸進過程，家人關係逐漸變爲冷淡對家庭的傷害非常大，毒素所產生的不良影響乃有目共睹。

有一位男士和我分享他覺得帶妻子參加公司聚會是一件糗事，因爲他妻子既對政治一無所知又對閒聊沒什麼興趣，但礙於他的新工作，新進員工規定必須要參與聚會，妻子跟著他讓他感到十分無奈又沒面子。他的妻子在聚會中也感到非常不自在，因爲那些太太們說長道短，她根本插不上嘴，更何況她也只對家長教師聯誼會（PTA=Parent-Teacher Association）討論的教育主題有興趣。先生覺得帶妻子出門很丟臉，妻子也覺得沒必要配合參加先生的活動，於是他們的關係產生裂痕，先生覺得他的妻子已經不再適合他了。妻子非常痛苦的是，當初爲了支持先生的夢想讓他重回學校修學位，她身兼多職，上班又帶孩子，就是爲了配合先生奮鬥的目標。先生終於拿到學位，他們的關係卻因爲疏於彼此溝通而變爲冷淡，沒有因爲目標達成而關係變得更親密。

我知道許多人會說「愛是包容」，但套用〈屋頂上的提琴手〉歌曲裡的一段詞：「若天空的鳥兒和水中的魚兒相戀，他們要住在何處？」當環境起了變化，夫妻兩人走的方向不同，只用愛來維繫關係是不夠的。如果夫妻兩人無法一同成長，兩人關係就有可能越來越淡，最終成爲兩條平行線。上述的那位男士對妻子的一番評論感覺上像一種控訴與懲罰，對於犧牲自己利益忠心支持他夢想的妻子而言情何以堪？反過來說，因爲心裡面對妻子的付出而感到罪惡，勉強自己苦守關係，這樣也無法長久維繫感情。人有善心，但沒有人願意被當作施捨的對象。夫妻要在愛裡同心成長，彼此分享夢想，相互支持鼓勵，夢想並非一蹴可幾，要達成目標可能需要好長一段時間，有時甚至會面對停滯沒有進展的情況，要如何不放棄，除了愛，彼此的照應鼓勵是共同成長不可或缺的要素。

中途停靠站

在長途旅程中不可能沒有休息站，我們需要中途停靠站，補給燃料，讓自己恢復體力。雖然知道我們需要休息，但我們卻都等到非不得已才停下來，那時候多半已累得沮喪不堪再也走不動了。

因摩西的描述，以色列子民前往尋找那流奶與蜜的應許之地，但摩西卻沒說要花多久時間才能走到。絕大多數在達成目標的過程中分有階段性，在過程中遇到挫折困難需要毅力與信心才能堅持下去。我們領悟到過程中的學習經驗固然是好，然而要能達成目標完全在於自始至終我們是否有耐心走下去。

上帝會爲我們預備中途停靠站，但有時候疲累的感覺讓我們不得不停下腳步，比起那些對夢想保有高度熱情的人，沒有同樣熱情的我們很難繼續往前走。若夫妻兩人處理事情的方法不一，毫無清楚共識將很難共同完成目標。通常愛我們的人會支持我們的理想，但不表示會和你一同走到最後完成的階段；有時候他們會跟著你走，只因是你的選擇。

他們也會身心疲累，也需要中途停靠站。他們沒有像你對目標抱持的熱情態度，這時候問題就會產生了，當你們之間一個人的奮鬥目標成了另一人的重擔，看見目標就要完成的喜悅使他忘了另一半筋疲力竭的感受。許多夫妻因此選擇離婚，有許多則尋求婚姻諮商協助。他們連兩人之間存在的眞正問題是什麼可能還茫無頭緒呢！然而最後他們應該會發現關係其實早就出現警訊，只是他們當時完全沒有注意。

飛行中的平穩旅程

你要如何留住那些對你最重要的人的心？以下是我的一些建議，如果你能知道這些重點，你將能留住每個人的心。

1. 介紹你的組員

你是否注意到那些偉大的表演者如何介紹背後的樂團？你是否也留意到一般在登機後座艙長會向乘客介紹飛機上服務的機組人員？同樣地，如果你是機長，駕駛著一架飛向成功的客機，你應該也爲你生活中關愛的那些人製造這樣的機會。尤其當一名精力充沛、事業成功的女性攜眷屬參加活動，先生卻覺得自己的身分格格不入，對於平常以賣冰淇淋維生的先生，手臂上挽著身為董事會主席的妻子，任何男人對於這種不協調的身分一定感覺不舒服的。賣冰淇淋沒什麼不好，然而一旦他人開始將你的丈夫和與會其他男士做比較時，問題就會產生了。

對於這種情形，我建議你要先發制人，在其他人開始評估你的配偶前，你可以告訴你的同事們，你身邊這位伴侶如何和你一同走過那段奮鬥的歲月，一路走來始終無怨無悔的相伴。向人說出你的故事，今日的你之所以成功全因家人背後給予你愛的鼓勵和支持。若你如此介紹你的樂團、你的組員、你親愛的家人，你將化險為夷，不讓他人外在的批評與論斷影響你和家人間的關係。

2.邀請你所愛的人一起同行

在你邁向成功目標的同時，你可以選擇邀家人同行，也可以選擇不讓他們跟著你。在家中一起閒聊時讓他們有機會知道你事業的狀況、你扮演的角色，讓他們有機會明白你面臨的壓力，工作遇到的困難或瓶頸也許正是阻礙你和家人親密關係的主要問題來源。他們不需要鉅細靡遺的了解你事業一切內容，但透過閒聊過程可以讓你們有交集並且能增進關係。

3.始終將最重要的事當作最重要的事

我們很容易將當初全力支持自己的家人視為理所當然，甚至有可能忽略他們或將他們視為多餘。他們融不進你現在的圈子，只能成為你的墊背，完全失去個人自我，最終成為你成功事業下的隱形人。你要如何在成功後避免讓他們屈居在你背後？我們都知道生活要有優先順序，說起來容易，但要如何將最重要的事當作最重要的事呢？

你是否記得一部電影「駭客任務」（The Matrix）？這部電影是近年來難得一見討論人類思維與科技衝突頗具深度的電影，電影有意思的地方就是要我們如何分辨眞實與虛擬實境。電影中，電腦主機「母體」（Matrix）的虛擬實境讓人以爲是眞實世界，人類一個個躺在培養槽裡，頭部及全身插滿各種電線及管子，被電腦主機「母體」（Matrix）所控制培育著，沒有「眞實」的生命。

我認爲這部電影像是諷刺的預言，說明一個人成功之後的生活將會是何種模樣。如果你不謹愼小心，你很有可能讓工作、事工或者其他的目標變得比家庭還重要，而你努力工作不也是爲了家庭嗎？工作只是一種工具，它能提供你家庭的生活所需，你仍要將最重要的事當作最重要的事。

你必須要有這樣的認知，你工作上所建立的世界不是眞實世界而是虛擬實境，你要靠著主機「母體」方能在眞實世界裡存活，並且藉著「母體」你才能有更好的眞實生活環境。你要這樣不斷告訴你自己，否則你的工作最後可能會吃掉你個人與家庭生活，家庭爲之破碎。因爲你把所有時間精力投注在工作上，也許有一天早晨你起來發現自己住的房子空蕩蕩，你的家人已經永遠離開，你才明白只有工作是不足以存活的。你要從內開始，從建造家庭開始，當你超時工作，你要記住你是爲何而做、爲誰而做？別只爲了簽買賣合約或增加更多所得而忘了守在你身邊的家人。

4. 把你的注意力放在家人身上

最後你要做的事是將你的一些時間投注在家人的興趣上面。當你這麼做的時候，可以使你與家人建立更親密的關係，也能讓你不再對孩子或配偶的需要視而不見。我們很難不愛那些對我們做的事情感興趣的人。如果你就要嫁給一位清掃垃圾的清潔隊員，那麼你是否應該了解裝垃圾容器、載貨小卡車和卡車支架等相關名詞？也許你偶爾可以陪他買個支架，然後聽他說他的工作。當你的家人發現你對他們的生活不感興趣，他們會離開你，無論是形體的離開，或是精神的離開，最後你們變得毫無交集。如果你花時間去了解他們，他們也花時間了解你，你們會更靠近彼此，關係也將更親近。

準備降落

如果你常搭飛機旅行，你應該對飛行中會遇到的亂流並不陌生。當飛機從三萬六千呎的高空準備降落，機身可能會因風速與氣候變化而產生顛簸搖晃現象，這種情況即使是經常搭乘飛機的商務人士或是旅遊次數頻繁的乘客也會感到驚嚇。我們的生涯中也會遇到這種亂流，不管是飛行途中或是正準備要降落的時候。在某種程度上來說，因爲家人已經習慣你和他們在一起時心不在焉只想著工作；也可能因爲你的工作變得十分刺激有趣，只有家裡四個人成爲你的觀眾已不能滿足你的需要，你需要更多的喝采和掌聲，尤其當家人對你的工作沒有什麼興趣，他們可能比較想做家庭作業而不是看報紙頭條新聞，或者寧願在學校編校刊，也不願和你一起討論華爾街日報的文章。

你會驚訝的發現，其實許多牧師因爲他們生活單純工作規律，當他們和人閒聊時可能會沒什麼話題。如同退休運動員，從運動舞台上退下來，我相信你應該會明白要從絢爛歸於平淡這其間的心情調適是非常不容易的。一個打橄欖球全明星賽（Pro Bowl）的運動員要回到家裡蹲著洗馬桶（Toilet Bowl）的確是很大的轉變！以他們成名的聲譽要放下身段回到家庭，他們會感到挫敗灰心。

同樣地，當受刑人服滿刑期準備出獄的時候，他們雖然高興終於能離開大牢，可是他們要如何面對監獄外的現實生活、社會的眼光呢？他們背後的監獄大門重重地關上了，雖然世界就在他們眼前，可是要重返社會所要面對的現實問題遠比他們身後那扇門裡面的種種一切還要令人感到害怕。他們得到自由，但也感到非常焦慮。他們會在半夜驚醒，感到全身緊繃，憂慮擔心，過去的事件不斷在腦海中出現，他們也在頭痛該如何適應新生活。

任何時候當你將重心轉到家庭外，你會發現回到家裡時，家中氣氛可能會令你氣餒。你要知道如何找到緩解氣氛的方法，否則當火爆或衝突產生，你和家人都將有所犧牲。你是否感到不解，爲何許多維繫二十年之久的婚姻最後步上離婚一途？夫妻兩人共同爲家庭付出、照顧孩子，但是孩子大了，兩人婚姻似乎也失去目標，他們找不到要如何讓婚姻維繫下去的理由，家庭關係也因此面臨危機。

天空飛翔的老鷹需要有落腳休憩的時候，再強健的翅膀也終有疲憊的一天，人也是如此，我們都需要安穩降落的時刻。但要如何做到呢？

首先，不要突然降落。你沒有見過飛機這樣降落的吧？不像直升機降落的方式，在飛機上，你會聽到機長宣佈：「各位旅客，請繫好安全帶，我們要準備降落了。」我們要爲降落做預備，如果你突然降落可能會造成失控或墜毀。

要安穩降落需要做到以下幾件事：你是否預備好退休計畫？你退休後要住哪裡，和誰同住？你不能等到降落後才開始想這些問題。爲了確保你有明確的退休計畫，你可能要問自己一些問題，這些問題都是你在飛行時沒有時間去想的問題。其實問題很簡單，例如你期待自己退休後的生活型態會是什麼？哪些城市適合退休人士居住？你不需要等到白髮蒼蒼才考慮自己是否該辦退休、放慢腳步、輕鬆生活、好好享受工作多年來的成果。但如果你什麼都不想，什麼計畫也沒有，到了已屆退休之際，再做安排打算就爲時已晚。你居住的城市生活消費如何？哪些價格費率持續上漲？你的退休金是否足夠你退休後的生活？這些都是可推斷估算的數值。然而有些是無法預期的心理調適問題，例如從職場生活習以爲常的高度壓力中歸於平淡又無拘無束的居家生活，這中間的轉變又該如何因應？

另外需要考慮的實際問題，你的家人要如何適應你退休後的生活？你不覺得他們有時候感覺像熟悉的陌生人？對他們而言，你的角色是什麼？你是否仍有用處？還有需要你關愛的人嗎？你是否有很深的失落感？想到爲了家人你一生不斷努力工作，退休後你的孩子也各自成家立業，可是家裡卻冷清清的不如從前。你是否要改變計畫、重新建立新的關係呢？

別突然降落。讓家人能有時間適應你回巢，同時你也要讓自己適應他們離巢。你要試著讓你愛的人接納你退休後的角色，別期待自己過去因工作忙碌而缺席的一家之主那個角色會自動回到你身上。他們可能也會因你的退休感到有壓力且不適應，所以他們選擇避開你。

但是你千萬要注意，那些監獄受刑人服刑期滿後很容易又回到監獄裡，因為他們不知道該如何適應正常生活、適應家人以及適應社會。雖然重獲自由令人欣喜，但回到現實面仍會遇到許多挑戰。服刑期滿的受刑人雖得回自由之身，然而適應新的身分對他們而言不容易。忙碌的商人喜歡和家人一起度假的點子，可是他也許會發現事實和他想像的不一樣，最後度假可能如同電影「假期歷險記」（National Lampoon's Vacation）的劇情，災難一波未平一波又起。

浮生若夢

在你生命的每一階段，無論是你事業起飛階段、奮鬥階段還是退休階段，你要將家人和所愛的人也納入你的計畫裡。你要和家人們分享你事業的成就、你的興趣與嗜好。你的家人們愛你，只要你願意，他們非常希望能為你分憂解勞。市場調查報告沒有家庭關係來得重要，你寧願花時間和家人在一起還是和那些你無法忍受的同事們在一塊兒？

機長在飛行時需要和塔台聯絡，你必須要聽從塔台為你指揮方向。我相信上帝就是我們的塔台，可以幫助我們尋找定位，讓我們在「理想我」和「真實我」找到平衡。上帝能幫你我在充滿壓力的生活中找到安全降落點。祂能給我們忠告，讓我們知道該如何面對生命中一切挑戰。

我個人相信一個人的信仰非常重要，上帝坐在塔台裡，祂能幫助在天空翱翔、為事業奮鬥的你回到地面上溫暖的家中，祂能幫助你調整你的角色，藉著祂的恩典和帶領，你會找到平安的降落點。地面上有熱情歡迎你回家的親人，他們遠比事業還重要。你的家人了解你，不像你的仰慕者或同事對你只有片面的認識。家人不像同事，他們不會因你的工作表現如何來決定他們是否愛你，他們在乎你是誰，他們看得到眞正的你，他們才是你的降落點。若你沒有家人成爲你的起降跑道，若他們不是你的依靠，你就無法平安降落。

一個人賺得全世界卻賠上自己的靈魂又有何益處呢？如果你失去家人，其他外在成就又算得了什麼？浮生若夢，當你離開這個世界、做最後一次的降落時，你唯一可以帶走的就是家人的愛與你們共享的回憶。你帶不走你的跑車或是那些時髦的裝飾，你也帶不走昂貴的豪宅或是你的豐功偉業，能陪伴你離開這個世界走到下一段旅程的只有你最重要的家人。

我希望從今天起，你能重新調整生活的優先順序，你追求成功的企圖心同樣地也能夠讓你有心追求圓滿的家庭生活。讓家人知道爲什麼你在外面要努力工作，和他們分享你的心情感受，享受與家人共處的美好時光。讓他們成爲你機上的組員，和你一起飛翔，這樣的空中旅行會更快樂、更有意義，我保證你也會平安降落，不管目的地何在，你都會有一份歸屬感。

第15章

本是同根生——讓你成為家人的精神財富

「身體不是只有一個肢體，而是由許多肢體構成的。如果腳說：『我不是手，所以不屬於身體』，它不能因此就不是身體的一部分。如果耳朵說：『我不是眼睛，所以不屬於身體』，它也不能因此就不是身體的一部分。如果全身是眼睛，怎麼能聽呢？如果全身是耳朵，怎麼能嗅呢？」

——哥林多前書十二章十四至十七節（英皇欽定本）

我喜歡讀短篇小說，其中我最喜歡的短篇小說作家是艾麗絲・沃克（Alice Walker）[41]，她著名的代表作為榮獲普立茲獎的《紫色姐妹花》（The Color Purple）。我喜歡的這篇小說篇名叫做〈日用家當〉（Everyday Use），故事敘述一名母親和兩名女兒之間的關係，她們住在偏僻的美國南方，和作者本人成長的喬治亞北邊紅土山丘景色有些類似。小說人物裡，漂亮、聰敏，受過大學教育的姐姐迪伊恨自己出身低，小鎮窮困的成長背景讓她抬不起頭，於是她靠著自己的奮鬥，找到工作，買了車子，又交了從大都市來的男朋友。妹妹麥姬因童年時家中發生大火的緣故，被重度燒傷而外表醜陋，她性格懦弱、自卑內向，仍與母親同住。兩個姐妹無論

[41] 艾麗絲・沃克（Alice Walker），二十世紀七〇年代以來（歐美國家第二次婦女運動之後）美國文壇最著名的黑人女作家之一。

外表、性格和生活經歷等方面均有天壤之別。你可能也認識類似這樣的家庭，兩個姐妹對照鮮明，一個是萬人迷，生活處處吃得開；另一個則寧願躲在角落當壁花，希望沒有人注意她。

故事中迪伊回家探望，這位衣錦還鄉的天之驕女向鄉親們證明自己如何奮鬥過來。當她回到家中，她向媽媽要求外婆迪伊爲她親手縫製的拼布織毯，因爲她想將這塊毯子帶回她居住的城裡，掛在家中牆上好作觀賞的藝術品。母親知道迪伊的目的只是要奪走一樣有著傳統文化特色的物品，並非眞的爲自己身爲黑人感到驕傲。另一方面，母親也覺得相當爲難，因爲她已經答應將這塊拼布織毯送給麥姬作爲結婚的嫁妝。想當然耳，迪伊聽到後大爲光火，向媽媽抱怨妹妹一定會俗氣的把這塊毯子當作日常生活用的毯子，最後將一條具有紀念價値的毯子當作地墊使用。

麥姬決定讓出這塊毯子，因爲她也早已習慣迪伊總是有辦法得到她想要的東西，她也告訴姐姐她知道如何織毯，她會再做給自己。她們的母親卻不這麼想，執意要將外婆的毯子給麥姬，她會再買一條新毯子給迪伊，但迪伊不想要機器縫製的毯子，她憤憤的離開了。對於能消滅迪伊的囂張氣焰，麥姬和母親倆都感到些許的安慰，她們又回復如往常一般平靜的生活。

我喜歡這個故事有許多原因，其中尤以一點特別印象深刻，當人們經過奮鬥有所成就之後，可惜的是有些人會因此而忘本，這些人自認爲比別人優秀，所以才能鶴立雞群，受高等教育並有一份好工作。這個故事也提醒我們要如何活出本家特色，與其將祖先留下具有傳統文化特色的物品當作博物館裡的藝術品欣賞，不如好好的留在身邊使用保存。我們不要忘記祖先犧牲奉獻的精神，我們應將祖先留下的每一樣文化珍寶傳承給下一代。

根與枝椏

另一位傑出的美國黑人作家是亞歷克斯・哈利（Alex Haley），花了十年時間研究家族史，寫成了橫跨七代的長篇小說《根》（Roots）。當他整理所收集的資料時，他發現種族隔離下的黑人們並沒有被鎖鍊捆綁其內心意志，他們忍耐、犧牲、希望與永不改變的愛一代傳一代。他的書上市不久後，許多新一代的美國黑人受到故事的啓發，相繼擁進圖書館尋找資料與閱讀聖經家譜，試圖把自己的家庭樹拼湊起來。

大致來說，美國黑人不需要被提醒上一代所受的屈辱、虐待與偏見有何等不公。對於口述歷史，許多家庭也小心翼翼的記載與保存，這其中也包含一些手工品如信件、照片以及祖傳遺物。我們重視家庭價值，不想忘記過去祖先所經歷的一切苦難，因爲他們的犧牲努力，我們才有今日的地位。

然而今日不同的族裔在美國社會均各有一番發展與成就，人們面臨忘本的危機，忘記自己的根、忘記歷史與家族的背景。有些人因爲過於忙碌，過於追求工作升遷與事業成就，而疏於和家人建立關係與維護文化傳統。聖誕節家人團聚或是家族聚會似乎不再是重要的事。

有些人則因爲追求夢想開始新方向，他們不是只有忙碌的問題，而是變得非常自我中心，只對自己的事感興趣。雖然他們深知父母在背後的支持鼓勵及爲他們的成就喝采，可是他們似乎覺得自己和養育他們的父母已經沒有什麼交集可言。他們忙於事業、周旋於國際會議電話間，他們飛行各地參加會議，一天工作至少十二小時。他們的世界以學歷論人，以穿著評定人的身價，以他們周遭有多少上流社會的菁英朋友來判斷一個人的交際手腕強不強。

如果這樣的生活型態變成你全力追求的成功目標，那麼穿上工作褲到鄉下瑪貝爾嬸嬸家吃自種的甘藍菜與醃豬肉對你而言大概也會變得非常困難。對於這樣的人，要追本溯源，面對和你根源息息相關那段不光采的過去是具挑戰性的。你的手足、表兄弟姐妹、童年時的玩伴朋友仍是老樣子，一點兒也沒變，但你可能覺得你已經不再是過去的那個你，你的現在和過去不可同日而語了。

最糟的是我們的親戚和童年玩伴看到我們成功，認爲我們身價不同，即使我們沒有感覺比他們優越，他們也會覺得和我們在一起是沒面子的事。他們不會邀請我們去家族聚會，他們把我們當作被家族放逐的人。這種對待讓我們覺得難過，因爲雖然我們生活過得不錯，交遊看似廣闊，但並不代表我們就能完全融入鄉村俱樂部裡那些白人先生的小團體或青少年志工聯盟那些白人媽媽們的圈子裡。最近我看到一項統計數字，一九六〇年代美國中產階級家庭黑人家庭與白人家庭比例，當時爲一比十，而四十年之後的比例爲一比三，亦即每三個白人家庭就有一個黑人家庭爲中產階級。你看，我們是否有很大的進步呢？但是這些成功的黑人家庭卻感到十分孤立。我們最後掉進三不管地帶，姥姥不疼，舅舅不愛，沒有朋友，沒有關心我們的人。

我們的家人也可以感受到這一切，如果我們覺得自己身價高貴不凡，不願參加家族活動或與家族劃清界線，我們就等於破壞那支持我們成長的樹根。雖然被樹根纏繞很難往上攀爬高處的枝椏，但爬到樹頂端卻認爲自己不需要靠樹根而活，這都是矯枉過正的現象。

使徒保羅寫給哥林多教會的書信當中，他提到要如何彼此互相依存而非獨立發展，我們也要學習這種方式，如腳與手，雖然有許多不同處，但相互維持作用爲自由行動帶來好處。我們要知道家庭是支持我們奮鬥的基石，但我們卻很容易看不到家庭所提供給個人的養分，很多時候都是因爲個人過於忙碌，家庭關係遭受破壞，對家庭每個人的傷害極大。

對你來說，這個隱喻可能很明顯，如果我們要成長，我們就要繼續獲得從根部來的養分供應，如此一來枝椏也能葉茂枝繁生機勃發。也許我們可以想辦法讓親戚了解我們的生活世界是什麼樣子，讓他們知道我們沒有忘本，讓他們能夠更認識我們。也許我們也要明白無論自己事業多成功，履歷表多豐富，我們還是原來的我們，有些本質是不會變的。我們先前說過，終有一天我們發光發熱的職場生涯也會有結束的時候，我們會駕駛滿載成功的客機降落，退休時刻，當你發現竟然沒有人在機場接機歡迎你，那是多麼難堪又令人難過的景況啊！

往高處攀爬的同時，你要如何維持與根部的連結關係呢？

1. 尊敬家庭傳統

你要盡可能維持那些伴隨你長大的家庭傳統。也許一個月一次在週日晚間到祖母家吃晚飯，對忙碌的你來說不容易，但當你和親戚們同處的時候，你要珍惜每一時刻。如果你的經濟狀況許可而你的工作和其他活動時間表也允許，你可以安排在重要節日或家人生日時去拜訪他們。在你衝刺事業的同時，別忘了背後支持你的家人們。

2. 面對過去但不陷進去

不管你父母過去如何對待你，如果去探望他們對你來說不會增加你的痛苦，那麼就去做吧。但你要對自己也對他們誠實，如果因你想先接受心理諮商治療以面對過去的傷害，也許你可能先要迴避幾年不參加家族聚會。或許你需要坐下來好好和傷害過你的父母或親戚談談。不管你要如何做，別讓過去的傷害繼續出現在你的腦海裡，那些爭執、吼叫、哭泣的場面會讓你的傷口再度被撕開。

3. 創造新的傳統

你可以爲自己舉辦一場慶生會，邀請你的近親或是好友和你一起慶祝放下過去包袱的新生命。也許邀女朋友一起爲你慶生，或你和子女們度過安靜的主日，也許你從以前到現在一直很想辦寬紮節派對（Kwanzaa）⑮或情人節舞會，無論你要用什麼形式，你要以創意的點子結合傳統，展現你個人獨特的風格。

4. 對那些幫助你成功的人表示敬意與謝意

你是否記得祖母在你大喜之日那一天對你說的話？每一晚父親在餐桌上的謝飯禱告？也許你可以將這些有意義的句子打印出來，並且裱框起來；或者你把兄弟姐妹的照片放在餐廳某一處讓你天天都看得到的地方；也許你在公司要做重要簡報時配戴你母親送你的珠寶首飾。留住那些在特殊節日時家人給你的紀念物，因爲家人是我們個人成功背後最大的支持者。

5. 把故事傳下去

也許你說故事的對象是你自己的孩子、外甥外甥女或是你的後生晚輩，不管是誰，你要找機會將家族故事傳下去。你也許可以考慮把故事中特別感動的、有意義的或具啓發性的部分寫出來，再把它們當作禮物送給孩子們；或許你也可以考慮做一本家族相簿或是一組幻燈片，總之你要提醒你的家人們和整個家族的血緣關係。

6. 專用家庭時間

無論你已婚或單身，你會發現自己的生活因家人的同在相聚變得豐富許多。雖然你非常忙碌，但你絕不能對家人敷衍了事，對於親近的家人，你可以安排每週一次特別的晚餐（例如週一吃墨西哥菜）。至於你的親戚們，你仍要維持復活節的家庭聚餐，那是從祖父母那代開始的傳統。不管你的時間再如何忙碌，你仍要撥出專用家庭時間，這群重視你、愛你的家人所能給你的歸屬感，將能爲你帶來醫治和復元的力量。

7. 分享你的成功

⑮ 寬紮節（Kwanzaa），一個供黑人思考非洲族裔根源的節慶，是耶誕節前後的非基督教節日。

當一個人成功後，雖然有人可能變得驕傲自大，但也有人卻完全相反。他們不覺得自己優於他人，他們仍然非常謙虛，不敢與他人分享自己的成就。他們可能擔心會因此被排擠和誤會，尤其那些對他們不甚了解的親戚，他甚至不敢告訴他們他才剛收到研究所寄來的錄取信函。其實大部分的家庭成員都希望能和你分享喜悅的時刻，即使你打電話告訴葛萊蒂絲阿姨你得到職位升遷，這也算不上什麼炫耀，讓家人們知道他們支持鼓勵的話語、他們努力工作的榜樣對你的成功而言具有多大意義！

拼湊的意義

沃克女士的〈日用家當〉短篇小說中還有一個非常有價值的教導，那就是要我們做人不忘本。小說中的那件拼布織毯是重點，其實拼布織毯特別之處不在於它正面多彩的花樣圖案，也不在於一針一線所縫出的溫暖與愛，眞正的美在於不同質地的布料混合而成的雅致風姿。拼布織毯的製作把那些平常不可能混搭的布料放在一起，它們材質不同、感覺不同，但這也正是混合後特有的風格。如同家庭團圓時，家庭成員各自發展不同，有的富有、有的貧窮，然而他們擁有相同的血緣，這是無法抹滅的事實。

讓我們更仔細地再看看拼布織毯，一塊祖母綠的絲絨舊布料（從孩提時代聖誕節穿的衣服剪下來的）縫在一塊正方形灰色的法蘭絨布料旁邊（從祖父穿過不用的舊睡褲剪下的），我想祖父大概從未想過他的睡褲竟被拿來和瑪貝爾嬸嬸的紅色披巾縫在一起吧?!這些不同布料的組合成爲藝術作品，透露出製作者的匠心巧思。沒有多人的私物貢獻，一塊拼布織毯是無法完成的。有些布料非常普通，有些布料具有異國情調，但這也是拼布織毯兼容並蓄的特質。拼湊的結果具有相當大的意義，當舊衣服和碎布料縫製在一塊，它們也就有了新生命。

無論是拼布織毯或是家庭，似乎也只有這兩者能把奇特形狀、不同材質的零散個體拼湊在一起了！如果你看過祖母的拼布織毯，你大概知道我所形容的意思，因爲整張拼布織毯你可以看見不同塊狀的布料用歪斜的線縫在一起，上面綴滿補釘，毯子背面剩下的布條打了粗結。我們知道所有的家庭都有不爲人知的內幕，你家有，我家也有。別讓過去的傷害和痛苦、你的心理矛盾或是你新生活裡認識的新朋友成爲阻礙，阻隔了你和「看起來不怎麼樣的」家族間的關係，無論是你的原生家庭、屬靈家庭還是相同傳統文化背景的家庭，這些群體背景造就了今日的我們，我們無法逃避這個事實。他們也許不像你現在上流社會生活圈子裡認識的那些達官富賈，但他們仍舊是家族故事的主角。別讓你的成功奪走你的傳統文化背景，也別拿祖傳精心編織的拼布織毯交換那些工廠制式樣板產出的毯子，別讓你生活中所有物品毫無一點可留戀的家族情感。

那些大量生產的織毯沒有散亂的線頭，背面沒有打結的布條，從任何一個角度來看都是很好的織紋，雖然品質不錯，但唯一的問題就是那不是一張有生命的織毯。因爲眞正的織毯是用愛與耐心編織出來的。它的華美足以遮蓋被面許多盤根錯節打結的繩頭。就像一條繩索纏繞著持久不變的愛，能遮掩過錯，原諒不明智的行爲。「最要緊的是彼此切實相愛，因爲愛能遮掩許多的罪。」（彼得前書四章八節，聖經和合本）

成爲家族的一員，你能貢獻的部分就是接納一些奇怪的線頭和破碎的布塊，因「保留原貌」是手工拼布織毯最美的地方。我們都希望自己生活圈裡往來的人有好的家世背景及正面的榜樣。我們希望看到的每張臉孔都是快樂毫無憂慮的，他們有禮貌，人品無懈可擊，不需要等你開口，他們會主動幫忙。正因我們自己達不到這樣的標準，我們就可以清楚看到成爲織毯不規則的背面能夠如何襯托出正面的完美。工廠製造的織毯問題就在於我們看不到缺陷，而我們的世界原本就是不完美的。一條沒有瑕疵的織毯讓我們以爲所有布塊都是形狀一致、四四方方，但事實卻不是如此。我們眞正需要做的是傾聽那些在織毯背面的人，那些心靈破碎、犯錯有缺陷的人，我們看著那些線頭時要了解即使過去行爲有多麼荒唐，仍然可擁有充滿希望的美好未來。

無論我們是誰、家世背景如何，眞正的手足之情需要的不就是愛與寬恕嗎？不就是這些纏繞的線頭將我們連結在一起？不管是黑人與白人、富人與窮人、屬世的與屬靈的、年輕人與老年人，我們都是一家人。我們都需要食物、水、空氣與居所這些元素來滿足我們的基本需要，然而無論自己多麼獨立或自給自足，我們還是需要人的支持，這也是社區的連結，多種族文化之間的互助與和諧。不管是異性戀還是同性戀、民主黨還是共和黨、紅州（共和黨顏色）還是藍州（民主黨顏色）、聖徒還是罪人、中學中輟生還是長春藤準博士，我們都是按著上帝形象所造的人。我們不需要有相同的意見想法或同意彼此的主張，我們仍然可以尊重對方，和我們觀念背道而馳的人仍然是我們的家人。我們會在殯儀館碰頭，我們都需要愛與被愛，我們不是完人。沒有一個社區不受外來的影響，從歷史中我們可以看到有一些有心人士想與世隔絕以建立他們的小烏托邦，他們後來變成邪教異端，最終不是走向自我毀滅就是被消滅。從使徒行傳

「凡物公用」[46]的失敗例子到蓋亞納屠殺[47]令人髮指的恐怖行徑，從六〇年代再度活躍的三K黨到瓦科市集體殉道[48]，牽一髮而動全身，沒有人可以傷害自己這一塊布料卻以爲不會破壞整件衣服的材質構造。

我們絕對不要因自己獨特的部分而失去全觀的角度，別以爲自己已經小有成就、清償債務或婚姻幸福美滿就忽略其他重要的部分，我們內在仍然需要一份愛與歸屬感。有誰不希望被周遭的人所愛、被接納、被鼓勵呢？即使我們有正確的計畫，我們也有轉錯彎的可能性。唯有透過歷史回顧與命運之神的帶領，我們才會感到得著庇護，我們才能得以完全。

比以前更好

先人流血流汗所花費的精力與金錢爲你創造面前充滿無限可能的機會。千萬別忘本，好好當個黑人、白人、拉丁裔人、亞洲人或其他種族的人吧！使用你祖先爲你縫製並傳承給你的那條拼布織毯，保暖自己、安慰自己，明白因先人的奮鬥才有今日，你要繼續堅持下去。你也可

[46] 經文出自聖經使徒行傳二章四十四節。

[47] 蓋亞納屠殺（Guyana Debacle）：一九七七年由來自美國加州的人民聖殿教（The Peoples Temple）於南美洲蓋亞納西北部所建立的農村型人民公社，由教主吉姆・瓊斯（Jim Jones）所領導。吉姆・瓊斯自稱是神的化身，然而他行徑荒誕，教義變質成爲邪教，知道自己將身敗名裂後，於一九七八年十一月十八日他下令教友們飲下摻有氰化物的果汁，違者一律格殺。這次集體自殺事件共有九百一十四人死亡，包括兩百七十六個兒童。

[48] 瓦科市殉道：一九九三年「大衛教派」（Branch Davidians）八十二名教徒在離德州嘉倫市不遠的瓦科市（Waco）與美國當局僵持五十一天之後，以大火集體殉道。

以為這條織毯創出有自己獨特風格的設計，所以當你傳給下一代，他們也會記得你所經歷的時代、你的故事。

你要告訴別人你的故事，把自己的膚色大方的亮出來，不要害怕說出你的觀點看法。將你的聰敏和祖母的智慧編織在一起，你的生命是兩代間的創作，一條充滿生命活力的織毯，在線軸間可以看見家人的犧牲、韌性與奮鬥成功的故事。當我們的孫字輩收到這條織毯，他們也會學到每個家族成員都有責任，不是去複製祖先做過的事，你要開始你自己的故事、走出你自己的路。我們不能將自己像繭一樣裹起來，只圖享受先人的勞力付出。我們需要為這條織毯注入新的生命元素，所以我們的下一代也能看見我們的故事，於是他們也會繼續將這份使命傳承下去，說他們的故事、唱他們的歌，將這份家族禮物交付給他們的下一代。為社區奉獻也等於為織毯增加色彩，你為後代留下了你個人的紀念價值。

許多人樂於收禮卻吝於付出。你我應該都收過很好的禮物，我們曾祖母那個時代雖有婦女們愛嗅鼻煙[49]，但她們對我們仍有教導；老喬叔或許愛喝酒，但他和西西嬸嬸非常有愛心，他們把鄰居的小孩視如己出，雖然他們有個人的不良習慣，可是他們傳承給後代的榜樣值得我們感恩。母親雖不太會做菜，因女兒教母的慷慨奉獻，她為要參加班級舞會卻只有一條破舊牛仔褲可穿的孩子買了一件洋裝。莎蒂教兒童主日學，佛萊德先生帶領男童軍隊，這一切聽起來也許沒有特別意義，但當你將它們縫製在一起，這個社區有了新的生命，這是一個充滿愛的地方。許多人默默付出愛的關懷，做了不為人知的犧牲奉獻，他們愛鄰舍如同愛自己，當你把這些故事連結起來，你會發現因為每個人無私的付出與善意，他們已經將整個社區緊密的結合起來了。

一個沒有團結力的社區就不能稱爲是眞正的社區。對於社區最大的挑戰就是如何讓那些富足的人願意爲社區奉獻付出。現實生活可以是冷酷的，然而我們可以有所選擇，我們要選擇讓自己變得如艱苦生活般的嚴厲惡劣？還是要樂善好施積極助人？如果你有智慧，如果你眞的想要在生命中找到一個平衡點，那麼你要以溫暖的愛與實際行動回饋現實的冷酷與失望。當人有了傳承的使命，就應當要願意付出。別爲從家族遺留下來給你的一切感到歉意，你只要記得爲它注入新的生命，再將它回饋給社區。

你的織毯可能看起來整齊有序，不只有精美的縫工，也有紀念價值的圖案，但對於他人來說，我想它比較像一條色彩豐富的拼湊品，正面可以看見不同材質、布料和圖案。也許上方有一個婚戒形狀的圖案，周圍有光芒四射的亮光，慢慢向四方呈爆炸狀圖案延伸出去，紅色、藍色、綠色、蘇格蘭彩格布、圓點花紋、印花棉布與窗帘薄棉布，種類繁多好不熱鬧！你家族的前輩已經有所定位，他們做出了屬於那一時代的織毯，只要你願意，你也能夠改變圖案。

無論你的織毯看起來是什麼樣子，你都要找出其中的優點。前人所經歷的人生磨練可能比你現在所面對的人生挑戰還要糟糕。如果他們都熬過來了，相信你也可以。他們的勝利就是你的勝利，而你的奮鬥成功也會爲這條具家族傳承意義的織毯帶來新的圖案，你的下一代也將看到你留下的精神財富。末了，你要珍惜這條織毯的原貌，它代表你的過去、現在與將來，它是獨一無二的紀念物也是家族基石，它是連結代間的橋梁。

後記

必修學分

「得著生命的，將要失喪生命；爲我失喪生命的，將要得著生命。」——馬太福音十章三十九節（聖經和合本）

我至今仍非常難忘第一次到奈及利亞的旅行，其中當然有許多原因，首先我發現自己一到當地馬上就被當地人的熱情所感動，他們的藝術與文化、音樂和食物，在在讓我感覺到這個非洲國家魅力十足，不久之後我才知道原來那是我祖先的家鄉。首都拉哥斯市和世界上其他都市沒太大差別，高樓櫛比，夜晚時便沉暈在一片朦朧夜色中。拉哥斯是奈及利亞的商業重鎮，新興都市到處可見施工建築，似乎因此也掩飾了城市的貧窮，許多無家可歸的人穿梭於現代建築中只求溫飽。

令我印象最深刻的是當我和一群奈及利亞牧師走到一條街上，一群孩子聚集圍著我們，他們尤其把我這位身穿西裝的美國黑人牧師當作好心捐款人，伸手向我要錢。我從他們黝黑的臉上看到貧窮、恐懼和飢餓，他們無助又毫無盼望，純眞童年不應該過這種生活。我從口袋裡掏出所有的零錢，更多孩子從陰暗的巷弄中跑出來圍住我，他們將每一雙小手舉得高高的，每個孩子我都給了小鈔或銅板，我以爲這樣就可以打發他們離開。招待我的奈及利亞朋友對著我竊笑，雖然我不覺得這樣做有什麼不對，但也許在奈國文化中，我這麼做似乎有點失禮，所以我對他們的竊笑也不以爲意。

我以爲已經把手上最後的銅板給了最後一個孩子，才知道仍有幾十個小孩才剛圍過來，有好幾個還是半身癱瘓，下半身坐在滑板上好助於行動。還有許多孩子排隊在我們身後，從還在學走路的小娃兒到十多歲的青少年，有些可以看得出患了嚴重的疾病或受到外傷，他們全都看起來營養不良。當我看到這般情景，眼淚忍不住流下來，我很快地又把手伸進每一個口袋裡，找出所有的錢分給他們。我只恨自己身上現金帶得不夠，心裡也想著該如何和我將拜訪的奈及利亞教會合作，一起爲這些苦難的孩子們做些什麼。

孩童們散去了。招待我的人和我頓時覺得周圍安靜許多，他們突然大笑起來。這時我也忍不住了，令人心痛難過的場面才剛過去，爲什麼這些當地人現在反而大笑不止？我當然要問出個所以然，我問道：「有誰能告訴我什麼事這麼好笑？」

「傑克斯先生，你是一位慷慨又富同情心的人。」其中一名奈及利亞人說。「但你必須要知道你沒辦法去滿足拉哥斯城市裡每一個孩子的需要。我們已盡力而爲，但是貧窮問題似乎較過去更爲糟糕，教會或慈善團體再怎麼做也趕不上越滾越大的貧窮問題。我們笑是因爲你在街上給孩子的金錢施捨可以一直沒完沒了下去啊！」

我頓時明白他說的意思，我也想起現在教會面臨的一個大問題：如何將我們的資源運用在那些需要的人身上。或許將來或許現在，你可能會強烈感到以自己的能力是無法幫助所有人解決困難。你不一定要成爲事工小組或公司行號的負責人，才發現自己沒辦法滿足每個人的需要。我相信當我們個人越來越成功，我們需要回饋社區鄉里。但我也知道這是非常挑戰且花費時間精力的事，有時你甚至會感到沮喪，當你盡全力去做卻又遭到批評，旁人指責你還忽略了其他人的需要，你眞是會啞巴吃黃連——有苦說不出啊！無論你是一位家有多重障礙兒的母親，或你是一個常接到電話要你幫朋友和家人的年輕男士，我們都會遇到那些需要我們幫助的人，他們卻不知我們其實能給的幫助也不多。職業婦女大概可以懂這種感覺，她們不能又是烹飪高手、精明幹練的商場女強人、教會募款高明的好手又同時是健身房身材苗條的會員常客。男士們，你們也很難在半夜穿著睡衣起來哄孩子而早上七點換成深藍色襯衫去開早餐會報吧?!

也許你可以一時滿足他人的需要，可是你會發現他人的要求是無止境的，有時候當他們覺得你已經沒什麼利用價值可言，或從你這裡得不到任何幫助，他們就把你甩開了。就如福音女歌手西西・溫納斯（CeCe Winans）在〈雪花石盒子〉（Alabaster Box）裡唱道：「沒有人知道我雪花石盒子裡的油膏有多麼貴重！」成爲給予者要付出的所有代價是相當大的！

成為給予者的代價

耶穌在伯大尼長大痲瘋的西門家裡坐席的時候，有一個女人拿著一玉瓶至貴的眞哪噠香膏來，打破玉瓶，把膏澆在耶穌的頭上。有幾個人心中很不喜悅，說：「何用這樣枉費香膏呢？這香膏可以賣三十多兩銀子賙濟窮人。」他們就向那女人生氣。耶穌說：「由她吧！爲什麼難爲她呢？她在我身上做的是一件美事。因爲常有窮人和你們同在，要向他們行善隨時都可以；

只是你們不常有我。她所做的，是盡她所能的；她是爲我安葬的事把香膏預先澆在我身上。」（馬可福音十四章三至八節，聖經和合本）

對於我在街上遇到奈及利亞孩童的那次經驗，還有當地招待者的一番話，讓我想起聖經上耶穌和門徒的一段對話。即使是耶穌親近的跟隨者對於這名女人送給耶穌的禮物也有批評。但耶穌把這些人對女人的批評轉爲對他們的勸戒，耶穌要他們隨她去，不要爲難她，並且爲她辯解她送這份貴重之禮的原因。祂說：「因爲常有窮人和你們同在，要向他們行善隨時都可以；只是你們不常有我。」

在陶匠屋教會（Potter's House）我們所面臨最大的挑戰也是其他教會、事工小組、慈善團體或機構以及善心人士都會面臨的問題，那就是：要如何選擇需要？要如何運用分配資源？過去這些年來，我們教會事工專注在無業遊民的需要上面，我們不只爲他們尋求住所、幫他們舉辦人才招聘會，我們也爲資源募集豐收成果舉辦慶祝活動，許多食物、衣服、給孩子的禮物紛紛湧進教會。所有的活動均辦得相當成功。但我們也遭受了不少批評，這些批評有些是希望我們多做促進家庭關係的事工，例如多鼓勵男性分擔家庭責任等，所以我們又開始舉辦父子同樂會還有父女同樂會。

下一步做什麼呢？你應該可以猜到，婦女們有聲音了，她們要求爲她們多做一些，單親媽媽、獨居老太太的需要全部都要照顧。這種滾雪球效應讓我們開展了國外事工，我們派代表到非洲大陸的小村落鑿井以使當地人有新鮮的水源可用。之後他國的需要也浮上檯面，墨西哥、南美洲、南非和遠東地區，出現越來越多要滿足別人需要的機會。這就像要油漆舊金山的金門大橋，好不容易才剛漆完一座，我們又要再去漆另外一座金門大橋。這種工作是永無止境的，我們不斷的做，也不斷看到成果，許多人的生命因此而改變或得到拯救。然而總是有人批評挑剔，嫌我們做得不夠多。

施比受更有福

我相信一個人若是眞正的成功，你要成爲一個願意回饋施捨的人。如果你要活出新生命追求成功，那麼你必須要成爲一個慷慨且富有同情心的人。不過你也要明白，這個世界的需要是永無止境的。

> 水蛭有兩個女兒，都名叫「給我」。不知足的有三，連從不説「夠了」的有四，就是：陰間；沒有兒女的婦人；乾旱缺雨的土地；蔓延不熄的火。（箴言三十章十五至十六節，英皇欽定本）

如同蔓延不熄的火與深不見底的海，在我們周遭的人也有永無窮盡的要求。火不會自動停止不燒，海洋若滿溢到陸地上就會形成水災，無論一個人多麼富足、多麼有才幹，他知道要如何運用資源，他的心充滿憐憫，再怎麼樣也不可能免除這世界一切的痛苦、飢餓，再多有能力也無法幫助所有無家可歸、無助可憐的人們。有太多的因素造成苦難，我們無法一一除去這些因素。愛滋病毒、乳癌、阿茲海默症、類風濕關節炎、文盲、帕金森氏症、南亞海嘯喪生的人們、卡崔納（Katrina）風災受災戶，苦難的代名詞可以不斷地列下去。一種疾病才剛找到遏阻及預防方法，另外五種新疾病又新興而起。

但這一切並不能阻止我們付出給予，因受苦的人依舊存在，我們就要幫助。我們可能會想：「我微小的奉獻能幫得上什麼忙？我只是一個單純的人罷了。」但聚沙成塔的力量不可小覷，如果我們每一個人奉獻一點點，所積聚起來的力量可以給人希望、爲人帶來醫治，不是只有需要幫助的人才得到幫助而已。我們每個人都有需要被幫助的時刻，如果不是現在，那麼過去或將來也有機會受到他人的幫助。學習付出是爲了能夠知道什麼叫做充實。就好像森林裡長滿了樹，一切都是從一小顆種子開始。我們不是只追求自己的成功與利益，我們也要爲全人類的福祉盡一番心力。

上帝祝福我們，所以我們也要祝福他人。舉例來說，聖經裡約瑟的例子，他被擄之後又被關進監獄，被釋放後有機會做官成爲埃及的首席主室顧問。他知道自己有責任要回饋，他想到了家鄉以色列的家人，即使過去他遭受兄弟們的虐待，他仍希望能和他們團聚。毫無疑問的，約瑟是被祝福的人，而伴隨祝福而來的是責任，他要確保家人在全地嚴重饑荒時仍糧食無缺。

他得到許多祝福，同樣地，他也需要付出。我認爲得到祝福的人有責任幫助那些受壓迫的人，即使安慰痛苦者並非他責任所在，但他有必要成爲運用資源的好管家。成功的約瑟和他等待成功機會的兄弟們要爲彼此負責。如果我們不能在差異中間尋找共同點，如果我們無法維繫良好的手足關係，那麼我們將不會明白何謂眞正的喜樂與滿足。

身爲教會領袖，我常常思考這個問題。我看見教會裡有一種現象，人們似乎覺得越有豐富資源的教會就應該做得越多。成功的人若要付出和給予，就不能讓那些受壓迫的人再度受到二次壓迫，使他們自尊更受損。但是我們也不能只有不斷的供應卻沒有相對的要求。受幫助者也有責任做他們分內該做的事。彼得和約翰在初期教會所行的神蹟，他們用手攙扶瘸腿的人，但瘸腿的人仍需要自己先跛行，彼得有信心醫治他，但那個人必須要先有站起來的渴望。

處在今日社會，有人會灌輸我們一種觀念，就是成功者必須一肩扛起所有責任。事實上，給予者與收受者彼此之間必須要有承諾，爲了更好的將來，他們要一起奮鬥。說句老套的話：「給他一條魚，你只能餵他吃一天；教他如何捕魚，你可以讓他吃一輩子。」我們要幫助那些在生活中掙扎的人，給他們方法與力量，讓他們有朝一日也能有所成就。這是我們能給予那些需要幫助的人最好的禮物——教育機會、資訊提供以及好的精神榜樣。如果我們只有給予金錢及捐款資助，我們只是建立一個捐輸管道，可能解決一時的問題，卻無法給他們生活需要的力量與技能。如此一來，我們只是做白工，沒有人得到眞正的受益。

社會福利制度倡導者需要讓他們服務的對象知道該盡到何種社會責任，否則中輟生仍然不會去上學。如果沒有讓受助者知道負起責任背後的福利是什麼，第一次購屋的家庭可能寧願繼續租屋下去。我們試著爲受助者尋找福利，成爲他們與資源中間的橋梁，可是最後我們卻成了他們的枴杖，反而使他們不能靠自己的力量行走。約瑟幫助他的兄弟們，但他沒有背著他們。受助者也要學習回饋。施與受最大的不同就在於一個人是否有願意付出的心志，你是否願意與眾人分享上帝給你的祝福。這是一種宣告，宣告自己已經得醫治且有能力去幫助需要幫助的人。

醫生不會答應病人出院，他會等到看見病人的復元與進步，確定他已經可以獨自照顧自己的需要，才會讓他出院回家。透過奉獻和給予，我們證明自己有能力獨立並且照顧他人。若我們這麼做，也會帶動整個社區願意助人的風氣。植物將種子留給大地，同樣地，唯有當我們願意付出回饋時，我們的生命才得著眞正的豐盛。

我們不是爲了生活而生活，我們想要追求成功的更高境界。擁有成功和美滿的生活，我們會有內在的豐盛，會感到幸福快要溢出，商場用語就是獲利超出預期。我們要如何使獲利超出預期呢？我們可以透過慈善捐贈、對人慷慨解囊來服務那些需要幫助的人。而我也必須提醒你，人們的私心是貪得無饜的，正如耶穌明白指出「因爲常有窮人和你們同在」，你不需要覺得愧疚才捐獻，你也不需要被人影響才去助人。這是個人對自我責任的認知與覺醒，是你發自內心的意願，想要回饋你生長發跡的這片土地。不管別人如何批評，只要你有心，你的熱情將在助人關係上爲你和受助者帶來改變。

為了真正的成功，我們要活出新生命

本書已近尾聲，我想爲你禱告，希望你有心回饋，將你的成功經驗與人分享。希望當你闔上本書，你會受到啓發、得到鼓勵，你會更加預備好自己爲你的夢想活出新生命。生活中有太多因素和外力迫使我們放棄、阻擾我們向前，讓我們無法很快達到過一個豐盛生活的目標。在我們前進的路上，我們要保持警覺心，把過去的失敗當作前車之鑑，我們要對自己誠實，堅持我們的夢想，別屈就自己，讓我們都能自信的發揮所長。最後，我們要有前瞻的想法，重新爲成功下定義。我們擁有祝福，就要在生涯、工作、金錢、家庭中找到生活的平衡點。

你要記住，無論你當前的處境如何，現在重新開始仍不算晚，你絕對有可能朝更好的方向前進。若你內心渴望眞正的成功，你就具有活出新生命的力量，將他人加諸在你身上的限制拋開，追求你的成功吧！如同巨大的橡樹和美麗的玫瑰，你命定有更美、更豐盛的生活，在成長的過程中你變得成熟，也越加美麗，而你內在眞正的力量正蓄勢待發。弟兄姐妹，向前吧！你前面精采的人生正等著你呢！

感謝

如果沒有身邊一些人的支持和鼓勵、陪伴與承諾，沒有這些了解你、認識你並且知道你的目標與夢想的親友，一個人要活出新生命是非常困難的。同樣地，我之所以能夠完成本書乃由於許多人的貢獻，他們和我想法一致，我們都希望盡可能將此一重要信息傳開，以鼓舞激勵更多人的生命。這本書不只是我的心血結晶，也是一群和我共同工作的人之精心貢獻。如果沒有他們的努力，幫助我有正確的寫作方向並且督促我掌握時間完成稿件進度，我是絕不可能藉一己力量寫出這本從多角度切入主題的文章集結。

能夠和新的出版社合作令我感到非常興奮，我非常感謝美國西蒙與舒斯特旗下的阿垂亞圖書（Atria Books）出版社孜孜不倦的努力，讓本書超乎預期的順利完成。我要感謝茱蒂斯・柯爾（Judith Curr）、凱洛琳・瑞迪（Carolyn Reidy）、蓋瑞・厄爾達（Gary Urda）以及克莉絲汀・桑德斯（Christine Saunders）你們熱誠的歡迎，謝謝你們抓住本書的精神也非常了解本書的宗旨爲何。我也要感謝麥可・塞拉克（Michael Selleck）和賴瑞・諾頓（Larry Norton），謝謝你們的全力支持，我對你們的感激無以言喻。蘇・佛萊明（Sue Fleming），我也非常感謝你的貢獻，實在惠我良多。

我承認自己文字風格迥異，但透過馬萊卡・阿迪洛（Malaika Adero）編輯純熟的校稿潤飾經驗，實爲本書增色不少，我要特別感謝她。我也非常感激杜德利・戴夫（Dudley Delffs）分享他的看法，並讓我能和他一起腦力激盪。

我要深深感謝Dupree Miller & Associates的文稿代理商珍．米勒（Jan Miller）和仙寧．瑪爾芬（Shannon Marven），由於你們對我的信任以及你們對本書的信心，這些信息文字才得以問世。謝謝你們對於文字的熱情和堅持，仙寧，你的努力不懈和正面積極的問題解決法發揮極大的激勵作用，我在此誠摯的感謝你們二位。

最後我想要感謝長久以來不斷支持我的活泉源頭——我的妻子與孩子們。賽瑞塔，謝謝你和我分享此生，你已活出新生命，成為一個堅強、美麗的女性，你慈悲與憐憫的心改變了許多人的生命，孩子們和我何等有幸有你伴隨在我們身邊。謝謝你總是在背後默默支持我，你了解我，知道我們將來要去的方向，人生旅途仍會繼續，就讓我們一起走下去吧！

國家圖書館出版品預行編目資料

活出新生命／T.D傑克斯著；薛芙譯.——初版.
——臺北市：大田，民99.07
面；　公分.——（Road；002）

ISBN 978-986-179-180-7（平裝）

177.2　　　　99009946

Road 002

活出新生命——重新定位你自己

作者：T.D.傑克斯
譯者：薛芙

出版者：大田出版有限公司
台北市106羅斯福路二段95號4樓之3
E-mail:titan3@ms22.hinet.net
http://www.titan3.com.tw
編輯部專線（02）23696315
傳眞（02）23691275
【如果您對本書或本出版公司有任何意見，歡迎來電】
行政院新聞局版台業字第397號
法律顧問：甘龍強律師

總編輯：莊培園
主編：蔡鳳儀　編輯：蔡曉玲
企劃行銷：蔡雨蓁　網路行銷：陳詩韻
校對：陳佩伶／謝惠鈴／蘇淑惠
承製：知己圖書股份有限公司・04-23581803
初版：2010年（民99）七月三十日
定價：新台幣 290 元

總經銷：知己圖書股份有限公司
（台北公司）台北市106羅斯福路二段95號4樓之3
電話：（02）23672044・23672047・傳眞：（02）23635741
郵政劃撥：15060393
（台中公司）台中市407工業30路1號
電話：（04）23595819・傳眞：（04）23595493

國際書碼：ISBN 978-986-179-180-7 / CIP: 177.2 / 99009946

廣告回郵
北區郵政管理局登記證北台字1764號
免貼郵票

To：大田出版有限公司　編輯部收
地址：台北市106羅斯福路二段95號4樓之3
電話：(02) 23696315-6　傳真：(02) 23691275
E-mail：titan3@ms22.hinet.net

From：地址：..

姓名：..

＊請沿虛線剪下，對摺裝訂寄回，謝謝！

大田精美小禮物等著你！

只要在回函卡背面留下正確的姓名、E-mail和聯絡地址，
並寄回大田出版社，
你有機會得到大田精美的小禮物！
得獎名單每雙月10日，
將公布於大田出版「編輯病」部落格，
請密切注意！

大田編輯病部落格：http://titan3.pixnet.net/blog/

智　慧　與　美　麗　的　許　諾　之　地

＊請沿虛線剪下，對摺裝訂寄回，謝謝！

閱讀是享樂的原貌，閱讀是隨時隨地可以展開的精神冒險。

因爲你發現了這本書，所以你閱讀了。我們相信你，肯定有許多想法、感受！

讀 者 回 函

你可能是各種年齡、各種職業、各種學校、各種收入的代表，

這些社會身分雖然不重要，但是，我們希望在下一本書中也能找到你。

名字／ ______________ **性別**／□女 □男 **出生／** ____ 年 ____ 月 ____ 日

教育程度／ ______________________

職業： □ 學生 □ 教師 □ 內勤職員 □ 家庭主婦

□ SOHO族 □ 企業主管 □ 服務業 □ 製造業

□ 醫藥護理 □ 軍警 □ 資訊業 □ 銷售業務

□ 其他 __________________ ____________________

E-mail/ ________________________________ 電話/

聯絡地址: ____

你如何發現這本書的？ **書名：活出新生命**

□書店閒逛時 ________ 書店 □不小心在網路書站看到（哪一家網路書店？）________

□朋友的男朋友（女朋友）灑狗血推薦 □大田電子報或網站

□部落格版主推薦 ______________________________________

□其他各種可能，是編輯沒想到的 ______________________________

你或許常常愛上新的咖啡廣告、新的偶像明星、新的衣服、新的香水……

但是，你怎麼愛上一本新書的？

□我覺得還滿便宜的啦！ □我被內容感動 □我對本書作者的作品有蒐集癖

□我最喜歡有贈品的書 □老實講「貴出版社」的整體包裝還滿合我意的 □以上皆非

□可能還有其他說法，請告訴我們你的說法

____

你一定有不同凡響的閱讀嗜好，請告訴我們：

□ 哲學 □ 心理學 □ 宗教 □ 自然生態 □ 流行趨勢 □ 醫療保健

□ 財經企管 □ 史地 □ 傳記 □ 文學 □ 散文 □ 原住民

□ 小說 □ 親子叢書 □ 休閒旅遊 □ 其他 ______________________

一切的對談，都希望能夠彼此了解，

非常希望你願意將任何意見告訴我們：

大田出版有限公司編輯部 感謝您！